4·16구술증언록 단원고 2학년 3반 제12권

그날을 말하다

예은 아빠 유경근

4·16구술증언록 단원고 2학년 3반 제12권

그날을 말하다

예은 아빠 유경근

4·16기억저장소 기획 편집
(사) 4·16세월호참사가족협의회 지원 협조

일러두기

1. 음절로 식별 가능한 소리를 들리는 대로 전사하는 것을 원칙으로 한다.

2. 의미를 파악하기 위해 추가 설명이 필요할 경우 [ ]로 표시한다.

3. 몸짓, 어조 등 비언어적 행위는 ( )로 표시한다.

4. 구술자가 말을 잇지 못해 말줄임표를 사용하는 경우 ……, …로 길고 짧음을 표시한다.

5. 비공개 영역은 〈비공개〉로 표시한다.

6. 비공개해야 하는 희생자 형제자매의 이름은 ○○, △△ 등의 도형기호로, 생존자의 이름은 A, B, C 등 알파
   벳 대문자로 표시한다.

7. 비공개해야 하는 제3자는 직분이나 소속, 성만 공개하고, 이름은 ××로 표시한다. 비공개해야 하는 숫자는
   자릿수에 상관없이 □로 표시하며, 지명은 □□로 표시한다.

책머리에

 4·16기억저장소에서는 세월호 참사 5주기를 맞아 구술증언 수
집 사업의 결과물 일부를 100권의 책으로 발간하게 되었습니다.
이 사업은 2015년 6월부터 다양한 학문 분야 구술 연구자들의 자
발적인 참여로 진행되어 왔으며, 세월호 참사를 좀 더 정확하고 다
각적으로 기록하고 기억하고자 하는 노력의 일환으로 수행되었습
니다.
 2014년 참사 발생 이후, 참사 피해자들의 목격담과 경험은 안타
깝게도 공식적인 국가기관과 언론의 기록 속에서 철저히 소외되거
나 왜곡되었습니다. 그것은 세월호 참사가 우리에게 안긴 죽음과
고통의 충격만큼이나 우리 사회의 끔찍한 비극이었습니다. 따라서
사업을 진행하면서 세월호 참사 희생자 가족, 생존자, 생존자 가족,
어민, 잠수사, 활동가, 기자 등등, 참사의 초기 과정을 직접 경험한
분들의 증언을 우선적으로 수집했습니다. 구술자는 이 사업의 취

지와 방식에 개인적으로 동의한 분 중에서 선정했으며, 참여 과정에 어떠한 금전적 보상이나 이익이 제공되지 않았습니다. 또한 구술증언 수집 사업을 진행하는 동안, 면담자는 연구자이자 참사를 겪은 공동체 시민으로서 최대한 윤리적이고자 노력했습니다.

구술자마다 매회 약 2시간씩 3회를 원칙으로 음성 녹취와 영상 촬영을 하는 방식으로 진행되었고, 증언의 일관성을 확보하기 위해 면담자는 큰 틀에서 공통 질문지를 사용했습니다. 공통 질문지의 내용은 참사와 구술자 간의 관계성에 따라 차이가 있지만, 유가족 구술의 경우 1회차 '참사 이전의 삶, 팽목항과 진도에서의 경험, 자녀에 대한 기억'을, 2회차 '참사 이후 투쟁과 공동체 활동 경험'을, 3회차 '참사 이후 개인 및 가족이 경험한 삶의 변화와 깨달음, 자녀의 현재적 의미'를 중심으로 했습니다. 이처럼 증언 내용은 참사 이전에서 시작해 참사 발생 당시의 경험과 이후의 변화 과정까지 폭넓게 수집했고, 면담자는 구술 채록 과정에서 구술자의 발화를 최대한 존중하고자 했으며, 무엇보다 각자의 특수한 경험과 다른 시각을 충실히 반영하고자 했습니다.

이 구술증언록의 발간을 위해, 채록된 음성 자료는 문서로 변환해 구술자와 함께 검토했고, 현재 시점에서 공개할 수 있는 영역과 할 수 없는 영역으로 구별했습니다. 따라서 책에 실린 내용은 모두 구술자로부터 공개를 허락받은 부분입니다. 비공개 영역은 추후 구술자의 동의를 받아 적절한 절차를 거쳐 추가로 공개될 수 있으리라 생각합니다.

이 구술증언록 100권에는 그동안 우리 사회에 왜곡되어 알려지거나 잘 알려지지 않았던, 참사 발생 직후 팽목항과 진도 혹은 바다에서의 초기 상황에 관한 중요한 증언이 포함되어 있습니다. 또한, 자녀를 잃는 잔인하고 애통한 상황을 겪으면서도 그 누구보다 강인한 정치적 주체로 성장할 수밖에 없었던 유가족의 마음과 경험을 구체적으로, 그리고 여러 각도에서 살펴볼 수 있습니다. 그 외에도, 이 구술증언록은 2014년을 전후한 한국 사회의 여러 측면을 드러내는 귀중한 자료가 되리라고 생각합니다. 무엇보다 국내외의 많은 분이 이 책을 읽어, 장차 세월호 참사의 진상 규명과 역사 서술에 기여할 수 있기를 바랍니다.

구술증언 수집 사업이 진행되고, 책으로 출간되기까지 많은 분의 도움과 지지가 있었습니다. 이 지면을 빌려 부족하나마 감사의 말씀을 전하고자 합니다.

먼저 (사)4·16세월호참사가족협의회와 4·16기억저장소에 감사를 드립니다. 이분들의 신뢰와 적극적인 협조가 없었다면, 이 사업은 처음부터 시작할 수조차 없었을 것입니다. 또한 어려운 정치 환경 속에서도 사업의 취지에 공감해 재정 지원을 결정해 준 아름다운가게와 역사문제연구소에 감사드립니다. 두 단체 덕분에, 이 사업을 4년 동안 계속해 올 수 있었습니다. 그리고 구술증언록 100권의 발간에 동의하고, 바쁜 일정에도 출판 실무를 기꺼이 맡아주신 한울엠플러스(주)에도 감사를 드립니다. 이 외에도 많은 개인과 단체가 직간접적으로 많은 도움을 주시고 격려해 주셨습니다. 여기에 모두 밝히지 못하는 것을 죄송하게 생각합니다.

　말할 필요도 없이, 가장 크고 또 가슴 아픈 감사는 구술자 한 분한 분께 드리고자 합니다. 이 책이 발간될 수 있었던 것은, 무엇보다 용기를 내어 아픔과 고통의 기억을 다시 떠올리고 장시간 진심으로 이야기를 해주신 구술자가 있었기 때문입니다. 오랜 시간 이야기를 나누며 함께 공감하기도 했지만, 그 아픔과 고통을 어떻게 가늠할 수 있을까 싶습니다. 더 큰 도움이 되지 못함을 안타까워하며, 이 구술증언록 100권의 발간이 피해자분들에게 조금이라도 위로가 될 수 있기를 기원합니다.

2019년 4월

4·16기억저장소 구술팀 책임자
서울대학교 인류학과 교수 이현정

차례

■ 1회차 ■

■ 3회차 ■

예은 아빠 유경근

구술자 유경근은 단원고 2학년 3반 고 유예은의 아빠다. 차분하고 사려 깊었던 딸, 교회도 학교도 성실하고 열심이었던 예은이는 아빠에게는 삶의 전부 같은 존재다. 아빠는 가수가 꿈이었던 예은이와 학원 앞 편의점에서 미에로화이바를 함께 마셨던 그 따듯했던 시절이 지금도 사무치게 그립다. 예은이를 잃고 삶이 송두리째 바뀌어버릴 수밖에 없었던 아빠는 4·16세월호참사가족협의회 대변인과 집행위원장을 역임하며 진상 규명을 향한 활동에 온 힘을 다 쏟아왔다. 아빠는 예은이와의 약속을 생각하며, 프랑스의 '펜박[FENVAC]'처럼 유가족이 주체가 되어 참사의 진상을 밝히는 그날까지 투쟁을 멈추지 않으리라 다짐한다.

유경근의 구술 면담은 2019년 2월 15일, 22일, 3월 2일, 3회에 걸쳐 총 12시간 10분 동안 진행되었다. 면담자는 김향수, 촬영자는 강재성·김대현이었다.

구술자 본인의 프라이버시나 제3자의 프라이버시를 보호해야 할 부분을 제외하고는 구술자의 발화를 있는 그대로 전사했다.

1회차

2019년 2월 15일

1
시작 인사말

면담자   본 구술증언은 4·16 사건에 대한 참여자들의 경험과 기억을 기록으로 남김으로써 이후 진상 규명 및 역사 기술에 기여하고자 합니다. 지금부터 유경근 씨의 증언을 시작하겠습니다. 오늘은 2019년 2월 15일이며, 장소는 서울시 종로구 광화문 농성장입니다. 면담자는 김향수이며, 촬영자는 강재성입니다. 안녕하세요.

예은 아빠   네, 반갑습니다.

2
구술증언 참여 동기 및 세월호 참사 이전 예은이에 대한 기억들

면담자   오늘 구술증언에 참여해 주시겠다고 말씀하시고 시작하게 됐는데요. 참여하시게 된 동기와 이후에 증언을 어떻게 활용했으면 좋겠다, 하는 점을 먼저 여쭤보려고 하는데요.

예은 아빠   [4·16세월호참사]가족협의회와 [4·16]기억저장소에서 오랫동안 준비하고 또 기획하는 사업이기 때문에, 전[前] 집행위원장으로서 그리고 가족으로서 당연히 참여하는 게 좋겠다고 생각을 해서 했구요, 네. 이것이 이후의 대한민국을 생명과 인권이 존중받는 안전한 사회로 만들어가는 데 이런 피해자들의 어떤 증언과 구술이 좀 기여할 수 있기를 바라는 마음이 있습니다.

면담자   이후에 이렇게 활용하면 좋겠다 아니면 어떤….

예은 아빠   음… 우리 사회가 극복하지 못하는 문제, 특히 저는 이제 수준이라고 표현을 하는데, 좀 이렇게 낮은 수준의 모습을 보이는 그런 것 중의 하나가 이런 사회적 참사를 바라보는 이 사회의 시각, 그런 것 같거든요? [사회의] 시각이 그 참사로 피해를 당한 피해자들의 시각을 배제한 채 그 참사를 바라보려고 하는, 그리고 피해자들의 시각과 입장을 배제하는 것이 마치 공정한 것인 것처럼 막 그렇게 가장하는 그러한 모습들이 아주 근본적인 문제라고 생각을 해요. 그러기 때문에 이런 일들이 계속 반복되고 있는 거구요, 문제를 해결하지 못하고 있는 것이고. 그래서 어떠한 참사든 희생자의 규모가 몇 명이 되었든 간에 관계없이 그러한 사회적 참사의 피해자들 개개인의 의견과 목소리와 입장과 요구, 이런 것들을 우리 사회가 경청하는 것이 첫 번째 출발점이 되어야 한다, 이런 생각을 갖고 있어요. 그래서 이런 구술증언이 그러한 취지에서 좀 잘 활용이 되면 좋겠고, 가능한 한 많은 사람들이 날것 그대로의, 가족협의회의 공식적인 입장 이런 게 아니라 개개인 피해자의 아주 날것 그대로의 목소리와 분노와 또 슬픔 이런 것들이 가능한 한 많은 사람들에게 전달이 되면 좋겠다는 생각이 들어요. 그건 뭐, 방식은 다양하게 해야 되겠죠? 네.

면담자   우선은 4·16 사건 이전의 삶에 대해서 먼저 여쭤보려고 하는데요. 처음에 [어떻게] 안산에 오시게 됐고, 이런 것들, 정착하고, 결혼하고 이런 일상들에 대해 말씀해 주셔요.

예은 아빠   세월호 참사 이전의 삶에 대해서는 사실 저는 잘 얘기를 안 해요. 많은 분들이 이전의 삶과 지금의 삶이 어떻게 바뀌었는지를 궁금해하더라구요. 음… 그런데 저는 이전의 삶에 대해서는 별로 잘 얘기를 안 하려고 하는… 쪽에 속해요. 그 이유는… 2014년이면 5년 전이죠? 그럼 제가 46살일 때인데, 그 45년, 46년 동안의 삶이 완벽하게 의미가 없어져 버렸기 때문에 그 이전의 삶을 다시 돌이켜보고 회고하는 거, 회고하고 싶은 생각도 거의 없고, 그리고 솔직히 지금 잘 기억이 안 나요. 음… 기억이 자꾸 혼재가 되어서 뒤섞이는 경우도 많고, 누가 얘기를 해줘야 '아, 내가 그때 그랬었구나' 이런 생각도 들기도 하고 그래서…. 의식적으로 지우려고 하는 이런 게 있나 보죠, 저한테? 그래서 그 이전의 삶은 잘, 제가 얘기를 안 합니다. 그래서 오늘도 자세하게 얘기하고 싶은 생각은 거의 없구요.

다만…… 그냥 누구를, 다른 어느 누구와 비교해도 다를 바가 없는 아주 평범한 삶을 살았다[고 할 수 있죠]. 20대 후반에 때가 되어서 사랑하는 사람을 만나서 결혼을 했고, 아이들을 낳았고, '딸을 낳으면 좋겠다'는 생각이 100프로였는데 그 바람대로 딸들을 낳아서 너무나 행복했고, 또 아이들을 낳고 키우는 동안에 아빠로서 최선을 다하려고 했지만 그러지 못한 게 더 많고. 그래서 뭐, 아이들 엄마한테 미안하고 애들한테도 미안한, 그러나 이제 '조금 더 열심히 살다 보면 그런 것들은 이제 만회할 수 있겠지'라는 그런 막연한 기대를 갖고 더 열심히 살려고 노력을 했고, 그런 평범한 아빠였고 남편이었고. '평범하다'는 의미는 문제가 없다는 게 아니라 오히려 문제가 많고 모자란 게 많고 그랬던 대한민국의 보통 아빠들의 모습. 그렇게 살았죠. 네, [남들과] 다를 바가 없어요.

젊었을 때는 정의감에 불탄 적도 있고 또 이 사회에 대해 어떤 분노라든가 이런 것들을 많이 느끼기도 했지만 아이들을 낳고 나이가 점점 들면서 내 시선은 점점 내 가족들 또 우리 가족들의 미래, 이런 것들에 더 집중하게 되었고, 또 그것이 마땅히 내가 살아야 할 방향이라고 생각을 했고. 다만 개인적인, 아빠나 남편이 아니라 유경근이라고 하는 사람의 개인의 미래와 관련해서는 '내가 은퇴할 시점이 되면 산에 가서 나무를 키우면서 그것을 우리 아이들에게 유산으로 물려주면 좋겠다'는 그런 기대를 갖고 이제 막 준비를 시작했던 시점이었죠. 공부도 시작하고 또 그렇게 하는 사람들이 어떤 과정을 거쳤는지 찾아다니려고 했었고. 그게 2013년에 그런 준비를 이제 막 시작하면서, 한 10년 정도 준비해서 이제 50대 한… 한 중후반 정도 되면 그렇게 '내 미래는, 개인의 미래는 그렇게 좀 해나가야 되겠다' 그런 생각도 있었고, 그랬어요.

아이들은, 음… 아이들한테 거는 기대라고 하는 거는 '자신이 하고 싶은 것, 할 수 있는 것들을 가능한 한 빨리 찾으면 좋겠다, 스스로' 아이들에게 제가 '이거 해라, 저거 해라' 강요한 적도 당연히 없지만, 또 강요할 생각도 없었고. 근데 '스스로 그런 자신의 미래를 준비해 나가는 그런 모습만 보여주면 좋겠다, 그리고 가능한 외국에 나가서 살면 좋겠다, 또는 외국 사람들과 잘 많이 만나면 좋겠다' 이런 기대는 있었어요, 그것이 우리 아이들의 미래를 결정하는 데 큰 도움이 될 거라는 생각했었고. 하여튼 그런 몇 가지 생각들이 있었죠. 어… 그런데 이제 그런 생각들이 다 끝났죠, 다 끝나버렸죠, 더 이상 의미가 없어졌고. 물론 남은 아이들이 있지만 그건 조금 다른 문제인 것 같아요. 그래서 어쨌든 이전의 삶에 대해서는 지금은 생각하지 않고, 생각하고 싶지도 않고. 이전의 삶을 생각하지 않는다는 것은 사실은 그 세월호 참사 이전의 모든 관계들도 저는 좀 의미가 없다는 뜻이거든요. 음…(잠시 침묵). 그래서 뭐, 지금은 과거에 굉장히 다양했던 인간관계도 거의 다 끊어진 상태이고, 가족들과의 관계도 분명히 이전과 같지… 않고, 변했다고 그러면 개인적으로 그렇게 좀 변한 것 같아요.

면담자   이전 얘기를 더 하고 싶지 않으시다면 안 해도 되고, 아니면 좀 더 물어봐도 된다면 얘기를 더 하고요.

예은 아빠   궁금하시면 물어보세요. 그런데 제가 대답하기 싫으면 대답을 안 할게요.

면담자   하루 일상에 대한 것도 질문드릴 수도 있고, 아니면 혹은 예은이와 함께했던 일 중에 좀 기억에 남는 일이 있으신가요? 둥글게 물어볼게요.

예은 아빠   제일 기억에 남는 건, 많이 남는 건 다 똑같겠죠. 예은이가 울 때, 아플 때, 예은이가 속상해할 때, 그리고 내가 예은이한테 잘 못해줬을 때, 이럴 때만 기억이 사실은 남아 있죠. 그니까 지나간 앨범이라든가 여러 가지 이런 것들을 들춰보면 '아, 이렇게 좋았던 때도 있구나' 이런 것들이 다 기억이 나긴 하지만, 사실은 그냥 막연히 생각을 하면 좋았던 기억보다는 아쉽고, 미안하고 이랬던 기억이 가장 먼저 떠오르죠.

음… 예를 들면 아이들 처음 낳고, 처음에 신혼생활 시작하고 이럴 때는 여러 가지 이유에 의해서 좀 불편하게 시작을 했어요. 가정환

경도 그렇고, 그러다 보니까 아이들을 좀, 겨울에도 좀 춥게 키웠던 거 이런 게, 그때는 아이들을 너무 뜨겁게 키우면 피부도 안 좋고 건강에도 문제가 있고, 사실 과학적으로는 그게 맞는 얘기이기는 한데, 그래서 '괜찮어' 이렇게 생각은 했지만 지나고 나니까 지금은 그게 미안하고. 조금 추워도, 크고 나서는 조금 추워도 그 추운 거에 대해서 전혀 불평하지 않는 모습을 보면서… 좀 미안한 생각이 드는 이런 아주 사소한 것들도 있구요. 예은이가 좀 크게 다쳤던 게 초등학교, 초등, 초등학교 1학년 때 학교 갔다 오다가 주차되어 있는 차하고 부딪혀 갖고 그 눈썹이, 눈썹 부위가 좀 크게 찢어진 적이 있어요. 그래서 막 울면서 얼굴이 피투성이가 되어가지고 집으로 돌아온 적이 있어서 그때 바로 안고서 그냥 대학병원 가서, 성형외과로 가가지고 치료하고 계속 간호하고 흉터 안 남기게 하려고 하여튼 별짓을 다 했던 그 몇 주간의 시간.

음…… 근데 참 아이러니한 건 그 흉터가… 예은이가 다시 돌아왔을 때 예은이를 확인하는 가장 결정적인… 그런… 그게 됐어요. 처음에 예은이 돌아왔을 때는 제가 한, 한 10여 분 동안 예은이를 못 알아봤었거든요. 내가 생각했던 예은이의 모습이 아니더라구요, 돌아왔을 때는. 그래서 삼촌들도 보고 예은이 아니라고 다 나가고 그랬는데, 어, 저는 좀 느낌이 이상해서 안 나가고 한 10여 분 동안 가만히 서서 얼굴을 계속 쳐다봤는데, 갑자기 예은이 얼굴이 조금씩 나오기 시작하는 거 같아요. 그래서 그때 비로소 예은이 몸을 확인을 했죠. 제일 먼저 확인을 한 게 그 눈썹 흉터였어요. 근데 바로 그 자리에 그 흉터가 있더라구요. 그 외에도 몇 가지 또 아주 사소한 흉터들이 있으니까 그때 눈썹 흉터 확인하고 나서 나머지 흉터도 확인을 했고, '아, 우리 예은이구나' [확인했죠]. 참 아이러니한 일이죠, 네, 하여튼 그런 경우도 있고.

예은이가 중학교 2학년 때부터 가수를 하고 싶다고 얘기를 했는데 그때는 아마 예은이 엄마도 어디서 얘기를 많이 한 거 같은데, 그냥 우리 부부가 '애들이 다 그렇지 뭐, 좋아 보이니까 화려해 보이니까 동경을 하는 거겠지'라고 생각을 했는데 그때부터 굉장히 가수에 대한 어떤 열정을 불태우는 모습이 좀 남다르더라구요. 그래서 별로 크게 고민 없이 "그러면 학원 다니면서 연습해"라고 해서 얘기를 했는데 그때 너무나 행복해했던 모습들. 그리고 이제 학교 수업 끝나고, 처음에 다녔던 학교가[학원이], 안산에 살았는데도 부천에 있는 학원을 갔는데 안산에서 부천까지, 집 앞에서 부천 그 학원까지 한 번에 가는 방법이 없어요. 혼자 막 버스를 몇 번씩 갈아타면서 학교 수업 끝나고 해 다 지는데 그때 부천까지 한 2시간씩 걸려서 가서 연습하고, 또 한 2시간 걸려서 집에 오면 11시 되고, 이거를 빼먹지 않고 다니고…. 내가 볼 때는 분명히 애가 피곤하고 지칠 만도 한데, 얼굴 보면 분명 그런데 그게 힘들다고 내색을 안 하고…. 그런데 걔가 나중에 쓴 일기라든가 메모라든가 SNS 이런 걸 보면 예상대로 정말 힘들었더라구요. 근데 그게 자신의 꿈을 이뤄가는 길이라고 본인은 생각을 하면서 그걸 이겨내고 내색 안 하고 불평 안 하고 그랬었죠. 그렇게 한 1년은 다니다가 안 되겠어서 안산으로 또 학원을 옮겨주고… 하여튼 그랬던 기억도 있고.

지금 제일 예은이와 관련해서, 지금 생각하면 제일 따뜻하고 '또 그런 거 하면 좋겠다'라고 하는 거는 예은이가 학원 끝났을 때 종종 데리러 갔거든요. 그럼 이제 고 앞에 길 건너 횡단보도에 [차를] 댈 때도 있고 차들이 많으면 또 고 뒤쪽에 버스 정류장 쪽에 댈 때도 있고, 대놓고 그 1층 앞에서 기다렸다가 [예은이가] 끝나고 엘리베이터 타고 내려오면 그 앞에 있는 편의점이나 가게에 가서 미에로화이바 한 병 사서 주면 그걸 아주 맛있게, 연습 많이 했으니까 목도 타고 그러겠죠, 지치고 그러니까. 그래서 그거 아주 맛있게 한 병을 다 먹으면서 집에 왔던…. 물어봐서 배가 좀 고프다고 그러면, 얘가 항상 다이어트 해야 된다 그랬거든요, 살이 찌고 그런 체질은 전혀 아닌데 아무래도 그런 거 하다 보니까 스스로 관리해야 된다고. 근데 가끔가다 보면 배 고파할 때가 있단 말이에요. 그러면 그 학원 밑에 있는 그… 파이 같은 거, 그다음에 그거 이름이 뭐야? 하여튼 뭐 그런 게 파는 데가 있어요, 맛있는 데가 하나 있어서 거기 가가지고 하나씩 사주면 처음엔 망설이다가 그 미에로화이바하고 너무나 맛있게 하나 다 먹는 모습. 그러면서 이제 집에 데리고 오고, 또 집에 오면 씻는다고 목욕탕 들어가서 한 30분 동안 씻으면서 계속 노래하고, 노래하면 또 쌍둥이 언니는 시끄럽다고 막 소리치고, 그러면 조금 잠잠했다가 또 금방 다시 노래하고 이런 것들. 이런 것들이 지금 다시 한 번 좀 해보고 싶다[고 생각하죠], 예은이를 좀 마중 나가고 싶고, 배고프고 목마른 예은이한테 아주 간단한 것이지만 그런 것들 먹는 모습 보고 싶고 그래요, 네.

면담자　　　이전에 종교생활? 교회를 열심히 다니시고 이러셨어요? (예은 아빠 : 네) 그런 것들을 이제 좀 여쭤보려고 하는데요.

예은 아빠　　　저는 이제 모태 신앙이니까, 모태 신앙이라는 말은 내

의지와 관계없이 교회를 다니기 시작한 거죠. 근데 거기에 대해 불평[은] 전혀 없었구요. 저희 부모님 영향인지는 몰라도 학교생활이든 교회생활이든 무슨 생활이든 굉장히 성실하게 정해진 대로 다 했구요. 학교도 12년 개근을 했으니까, 누가 봐주는 개근이 아니라 실질적으로 지각 한 번 안 하고 개근했으니까. 지금은 아이들한테 그런 얘기를 하면 믿지를 않더라구요. "그게 어떻게 가능하냐?"고 그러는데 그때는 일주일에 6일 동안 학교를 갔잖아요, 토요일까지 의무로. 학교생활도 그렇게 했으니까 교회생활도 그렇게 안 했겠어요? 단 한 번도 안 빠지고, 교회에서 학생회 활동은 가장 누구보다 열심히 했고, 그렇게 컸어요.

이제 세월호 참사 있기, 있을 때까지도 계속 그랬죠. 지금은 나가지는 않습니다. 주로 이 얘기는 기독교인들 모임에서 종종 부르면 가서 이와 관련된 이야기들은 많이 하는 편인데, 그동안에 가졌던 신앙에 대한 회의, 이런 문제는 아니에요, 그런 문제는 아니고. 교회 안 나간다고 그러니까 '무슨 뭐, 반기독교가 됐냐?' 이렇게 생각하는데 그런 건 저는 결코 아니에요. 저는 지금도 혼자 기도하고… 그래요. 다만 이제 세월호 참사 이후에 교회를 나갈 시간 자체가 없었죠. 또 거기에 신경을 쓸 여유 자체가 없었어요. 24시간 모든 게 가족협의회 나와서 해야 될 일들이니까 일단은 그 시간이 없어서 나갈 수가 없었고.

또 하나는 그 과정 중에 보여준 기독교인들의 모습에 일단 실망을 또 많이, 그 과정 중에 그런 실망을 지속적으로 해왔고. 그렇다고 해서 제가 다녔던 교회가 그렇다는 건 아닙니다. 제가 다녔던 교회, [안산] 화정교회, 아마 우리 [유]가족들은 화정교회 지금 다 아실 거예요. 그때부터 지금까지 저희 가족들 곁에서 항상 도와주고 또 목사님뿐만 아니라 그 교우들까지도 다 그렇게 하고 계시니까. 그니까 내가 다니던 교회나 교우들에 대한 실망이 아니라 전반적인, 다수를 차지하고 있는 다른 교인들, 이런 것들에 대한 실망, 그리고 그들이 갖고 있는 그 잘못된 신앙, 이런 것들에 대한 회의는 있죠. 그러나 제가 가지고 있는 원래 신앙에 대한 회의는 아니다.

면담자　　신앙생활의 방식이 약간 달라진 거네요.

예은 아빠　　네, 그렇죠. 그렇게 보시면 될 거 같아요. 그래서 아마 화정교회 교우들이나 목사님은 약간 서운해하시는 거 같기는 한데… 뭐, 어쩔 수 없죠. 실제로 지금까지도 일요일 날 아침에 교회 가기가 어려운 조건들이 훨씬 더 많았고, 그래서 그렇게 보시면 될 거 같아요, 네.

3
예은이를 찾아 진도로

면담자　　수학여행 준비 과정으로 이야기를 옮기려고 하는데 혹시 이전 이야기 중에 빠진 것들이 있으면 말씀해 주세요. (예은 아빠 : 됐어요. 별로…) 출발 전에 수학여행에 대해서 들었던 얘기들이 혹시 어떤 게 있으신지, 아니면 수학여행을 준비하는 모습들 중에 기억에 남으시는 일이 있다면 말씀해 주세요.

예은 아빠　　그때 가정통신문을 가져왔죠, 설문조사 한다고. 그래서 수학여행을 가는데, 그게 1학년, 2학년 때가 아니라 이제 1학년 가을에 왔던 걸로 기억을 해요. 그때 와서 '비행기를 탈 거냐? 배를 탈 거냐?' 이런 설문 내용이 있더라구요. 제가 분명히 기억하는 게 그걸 보고서 "아니, 제주도에 가는데 왜 배를 타냐? 비행기를 타고 가지. 그리고 가려면 아빠도 한 번도 안 타보기는 했지만 얘기 들어보니까 한 12시간씩 간다는데 뭘 그렇게 힘들게 가냐, 비행기 타고 가지" 이렇게 얘기를 했는데 그때 예은이가 "선생님이 얘기하기를 그러면 배 안에서 여러 가지 이벤트도 있고 또 배에서 하루 자면서 친구들하고도 재밌게 놀 수도 있고 뭐 추억도 되고…" 그 얘기를 했다는 거예요. "그래? 뭐 그럴 수도 있겠네, 비행기 타고 1시간 훌쩍 갔다가 오는 것보단" 그러다가도 찜찜했어요. 그니까 '이 배가 사고가 날 거다' 이런 예상은 전혀 못 했고, '굳이 배를 타고 가야 될 만한 이유가 뭐가 있을까? 그게 비용이 더 싼 것도 아닐 텐데…' 그런 생각이 들었죠. 그런데 어쨌든 "그럼 너 뭐 하고 싶어? 니가 하고 싶은 대로 해서 내, 괜찮아" 이렇게만 얘기를 했는데, 아마 다른 아이들도 얘기 들어보면 그랬던 거 같은데, 대부분 학교에서 그런 쪽으로 유도를 했기 때문에 배를 타고 제주도 가는 것들을 아마 결과적으로 선호를 했던 거 같아요. 수학여행과 관련되어서는 그 기억이 하나 있구요.

그리고 수학여행 가기 며칠 전부터 분주하게 아이들이 준비하는 것들은 봤죠. 애가 가수 같은 이런 거를 준비하고 그러다 보니까 주로 무슨 행사 있고 그러면은 노래하거나 가서 춤을 추거나 친구들하고 같이 이런 걸 많이 했어요. 그니까 이제 학원도 가야 되지만 틈틈이 학교에서 그 앞에 모여서 연습도 하고, 아니면은 올림픽기념관, 안산에 있는, 거기는 또 아이들이 그런 연습하러 많이 모이거든요. 거기

가서 연습하고 이런 것도 알고 있었고, 또 준비하는데 그 무슨 바지죠? 그 일 바지, 그 뭐죠? 몸뻬 바지? 네네, 그 전에 뭔가 애들하고 행사할 때 그런 걸 입고서 한 번 한 적이 있는데 그걸 또 챙기더라구요. "야, 이건 왜 갖고 가?" 그랬더니 "아, 이게 이번에 가서 할 때 또 입어야 된다"고 해서 그거 챙기고, 그다음에 걔가 신발을 하나 따로 만들었어요. 그니까 그 단화 하얀색, 아무 무늬도 없는 하얀색 신발을 사다가 거기에 자기가 페인트로 그림을 그려 넣고 그걸 계속하더라구요. 그래서 나중에 수학여행 가서 이거 신을 거라고, 그래서 그 신발을 신고 완성됐다고 그걸 찍고, 신고 찍은 사진도 남아 있고. 예은이가 과자 담당이었어요. 친구들하고 수학여행 가서 어떤 배에서 이렇게 먹고, 뭐 준비물들이 있잖아요, 같이. 그걸 각자가 준비하는 게 아니라 애들이 모여서 "너는 뭐 해, 너는 뭐 해" 다 분담을 해가지고 하는데 예은이가 친구들하고 먹을 과자 담당이어서 그 전날 엄마하고 가서, 마트에 가서 과자를 아주 큰 박스로 한 박스를 가득 채워서 집에 갖다 놨더라구요.

또 학교 수업 끝나고 가니까 가방도 갖고 가야죠. 그다음에 여행 가니까 캐리어도 하나 챙기니까 짐이 많잖아요. 그래서 4월 15일 날 학교 갈 때 제가 태워다 줬어요. 짐 다 싣고 캐리어, 과자, 뭐 다 싣고서 애 태우고 학교 앞에 정문, 학교에 못 들어가니까 정문 앞에 세워놓고 짐 내려주고. 근데 이제 다 혼자 못 들고 가잖아요. 박스가 라면 박스 정도가 아니라 라면 박스의 한 세 배 정도 크기였어요. 그러니까 이걸 들고 갈 수가 없죠, 아무리 과자라 가볍다고 해도. 그래서 들어다 주려고 그랬는데 등교 시간이다 보니까 차들이 많잖아요. 그래서 거기

다 [차를] 대놓을 수가 없어서 어떻게 하나 그랬더니 마침 그때 이제 그 앞에 횡단보도에 예은이랑 같이 준비하는 친구들이 온 거예요, 등교를 하는 거예요, 걸어서. 그래서 "아빠, 그러면 친구들 왔으니까 친구들하고 같이 들고 가면 된다"고 그래서 거기서 전해주고 "잘 다녀와" 그러고 인사하고 왔죠. 그게 예은이를 본 마지막 뒷모습인 거죠. 뭐 수학여행 관련해서는 당장 생각나는 것은, 그 정도로 생각이 나네요.

면담자　　　16일 아침에 처음 사고 소식을 듣고 알게 된 과정들도 이어서 얘기해 주세요.

예은 아빠　　　아침에 출근 준비를 하고 있었어요. 출근 준비를 한, 느지막하게 한 9시쯤 일어나 가지고 출근 준비할라고 이렇게 하고 있는데 갑자기 예은이 엄마가 막 방으로 뛰어오면서 빨리 나와보라고, 막 사색이 되어서 그러는 거예요. 그래서 바빠 죽겠는데 왜 그러냐고 거실로 나와서 TV를 봤는데, 그 본 화면이 배가 이렇게 기울어져 있는 장면이 나오더라구요. 그게 아마 YTN에서 보도 시작한 직후인 거 같아요, 그게 한 9시 2, 30분경. 근데 이제, 음… 딱 봤는데 제가 처음 본게 기울어진 장면이었고 기울어진 배에 영어로 '세월[SEWOL]' 이렇게 써 있더라구요. 그래서 나는 당연히 예은이가 탄 배라는 생각을 못 했죠. "무슨 일이 일어났길래 저런 일이 생겼어?"라고 그랬어요. 남의 일로 처음에 순간 몇 초 동안 받아들인 거예요. 근데 세월이라고 써 있었으니까, 왜냐면 오하마나호 타고 간다고 그랬었거든요. 어쨌든 세월호라는 건 처음 들어봤고, 오하마나호는 그 전부터 제주도를, 인천-제주도를 왔다 갔다 하는 배라는 건 알고 있었고. 그 전에 TV에도 많이 나왔어요, '1박 2일' 이런 데도 많이 그 배가 나왔고. 그래서 알고 있었죠. 근데 오하마나호가 아니니까 당연히 예은이가 탄 배라는 생각을 못 했었죠, 몇 초 동안. 그런데 거기에 갑자기 자막이 '단원고'라고, '수학여행' 이렇게 나오는 거예요. '어, 이건 아니, 이건 뭔가 좀 오해가 있는 거 같다'는 생각을 했는데 그러나 어쨌든 '저건 아니야' 이러고 돌아설 수는 없잖아요. 근데 봤는데 계속 그 얘기가 나오는 거예요.

그래서 아 이게 세월호냐, 오하마나호냐 따질 겨를도 없고 일단 예은이가 탄 배라고 그러니까, 그래서 예은이하고 전화하는데 통화도 잠깐 했는데 끊어지더라구요, 바로. 그래서 이제 문자로 계속 얘기를 했어요, 계속 주고받았어요. 그랬더니 "진짜 배가 기울어졌다" 이 얘기를 하는 거예요, '아, 예은이가 탄 배가 맞구나'. 근데 솔직히 그때는 크게 긴장 안 했었어요. 아니, TV에 그 장면이 나온다는 건 언론사가 이미 거기에 가 있다는 거잖아요. (면담자 : 그렇죠) 언론들이 가서 생중계를 할 정도면 이미 그 배에서 필요한 조치들을… 하고 있다는 얘기가 맞죠. 그리고 배가 가라앉은 것도 아니고 약간 기울어져 있는 거예요. 그러면 '야, 깜짝 놀라기는 했지만 크게 문제는 없겠다' 그랬죠. 그래서 제일 먼저 물어본 게 "거기에 누가 구하러 왔냐, 구조대가 왔냐?" 이런 거 물어봤는데 "아직 안 왔다" 이러다가 한 10시쯤 되니까 예은이가 "지금 해군이 왔다"고 문자를 보내더라구요. 그래서 고 전까지는 예은이가 굉장히 불안해했었어요. 굉장히 불안해하고 막 무서워하고 그래서, 그때는 안심시키는 게 첫 번째라고 생각을 했었죠. "침착해라" 예은이 엄마도 똑같이 그랬고, "침착해라. 당황하지 마라…" (한숨) "선생님 말씀 잘 들어라"는 얘기도 막 했고.

그러다가 이제 "해경[해양경찰], 해군이 왔다" 얘들은 해경이나 해군 구분을 잘 못하니까 "해군이 왔대, 왔대요" 그러면서 이제 "곧 구조될 거 같다"고 그러면서 "곧 집에 갈 테니까 걱정하지 말라" 그러면서 분위기가 싹 바뀌었어요. 그렇게 막 무서워하고 불안해하다가 이제 굉장히, 그 글[문자메시지]에서도 환한 모습이 보이는 거예요, 안심하는 모습이. '그러면 뭐 됐지' 그래서 그랬는데 이게 끊어지는 거예요, 연락이 자꾸. 그리고 실제로 문자가 답도 한동안 안 오고 그랬는데, 나중에 알았는데 보니까 그때 친구가 핸드폰이 안 되어가지고 그 친구한테 핸드폰을 빌려줬던 거예요. 그래서 이제 얘는 그 예은이 핸드폰으로 집에 아빠, 엄마하고 통화하고 이러느라고 한동안 연락도 안 되고 아무튼 그랬어요.

그랬는데, 음, 제가 그때 10시쯤에 바로 출발을 했어요. 일단은 가야 되겠다, 여기서 뭐 연락하고 이러면, 연락은 집에서 엄마가 계속하고 있으니까 "연락할 거 있으면 나한테 바로 전화해라" 그러고서는 나는 그때 바로 예은이 옷 챙기고 신발 챙기고 담요 챙기고, 왜냐면 '저 상태면 나오더라도 좀 젖을 수밖에 없겠다' 이런 생각이 들어서 그런 거 급하게 좀 챙겨갖고 차 타고 바로 출발을 했죠. 그래서 이제 가면서는 라디오도 틀어놓고 핸드폰을 켜놓고 그렇게 계속 주시하면서 갔는데, (한숨) 10시가 넘어서부터 연락이 잘 안 돼요. 그러다가 예은이가 마지막으로 문자를 보낸 게 10시 15분이죠. 그리고 나서 이제 연락이 없는 거예요. 궁금해서 가면서, 집에다가도 가면서 전화를 해보는데 "연락 안 된다" 그러고 그랬죠.

그런데 곧 이어서 방송에서 '전원 구조'라고 얘기가 나오더라구요.

그래서 '그럼 그렇지' 그러면서 그때 생각은, 아마 전원 구조라고 하는 건 배에서 나와서 이렇게 옮겨 타고 그러는 과정에서, 또 필요하면 물에 들어갔을 수도 있고 그러니까 '아마 핸드폰이 젖어서 그래서 아마 통화가 안 되는 건가 보다' 난 이렇게 생각을, 전원 구조됐다는데요. 그래서 '그럼 빨리 가서 데리고 와야 되겠다'라는 생각만 하고 갔는데, 아무리 그래도 다른 쪽을 통해서 연락은 좀 올 수가 있잖아요, 상황들이. 근데 그런 연락도 집에 확인해 봐도 없고, 예은이 엄마는 자꾸 불안해하고, 이상하다고. 그래서 하여튼 그때는 시속 180킬로[km]로 내려갔어요. 갓길, 뭐 하여튼 별짓 다 동원해서 비상 라이트 키고, 쌍, 저 뭐야 쌍라이트 키고 비상등 키고 이러고 진짜 180킬로로 막 내려갔어요. 나중에 보니까 범칙금 미납됐다고 날라온 게 한 80만 원 되더라구요.

나중에 다 끝나고, 예은이 장례 치르고 안산 오니까 누가 그러더라구요. 이거 저 경찰서에다가 세월호 유가족이라고 얘기를 하면 다 안 내도 된다고 그러더라구요. 다 그래서 없던 걸로 해준다고 그러는 거예요. 내가 그 얘기를 들으니까 확 열이 받는 거예요⋯, '누굴 그지 새끼로 아나' 더더군다나 경찰에다가, 경찰서 와서 얘기해야 된다 그러니까. 경찰이라고 그러면 막 쳐다보기도 싫은데, "이런 건방진 새끼들, 지들이 찾아와서 지들이 조사해 가지고 지들이 알아서 처리하든가. 누굴 오라 마라, 연락을 해라 마라, 확인을 해라 마라, 이런 미친 새끼들" 내가 막 이랬어요. "내가 드러워서 내가 내고 만다"고, 그리고 내가 그걸 안 내고서 1년 넘게 있었죠. 그거 안 냈더니 나중에 차압이 들어오니 압류를 하니 별 연락들이 다 오더라구요. "마음대로 해라 이 새끼들아" 그러면서 안 하고 있었다가, 근데 그때도 그러더라구요. 지금이라도 얘기하면 [안 내도] 된다는 거야. 그래서 "지랄하지 말라"고, 그러고 내가 그러고 나서 한 1년 한참 넘어가지고 내가 직접 경찰서 가서 그 자리에서 다 내버렸어요. "내가 드러워서 내가 이런 거 혜택 안 받는다"고, "니네들이 해준 게 뭐가 있는데 겨우 이딴 걸로 생색낼 라고 그러냐"고. 하여튼 그래서 내가 그때 팔십 몇만 원인가 해가지고 한 번에 내버린 적도 있고.

하여튼 그렇게 내려갔어요. 내려가서 도착한 게 한 3시, 한 20분 경 도착했나 봐요, 체육관에. 아, 2시 20분인가? 솔직히 이게 지금 내가 기억이 가물가물해요. 2시 20분인가 3시 20분인가 기억이 잘 안 나는데, 하여튼 제 기억으로는 진도체육관까지 안산에서 3시간 만에 갔으니까. 그거 따지면 거의 한 2시 20분인 거 같기도 하고, 근데 그건 지금 정확히, 기억이 확실하지가 않아요. 하여튼 도착을 했는데 그때는 우리 가족들이 몇 명 없었어요. 그렇게 많지 않았고 기자들만 엄청나게 많았죠. 그다음에 온갖 관공서 차량들, 그다음에 공무원 복장, 그 잠바 입고 있는 사람들 이런 사람들만 드글드글하고, 뭐 사방에 왔다 갔다, 막 그냥 막 소리치고 이래라 하여튼 [사람들이] "어떻게 해야 돼?" 막 우왕좌왕 이러고만 있었어요.

그런 거 하나도 안 보이고 무조건 들어와서 예은이 찾았죠. 근데 가니까 아무도 없어요, 애들은 아무도 없어. 그래서 막 수소문하고 다니는데 아무도 얘기를 안 해주는 거야, 다 모르는 거야. 공무원처럼 보이는 사람, 경찰, 다 붙잡고 얘기하는데 아무도 얘기를 안 해줘요, [상황을 아무도] 모르는 거지. 그러다가 헤매고 있는데 갑자기 버스가 들어와서, 그때 45인승 대형 버스 하나하고, 아마 35인승이었던 거 같은데 그거보다 작은 버스 하나하고 두 대가 들어왔는데, 저게 저기서 [사고 현장에서] 구조된 사람들이 들어오는 버스라는 거예요. '아, 그럼 당연히 저기에 예은이가 타고 있겠다', 그래서 가가지고 밀치고 들어가 가지고, 한 명, 한 명 내리는데, 애들[이] 다 이렇게 그, 그 적십자 담요 이거를 다 뒤집어쓰고 내리는 거예요. 누가 누군지 알 수가 없잖아요. 그래서 예은이를 막 불렀죠. 근데 아무도 대답을 안 해. 다 내렸는데 대답을 안 하는 거야, 예은이가. 그래서 다시 체육관으로 들어와가지고 또 아이들한테 일일이 묻고 다녔죠. "예은이 어딨냐"고, "예은이 어딨냐"고 그랬는데 애들이 고개도 못 들고 대답도 못 하고 다 그냥 웅크리고 이러고 있는 거예요.

그러다가 이제 한 아이가 갑자기 "예은이 아빠세요?" 그러는 거예요. 그래서 "어, 내가 예은이 아빤데 예은이 어디 있니?" 그랬더니 "저는 직접 못 봤는데 얘가 예은이랑 같이 있었어요, 얘가 예은이 알아요" 그러더라구요. 그래서 얘는 얼굴까지 [담요를] 뒤집어쓰고 벌벌 떨면서 쪼그리고 이렇게 앉아 있는데 물어봐도 대답도 안 하고 쳐다보지도 않고 있는 거예요. 그랬더니 얘가 지금 얘기를 못 하는 거 같은데 제가 들어보니까 "예은이가, 예은이는 살았을 거니까 걱정하지 마세요" 그러는 거예요. 그래서 "어딨는데?" 그랬더니 "얘 바로 뒤에 예은이가 있었기 때문에 얘가 나왔으니까 예은이는 나왔을 거예요. 걱정하지 마세요" [그러는 거예요. 그 말을 들으니] 얼마나 좋아요. '아, 그러면 이게 차에 다 못 태우니까 다음 차에 오겠구나' 그래서 나가서 또 막 수소문을 했는데, 그다음에 또 구해진 사람들이 언제 어떻게 오는지를 아무도 모르는 거죠. 대답을 해주는 사람도 없고.

그래서 '여기서 못 기다리겠다, 그냥 못 기다리겠다' 그래서 그다음에 물어본 게 "그러면 구조된 사람들이 어디로 들어오냐? 바다에서, 바다에 있었으니까 뭔가 이렇게 항구로 들어올 거 아니냐? 어디로 들어오냐?" 그랬더니 그때 팽목항 얘기를 하더라구요. 그래서 아마 그 구해진 사람들이 태우고 오면 팽목항으로 들어올 거라고 누가 얘기를 해서, 그래서 그때 제가 바로 팽목항으로 갔어요. '그럼 여기서 기다리지 말고 팽목항으로 오니까 팽목항 가서 기다리자, 그게 더 빠르겠다' 그래서 이제 팽목항으로 갔죠. 그 진도 지방 도로를, 카메라가 왜 이렇게 많은데 거기도, 완전 무시하고서 그냥 막 달렸는데 그런 상황을 아는지 중간중간에 경찰들이 엄청나게 배치되어 가지고 막 길을 터주고 막 이러더라구요. 그래서 갔어요. 갔는데 팽목항은 진도체육관보다 더 아수라장인 거죠…. 거기도 이제 가족들이 또 일부 내려와서 있었으니까요. 그니까 체육관은 머니까 상황 파악을 못 하지만은 여기는 아는 사람들이 있겠거니 해서 내려와 가지고 "배가 또 들어온다는데 들어왔냐?" 막 이랬는데 다들 이상하게 보는 거예요. "무슨 배가 들어오냐?" 그래서 "아니, 구조된 사람들 또 들어온다는데?" 그랬더니 누가 그러내. 아니, 체육관에서 얘기 듣고 온 거라고 그랬더니 여기는 "그런 얘기 들은 적이 없다"는 거죠. 그니까 또 이상하잖아요. 근데 '이 사람이 모를 수도 있겠지' [하는 생각이 들어서] 그래서 거기서 한참 기다리고 왔다 갔다 하다가 한 2, 30분 했나? 하다가 딱 드는 생각이 '혹시 엇갈렸나? 내가 오는 사이에 또 갔나?' 그래서 다시 체육관을 또 갔어요. 갔더니 그 버스 뒤로 들어온 버스가 없대…. '어, 그럼 다시 팽목으로 가야 되나?' 다시 또 팽목으로 갔어요. 이렇게 왔다 갔

35

1회차

다를 몇 번을 했죠.

그러고 나니까 이제 해가 지는데… 저녁때 되니까 갑자기 막 난리가 났어요. 그게 오후에 몇몇 가족들이 돈 주고 낚시 배 빌려서, 어선 하나 빌려서 오후에 해역에 나갔다 온 배더라구요, 난 몰랐어요, 나갔다 온 가족들이 있는지. 그랬다고 그러더라고. 그래서 다 해 진 다음에 들어왔는데 거기서 난리가 난 거죠, 이제. 그래서 그때 들은 이야기가… "가서 보니까 아무것도 안 하고 있더라, 구조 안 하고 있다" 그리고 "아무것도 없다" 이 얘기를 하는 거예요. 근데 그때는, 지금이야 서로 다 알지만 그때는 누가 학부모인지 누가 아빠인지 누가 엄마인지 아무도 모르잖아요. 특히 저는 아빠이다 보니까 학교에 거의 간 적도 없고 이러다 보니까 저 사람이 가족인지 아닌지도 모르는 상황이잖아요. 그런데 어쨌든 갔다 온 사람들이 막 다들 분통을 터뜨리고 난리가 나고 막 욕하고 난리가 난 거예요. 그니까 그때부터 모든 게 혼란스러워지기 시작한 거죠. 그때까지만 해도 '아, 구조가 됐는데 아마 들어올 배편이 없거나 아니면 뭐, 어디 딴 데 가서 좀 기다리고 있거나 아니면 딴 데로 들어왔거나, 뭔가 서로 연결이 안 되고 혼란스럽고 이러니까 그랬겠거니'라고만 좋게만 자꾸 생각을 하고 있던 차에 그 얘기를 듣고 나니까 모든 게 혼란스러워진 거죠. 그래서 그때 한 생각이 '직접 가봐야 되겠다. 내가 직접 찾으러 가야 되겠다' 그래서 거기에 있는 그 해경들한테 막 악다구니를 썼죠, 배 내놓으라고, 가봐야, 나가야 되겠다고. 그렇게 해서 결국 밤에 9시 반경에 해경이 배를 하나 제공을 해서 그 배를 타고 저를 비롯해서 가족들이 한 20명 정도 탔던 거 같아요. 그 배를 타고 갔죠. 그게 그날 밤까지 상황이었던 거예요.

물론 그 중간에 계속 예은이한테 전화하고, 그런데 "꺼져 있다" 그러고, 문자 계속 보내고, 근데 답은 당연히 없고. 근데 그 와중에 "배 안에 누가 살아 있다더라", "거기서 뭐 메시지가 왔다", "카톡[카카오톡]이 올라왔다" 이런 얘기가 막 들려오고, 거기에 예은이 이름도 있었어요. "예은이 언니 살아 있다" 이런 얘기도 보이더라구요. '그럼 빨리 가서 꺼내야 되겠다' 그래서, 그때 9시 반에 배 타고 무조건 밟으라고 그래 가지고 굉장히 빨리 갔어요. 그 이후에 그 해역을 수없이 왔다 갔다 해왔는데, 그때처럼 빠른 시간에 갔던 적은 없었던 것 같아요. 그리고 갔는데⋯ 다 뱃전에, 제가 배 멀미가 굉장히 심하거든요, 평소에. 멀미약을 먹어도 멀미를 할 정도로 배 멀미가 심한데 그때 그런 게 걱정이 되겠어요? 전혀 생각을 못 하고 탔는데 당연히 멀미를 안 하죠. 뱃전 맨 앞에 가가지고, 다들 가족들이 모여서 쭉 가가지고, 갔는데 누가 갑자기 "저기다!" 그러는 거예요. 봤더니 저기 뭔가가 이렇게 어스름하게, 이렇게 비치고 왔다 갔다 하는 게 비쳐요. 그게 바다 거리로 보니까 한 2~3킬로? 한 3~4킬로 전방에서 보인 거 같은데, 그 조명탄도 가끔 하나씩 터지고, 그 불빛이 뭔가가 어스름하게 보이고.

그런데 거기 가면서 봤던 첫 번째 장면이 그 배인지 뭔지 모르겠는데 물 위에 뭐가 요렇게 솟아 있고, 그리고 그 주변에는 뚜렷하게 뭐가 없는 거예요, 뚜렷하게 뭔가가 없어. 난 굉장히 분주할 거라고 생각을 했는데⋯. '어, 저거 뭐지? 왜? 왜 아무것도 없지?' 그래서 가까이 가보니까 실제로 아무도 없어. 구조를 하는 사람이 아무도 없는 거예요. 근데 우리 배가 가까이 가니까 갑자기, 이렇게 세월호가 여기 있고 우리가 [탄] 배가 이렇게 가면 이쪽에서 뭐가 갑자기 막 와. 뭔가 봤더니, 나는 그때 처음 봤어요, 그런 게 있다는 건. 그 꼭… 오토바이 같은 건데, 배가 아니라 왜 그 수상 레저 같은 거 하는 거 보면 물 위에서 오토바이처럼 생겨갖고 사람들이 막 이렇게 운전해서 가는 그런 거 있잖아요. 그런 거 비슷하게 생겼는데 그것보다는 조금 더 큰 거, 그런 게 이쪽에서 막 연달아서 좌악 오는 거예요, 계속. "쟤네들은 뭐야?" 그랬는데 우리가 점점 더 가까이 가니까 갑자기 얘네들이 이 세월호 이렇게 [물 위로] 나온 선수 부분 주변을 뺑 둘러싸는 거예요…, 뺑 둘러싸. 그리고 뺑 둘러싸서 그 주변을 돌기만 해, 계속. 그리고 우리가 간 배를 접근을 안 시켜요. 근데 뺑 도는 게 뭔가 일을 하는 게 아니라 그냥 돌아요. (면담자 : 왜 그러는 거죠?) 접근을 막는 거죠. 그리고 아무것도 없으면 뭐라고 그러니까 뭐라도 하는 것처럼 보일라고 쇼를 하는 거죠.

그래서 그걸 보고 우리가 막 난리를 쳤어요. "지금 뭐 하는 거냐"고, "왜 들어가야지 안 들어가고 저거 타고 뺑뺑 돌기만 하냐"고 막 소리치고 욕하고 별짓을 다 했죠. 그런데 아무도 반응 안 해요. 그냥 그렇게 돌아, 계속, 그리고 접근을 막어. 근데 저쪽 그 오토바이같이 생긴 것들이, 그 단정들이, 단정인가? 하여튼 그런 것들이 쭉 오는 방향을 보니까 저쪽에 어마어마하게 큰 배가 하나 있더라구요. "저건 뭐야?" 그랬더니 그게 이제 해경, 아마 3009함인가 그럴 거예요. 3009함이 있고 그게 이제 현장을 지휘하는 배라는 거예요. "그래, 그럼 저리로 가. 저 배로 가야 되겠어" 그래서 이제 그 배를 돌려가지고 그 옆으로 갔는데 한 200에서 300? 한 100에서 200미터? 200에서 300미터 거리까지 딱 가더니 더 이상 접근을 안 시키는 거예요. 왜 안 가냐고,

"배 올라오니까[갈 거니까] 빨리 대라"고 [말했죠]. 그게 해경 배였잖아
요, 우리가 타고 간 게. 배에 접근을 안 해. 꼼짝을 안 하는 거야.

딱 보니까 그 배 위에 갑판에 잠수사들이 잔뜩 모여서 잠수복을
입고 있으니까, 이렇게 걸치고 있고, 다 보이잖아요, 배 위에는 불이
환하게 켜 있으니까. 아, 잠수사들이 있어, 근데 우리가 봤을 땐 세월
호 옆에 잠수사들이 없었거든. 근데 이 배에 잠수사들이 다 모여서 있
는 거예요, 수십 명이. 그래서 거기에 대고 막 소리를 쳤죠. "당신들
왜 거기에 있냐? 안 내려가고 거기에서 뭐 하는 거냐!" 막 소리를 쳤는
데 갑자기 사람들이, 갑판에 있던 잠수사들이 다 안으로 들어가 버리
는 거예요. 아무런 반응도 없이 들어가 버리는 거예요. 그러더니 갑자
기 그중에 한 명이 반응을 했어요. "거기서 뭐 하는 거냐"고 막 우리가
[항의]하고 "들어가야지 왜 거기에 있냐? 애들 지금 살아 있다고 카톡
오고 있는데 왜 거기서 그러고 있냐?" 이러고 막 소리치고 있는데, 그
중에 한 명이 나와가지고 이렇게 하면서 "아, 지금 들어가려고 준비
중입니다. 이제 곧 들어갈 겁니다. 준비 중입니다" [하니까 우리는] "언
제까지, 지금 이 일이 터진 지가 지금 몇 시간이 지났는데 이제 여태
준비하고 있냐?"고 막 소리치고. 그중에 한 엄마는 막 물에 빠지[겠다
고], 들어가겠다고 막 난리 쳐서 붙잡고. 그러고 이제 다시 세월호 쪽
으로 왔는데 여전히 상황은 똑같아. 들어가긴 뭘 들어가요. 주변 접근
만 막고 아무것도 안 하고 빙빙 돌고, 뭐 한, 뭐 이상한 거 한다 그래
서 보면 물 위에 떠 있는 거 줍고. 사람이 아니라 물 위에 떠다니는 부
유물들이 있을 거 아니에요, 그런 거나 줍고 앉았고. 그러다가… 11시
가 조금 넘었나? 갑자기 배가[를] 돌리더니 도로 다시 가는 거예요. 어

디 가냐고, 그냥 세우라고 그랬더니 전혀 반응도 없이 그냥 태우고서 다시 저 팽목항으로 와버린 거죠.

그때 본 그게 결정적으로, 그때부터 예은이 찾을 때까지 팽목항에서 해야 할 일을 알려줬어요, 해야 할 일을. 다시 들어가서, 이제 그 시간은[에는] 이미 가족들이 거의 대부분 와 있었으니까, 그래서 본 거 다 얘기했어요. 다 얘기하고, 그때까지만 해도 가족들이 "설마 그럴 리가 있겠냐? 뭐 잘못 본 거 아니냐?" 이런 얘기도 나왔지만 이미 그걸 직접 보고 온 가족들이 수십 명이잖아요. 그렇게 다 하고 그러고 이제 바로 해경 불러다가 막, 쳐들어가 갖고 막 따지고 싸우기 시작을 한 거죠. 그러면서 급하게 가족들이 모여서 얘기를 했어요. "이게 여기서만 싸울 게 아니라 우리가 현장을 가서 지켜야 된다. 세월호 앞에 가가지고 거기서 뭐 하는지 우리가 직접 보지 않는 이상 얘네들 말은 믿을 수가 없다" 그래서 그게 이제 그다음 날이거든요.

4월 17일 날 모여서 그렇게 얘기하면서, 음, "우리 이러지 말고 가족들이 여기 대표할 사람 몇 명을 뽑자, 뽑아서 이 사람들을 창구로 해가지고 해경이든 뭐든 할 걸 하자. 지금 너무 중구난방 막 이러니까 일이 제대로 진행이 안 된다" 그래서 모여가지고, 그때는 서로 누가 누구인지를 모르잖아요. 누가 누구인지를 모르니까, 아빠인지 엄마인지 [그래서] "삼촌 다 빠져, 고모 다 빠져"라고 정리했죠]. 확실한 게 필요하니까. 그리고 나서 아빠, 엄마 이 사람들만 해가지고 "누가 나와서 앞에 맡아서 이거 할 사람 자원해서 나오세요" 했는데 안 나오는 거예요. 그때 제 기억으로 "다섯 명인가 뽑자. 다섯 명인가를 뽑아서 일단 하자" 그렇게 했는데 한 세 명까지인가는 하겠다고 나왔는데 더 안 나오는 거야. 그래서 제가 네 번째로인가 나왔어요. "[내가 예은이] 아버지인데 하겠다"고 나왔어요. 그래서 이제 다섯 명이 모였죠. 그 인원이 가족협의회 1기 집행부를 이끌어갔던 핵심적인 사람들이 그때 모였고 그게 한동안 이어졌던 거죠.

그래서 얘기를 하면서 제가 냈던 의견도 그렇고 가족들 의견도 그렇고 아까 얘기한 대로 "여기서 해경 붙잡고 싸워봐야 방법 없으니 현장에 가 있어야 된다. 누가 가서 지키고 있어야 된다. 그리고 그 상황을 해경의 이야기로 듣는 게 아니라 거기의 상황을 우리가 직접 보고 우리가 직접 파악을 해야 된다" 그래서 내가 가겠다고 그랬어요. 그때 나가서 그때부터 예은이 찾을 때까지 그 사고 해역과 팽목항을 계속 왔다 갔다 했죠. 근데 왔다 갔다 하다 보면 또 비니까 추가로 그걸 서브할 수 있는 가족들을 또 뽑았어요. 그래서 삼촌들 몇 명이 나왔어요, 제 동생도 나왔고. [가족대표단에] 들어가서 삼촌들 몇 명을 박아놓고 나는 [사고 해역에] 가서 보고 나왔다가 또 들어갔다가 이렇게 계속 일주일 동안 계속했고, 거기서 벌어지는 상황[을] 수시로 내 폰으로 다 영상을 찍어서 보내고 문자로 보내고 다 보내요. 그래서 수시로 오는 거 내가 받아서, 내가 팽목에 있을 땐 받아갖고 그 팽목항에 있는 가족들한테 다 설명해 주고 전파해 주고 "지금 이런 상황이란다, 이런 상황이란다" 이런 거를 했었죠. 그게 일주일 동안 그렇게 한 거예요.

뭐, 세부적으로야 별일들이 다 있었는데 하여튼 전반적으로 그렇게 있다가… 4월 23일 날 아침 8시경에 예은이가 발견이 됐고, 예은이 인상착의가 이제 팽목으로 전달이 되어서 게시가 되었고, 이제 그걸 보고 '아, 예은이인 것 같다…'라고 생각을 한 게 23일 날 오전에 한 11

시쯤이었던 거 같아요. 그때 '이게 예은이인 것 같다' 판단을 했고 그렇게 예은이를 다시 찾은 거죠.

4
구조하지 않는 정부, 모든 것에 무능하고 무책임한 정부

면담자 　　　팽목과 실제 사고 해역에서 본 것들을 전달하고 이야기하셨는데요. 거기에서 좀 기억에 남는 쟁점들이라든지 아니면 일화들이 혹시 있으신지요?

예은 아빠 　　　많죠. 어우 그거 다 얘기하려면 이것만 해도 하루 얘기해야 되는데요? 큰일 났네. (촬영자 : 잠깐 끊었다 가겠습니다)

(잠시 중단)

면담자 　　　제대로 구조하고 있지 않은 답답한 상황이었는데, 그런 현장 상황들을 언론이 제대로 보도하지 않았잖아요? 그래서 가족들이 YTN에게 생방송을 요구했던 거로 알려져 있는데 그에 대해서 먼저 말씀해 주시죠.

예은 아빠 　　　네, [YTN 기자를] 불러 세워서 앞에 뭐 책상인가 뭐 의자인가 뭔가 모르[겠고] 기억이 안 나는데 거기로 끌고 올라갔어요. 올라가서 "YTN에서 지금부터 생중계를 할 수 있냐? 편집 안 하고 생중계로 내보내겠다는 약속을 해라" 그랬더니 그렇게 하겠다고 그러더라구요. 근데 사실은 실제로 생중계했죠, 하기는. 하기는 했는데 그게 그닥 그렇게 효과는 없었던 거 같애요. 화면은 그렇게 나가는데 보도되는 내용은 여전히 해경이 하는 얘기, 해수부[해양수산부]가 하는 얘기가 나갔고, 아무리 생중계라고 하더라도 그 현장에서 가족들이 내뱉는 소리는 사실은 다 커트가 또 됐었고, 그랬죠. 그런 과정이 한 번 있었구요.

그다음에 또 하나는 4월 16일, 17일, 4월 17일 날 저녁때, 음, 오후에 그 당시 서해[지방해양경찰]청장을 하고 있던 김수현 청장이 배를 타고 팽목으로 들어왔어요. 그니까 계속 침몰 현장에서 현장 지휘를 하다가 그때 팽목으로 들어온 거예요. 누가 뭐 하더니 "누구냐? 저 사람 누구야?" 이렇게 하다가, 저 사람이 현장 책임자고 뭐 지휘하는 사람이고, 뭐 정부, 이렇게 얘기를 하는 거야. 그래서 그 사람 딱 내리자마자 가족들이 붙들고 가족들 그 모여 있는 데로 데리고 왔어요. 그래서 세워놓고 막 조지기 시작하는 거지, 물어보고. "지금 구조 안 한다 그러던데 어떻게 된 거냐? 어떻게 하고 있냐? 지금 뭐 하다가 왔냐?" 이렇게 얘기를 했는데, 근데 나오는 답은 뭐냐면 우리가, 보통 국민들이 방송을 보면서 알고 있는 얘기, "열심히 구조하고 있다. 얼마를 뭘 투입하고 있다. 어떻게 하고 있다…". 근데 우리는 봐서 다 알잖아. 그리고 이미 그 시간에 현장에 내 동생들 보내가지고 거기서 보고 있고, 다 연락받고 있고. 그니까 다 거짓말이라는 거지. "거짓말하지 마라… 지금 내가 연락받았는데 이런 상태다" 그랬더니 "아유, 아닙니다" 그러고…. "무슨 개소리를 하냐. 지금 연락받고, 지금 사진 찍어서 보내고 영상이 온 건데" 그래서 "아유, 그럴 리가 없습니다" 막 이렇게 변명을 하는 거야. 그래서 그때 가족들이 거의 감금하다시피, 가족들 사이에 딱 붙잡아 놓고 "무선기[무전기] 꺼내, 지금 이 자리에서. 구조하기 위해 지금 당장 들어가라고 무전기에 대고 직접 지시해 빨리!"
그러고 말하고 그랬어요. "무전기 안 되면 핸드폰 꺼내. 직접 우리가
보는 이 앞에서 당신이 지시해, 빨리 들어가라고" 이러고 막 실랑이가
계속 벌어지고 있는 거예요. 그러니까 또 꺼내가지고 통화하는 시늉
도 하고 "뭐 한다고 그러더니 여기 가족들은 '아무것도 안 하고 있다'
그러냐. 상황이 뭐냐, 좀 똑바로 보고해라" 막 이러고.

그러다가 내 폰으로 사진이 하나 새로 날라왔어요. 그때가 4월 17
일 저녁 해가 진 다음이었거든요. 그때 시각이… 한 저녁 7시가 좀 넘
었어요. 7시 한 20분? 해가 진 상황이었거든요, 어두워졌죠, 이미. 근
데 그때 폰으로 현장에 나가 있던 동생이 사진을 하나 보내왔어요. 그
리고 전화가 왔어. 뭐냐면 "여기에[가] 어두워졌는데 해경이 조명탄을
안 터뜨린다. 깜깜해서 아무것도 볼 수가 없다. 뭘 하고 싶어도 할 수
있는 게 없다" 그러는 거예요. "무슨 소리냐. 조명탄을, 어두워졌는데
조명탄을 왜 안 터뜨리냐" 그랬는데 팽목에서, [사고 해역에서] 조명탄
을 터뜨리면 팽목에서 보면 보여요, 저 멀리서. 하늘에서 번쩍번쩍하
는 거니까. 그걸 보고 딱 봤더니 진짜 깜깜하고 아무것도 안 터지는
거야. 그러면서 보내온 사진이 뭐냐면, 배에 보면 서치라이트 같은 거
하나 있잖아요. 그걸 켜놓고 그 해역 주변을 이렇게 보고 있는 거를
사진을 찍어서 저한테 보낸 거죠. 그래서 막 얘기를 하다가 그 청장한
테 가서 "지금 이게 뭐냐? 열심히 수색하고 구조한다며? 날이 어두워
졌는데 조명탄도 안 터뜨리면서 뭘 어떻게 해? 왜 조명탄을 안 터뜨
려?" [하고 물었어요]. 그날은 비가 오는 날이었어요. 17일, 18일 계속
비가 부슬부슬 계속 내렸거든요.

그랬더니 그때 이수현[김수현]이 얘기하더라구요, "사실은 날씨가 이래서, 비가 오고 구름이 낮게 껴 있고 이래서 조명탄을 터뜨려 봐야 소용이 없습니다" 그러는 거야. 그 말은 어두워지면 아무것도 할 수가 없단 얘기잖아요…(잠시 침묵). 근데 가족들이 이제 그걸 듣고서 뒤집어진 거죠. "아니, 조명탄을 안 터뜨리면서 무슨 수색을 한다 그러냐. 무슨 구조를 한다 그러냐. 하지도 않고 있지만" 그니까 계속 그 사람이 하는 얘기는 "이런 날씨에 조명탄 터뜨려 봤자 소용이 없다" 그 얘기만 반복하는 거예요. 그래서 다시 물어봤죠. "그래? 이런 날씨에는 그 조명탄은 소용이 없어? 그러면 오늘 이렇게 비가 오고 날씨가 궂을 거라는 일기예보는 이미 며칠 전부터 나와 있었는데 당신들 구조하러 가면서 이런 날씨도 고려 안 하고 준비도 안 하고 갔다는 얘기네? 정말 구조할 생각이 있으면 그 준비를 미리 하든가 안 되어 있으면 낮에라도, 아까 낮에 뭐 했어? 아까 낮에 그런 준비를, 대비를 해야 되는 거 아냐? 왜 안 했어?" 그랬더니 사실은 조명탄 중에 이런 날씨에도 쓸 수 있는 조명탄, 또 다른 종류의 조명탄이 있대는 거야. "그거 어디 있어? 왜 준비 안 했어?" 그랬더니 "그런데 저희 해경은 그 조명탄을 가지고 있지 않습니다" 이래. "우리나라에 그게 없다는 얘기야? 있어, 없어?" [그랬더니] 있긴 있는데 해경은 없대. "어디 있어?" 그랬더니 해군이 가지고 있다는 거야. "아니, 이 사람들 봐라? 그러면 협조 요청, 그 현장에 해군도 나와 있는데 그럼 그거 빨리 갖고오라고 낮에 시켰어야지, 왜 안 시켰어?" 그랬더니 "아, 사실은 그래서 조금 전에 시켰습니다" 그러는 거야(웃음).

참 나… "그럼 어디서 오는데?" 그랬더니 "아, 지금 오고 있는데 오면 조명탄 터뜨릴 겁니다" 그러는 거야. "그래? 몇 시에 도착해?" 그때 내가 분명히 기억하는데 "8시가 좀 넘으면 도착합니다" 그러는 거야. 그때가 8시가 되기 좀 직전이었거든요. "그래, 그럼 바로 도착해서 지금 바로 터뜨리는 거네?" 그랬더니 "네" 그래서 8시가 넘었어요. 8시 10분이 됐고, 20분이 됐는데 안 터져. "이봐, 조명탄[이] 8시에 도착해서 터뜨린다며. 왜 안 터뜨려?" 그랬더니 전화해서 "야, 어떻게 됐어? 뭐 오고 있어?" 막, 막 통화를 하는 척을 해. 그랬더니 "아직 도착을 못 했답니다" 또 이러는 거야…. 결과적으로 그날 조명탄 한 발도 안 터졌어요…. 그리고 그날 9시 뉴스에 조명탄이 터지는 장면이 나갔어요…. 현장에서 거짓말로 했고 보도도 거짓말로 나간 명확한 증거죠. 그게 이제 4월 17일 날 밤에 있었던 일이구요(한숨) (잠시 침묵).

그 공기 주입, 에어포켓 얘기가 있었잖아요? 에어포켓 얘기는 4월 16일 저녁부터 얘기가 나오기 시작했어요, 언론에서. 그 가능성에 대해서 얘기가 나오고 소위 전문가라고 하는 사람들이 나와서 막, 그림 막 보여주고 그러면서 에어포켓의 가능성 막 얘기하고, "에어포켓이 존재할 가능성이 상당히 있다. 만일에 존재한다 그러면 어떻게 해야 될 거냐? 그러면 시간을 확보하기 위해서 산소를 주입을 해서 그 안에 갇혀 있는 사람들이 숨을 쉴 수 있게 해서 생존 시간을 늘리고 그 시간을 벌어서 구조를…" 이런 얘기 막 나오고 이러는 거예요. 근데 우리가 현장에 나가본 가족들, 뉴스에도 나왔고 영상에도 나왔지만 배가 떠 있었잖아요. 뒤집어졌지만 선수가 떠 있었잖아. 근데 우리는 배를 뭘 모르잖아요. 배가 떠 있어. "어? 배가 완전히 가라앉아 있지 않고 떠 있다고 하는 건 배에 부력이 있다는 얘기인데. 아, 그럼 정말로

에어포켓이 있나 보다. 그러니 거기에 갇힌 애들이 계속 카톡을 보내
는 거 같다" 우리는 이렇게 계속 추론에 추론을 거듭하는 거죠.

그래서 거기에 해경한테 한 금요일 정도까지, 수, 목, 금요일 정도
까지 계속 요구했던 게 카톡[을] 계속 제시하면서 "애들 살아 있다, 살
아 있다. 생존 빨리 확인해라"고 이거였는데 해경은 그때 이미 "이거
다 거짓말입니다. 누가 장난치는 겁니다"라고 그랬죠. 그때 제가 한
얘기가 있어요. "그래? 이게 장난으로 보여? 이 카톡 온 게 '애들이 살
아 있다', '식당 어디에 모여 있다', '이런 이런 게 페이스북으로 올라왔
다', '카톡으로 왔다' 이게 장난으로 보여? 그래서 장난으로 보이니까
확인 안 하겠다는 거지? 만에 하나 이거 장난 아니면 어떻게 할 건데?
내 생각에도 이런 카톡이나 이런 게 현실적으로 이게 존재한다는, 할
가능성이 거의 없어 보이긴 해, 내 생각에도. 그런데 만일 이게, 만에
하나 이게 사실이면 어떻게 할 건데, 당신! 여기 앉아가지고 '그거 거
짓말이다. 누가 장난치는 거다. SNS[가] 젊은 애들 하는데 그런 거 장
난치는 애들 많다' 이딴 소리만 하고 앉았어? 확인해 봤어? 이게 거짓
말이면 확인해 봐, 진짜인지 아닌지. 그거 확인도 안 하면서 왜 우리
앞에서 이게 거짓말이니 장난, 장난질이니 이딴 소리 하고 앉았어. 만
약에, 만에 하나 사실이라면 당신이 우리 애들 죽인 거야. 당신이 살
인자야. 확인할 거야, 안 할 거야?" [그러니까] 답을 못 하지…. "그거
장난이라고 해서 죄송합니다. 아, 그런 뜻이 아니라…", "그런 개소리
집어치우고 당장 확인부터 해, 확인부터 해. 단 한 명이라도 살아, 살
아 있을 가능성이 있어, 없어? 다 죽은 거 확실해?", "아, 글쎄 그건 제
가 그렇게 장담을 못 하고…", "장담 못 하지, 그럼 확인해야지. 한 명

이라도 살아서 지금 구해달라고 그 안에 갇혀 있으면 어떻게 할 거야, 당신. 왜 안 들어가, 그거 확인하러?" 이렇게 이제 금요일까지 계속 그런 과정에 있었고.

음, 하여튼 에어포켓 얘기하다가 나온 건데, [당시 상황이] 그랬어요. 그니까 우리 가족들은 그게 "살아 있는, 그 안에 갇혀서 살아 있는 아이가 내 아이가 아니더라도, 다른 아이라 하더라도, 단 한 명이라도 살아 있다고 그러면 무조건 한 명이라도, 그 아이라도 구해 와야 된다" 이런 얘기를 하고 있는 거죠. 그래서 해경한테 물어봤었어요, "에어포켓 있냐, 없냐" [하고]. 근데 명확히 답을 안 해요. 없다는 얘기는 안 해. "에어포켓은 불가능하다, 없다" 이런 얘기는 안 해요, 전혀 안 해. "그래? 가능성이 있으면 빨리 산소 주입을 해야 되겠네? 준비했어, 안 했어?" 준비 안 되어 있죠, 당연히…. 그랬더니 "준비하겠습니다" 막… [이러고]. 그래서 산소를 주입하기 시작한 게 금요일이에요, 18일 날. 그 주입을 할 때 나는 팽목에 나가 있었고, 동생이 바지선 위에서 그 장면을 봤죠.

그리고 이제 18일 날 일찍 내가 현장으로 갔어요. 딱 갔더니, 그 산소 주입을 하고 지휘를 하던 사람들이 언딘에서 나온 사람들이에요. 근데 거기서 막 화면도 쳐다보고 뭐 콤프레샤[컴프레서, 공기 압축기], 뭐, 처음에 일단 딱 갔더니 지금 가져온 콤프레샤가 고장이 나서 새로운 걸 다시 가져오고 있다고 그래서 또 딴 게 또 실제로 왔어. 그래서 그 바지선에 또 안착하고 또 연결하고 잠수사가 왔다 갔다 하고, 다 민간 잠수사들이었어요, 왔다 갔다 하고 막 이래. 근데 내가 토요일 날 가 있는데, 가서 그 과정을 다 봤죠. 그때만 해도 만에 하나 있을 수도 있는 에어포켓에 산소를 주입해야 된다는 생각밖에 없었고…. "여기 어디로 들어가는 거냐?" 그랬더니 "이건 식당 칸, 식당으로 해서 어떻게 해서 들어가는 거다" 막 설명을 막 해주고, 뭐 "원활하게 진행이 되고 있다" 그러고 "어저께는 이리로 집어넣었는데 오늘은 바꿔서 일루 넣는다" 그러고, 하여튼 그런 얘기들을 한참을 해요.

한참을 했는데…, 12시가 좀 넘어서, 제 기억에 낮에 12시가 좀 넘어서 나는 배 그 옆에 나와가지고 계속 그 바다를, 바다를 내려다보면서 계속 서 있었으니까. 12시? 아, 12시가 아니라 12시 조금 더 지났구나. 12시부터 계속 나와 있었는데 제 기억으로 한 1, 2시쯤, 한 1, 2시쯤 됐나 봐요, 점심시간 좀 지나서. 나가서 이렇게 보고 있는데, 그… 바다에서 아주 큰 규모의 기포가 퐁! 이렇게 올라오더라구요. 근데 지름을 보니까 그때 보통 작은 게 한 4, 5미터 됐던 거 같고, 큰 거는 그것보다 훨씬 더 컸고, 그니까 이 방울이 뽀글뽀글 올라오는 게 아니라 아주 어마어마한 기포 하나가 이렇게 쑤욱 떠가지고 수면에서 펑! 이렇게 터지는 모습이, 이게 몇 군데에서 동시다발적으로 이렇게 일어나는 거예요. 한 번 여기서 펑 했다가, 또 저기서 펑 했다가, 배 반대쪽으로 가보니까 거기서 펑 했다가 이러는 거예요.

그래서 바로 불렀죠. "이게 뭐냐? 이게 공기 주입하고 있는 과정인데 그랬다고 하는 건 거기서 주입했던 공기가 밖으로 나왔다는 생각밖에 안 드는데, 이게 뭐냐 도대체?" 막 그랬더니 설명을 하는 사람이 없어요. 그러다가 오후에 3시가 좀 넘어서, 3시가 좀 넘어서 동생이 오더니 지금 들어갔다 나온 잠수사가 있는데 좀 얘기를 하고 싶어 한다는 거예요. 그래서 가봤죠. 그랬더니 나를 조용히 데리고 가더니,

(한숨) "다른 데는 얘기를 못 하겠고, 음… 가족 아버님이라고 하시니까 고 말씀을 드려야 될 거 같아서"[라고 해요]. "뭐냐, 뭐냐"고 그랬더니 자기가 지금 잠수를 하고 왔는데… 막 울먹이더라구요. 하는 얘기가 자기가 가봤는데… "창문 안으로 뒤엉켜 있는 사람들을 봤습니다…" [하는 거예요]. 나는 처음에 그 얘기를 듣고 창문 안에 사람들이 이렇게 있다고 그래서 "그럼 거기가 에어포켓 있는 데에요?" 내가 이렇게 물어봤다구. 그랬더니 그때 잠수사가 "그게 아니라 에어포켓은 없습니다. 그리고 그 배 안에 뒤엉켜서 둥둥 떠 있는 시신들을 본 겁니다" 그러는 거예요. "이거 꼭 말씀을 드려야 될 거 같아서" [하길래] "그럼 빨리 꺼내 와야지 왜 그냥 나오셨냐?"고 그랬더니 "지금은 데리고 나올 수 있는 방법이 없습니다" 그러면서, 그때 작업하고 있는 그 산소 주입 작업이 그게 제대로 된 작업이 아니라는 거, 본인도 그걸 나한테 명확하게 "이거 에어포켓 없다, 이건 가짜다" 이렇게 얘기는 안 했지만 그의 이야기가 지금 산소 주입하고 있는 이 작업 자체가 정상적인 작업이 아니라는 강한 뉘앙스를 가진 이야기를 저한테 했어요.

그 얘기를 듣고 나서 바로… "배가 돌았습니다" 얘기를 하더라구요. "무슨 얘기냐?" 그랬더니 거꾸로 해서 이렇게 선수가 나와 있었고, 그때 토요일 날은 조금 더 가라앉았어요. 그래서 그 전까지는 선수 부위가 물 밖으로 보였는데 그게 4월 16일, 17일, 18일부터는 안 보였거든요. 처음에는 그게 안 보였을 때 "어떻게 된 거냐?" 그랬더니 "이게 조금 더 가라앉아서 수면 바로 밑에 있습니다" 이렇게 얘기를 했었다구요. 근데 토요일 날 그 오후에 "지금 배가 돌았습니다. 그리고 조금 있다가 완전히 가라앉았습니다" 얘기를 하는 거예요. 그래서 그때 내가 드는 생각이 '에어포켓은 없었고, 산소 주입한다고 했던 거는 다 쇼였고, 결국 산소 주입한다고 들어가서 이것저것 헤집어놓고 뭐, 뭐, 한참 하다가 결국 그 영향 때문에 배가 균형을 잃었고, 그래서 그나마 비스듬하게 걸쳐 있던 배가 돌면서 좌현부터 바닥으로 가라앉은 거구나. 그래서 마치 에어포켓이 있는 것처럼 가족들한테 희망 고문을 하다, 하면서 배를 완전히 가라앉히는 일을 했구나, 얘네들이' 그게 내가 4월 19일 날, 토요일 날 오후에 그 현장에서 딱 가진 생각이에요.

그게 그날 있었던 일이고⋯. 일요일, 그다음 날 일요일이었던 거 같은데 이제 배는 더 이상 안 보이잖아요⋯. 다 철수한다는 거야. 근데 나는 못 나가겠어, 거기서. 근데 내 배가 있는 것도 아니고 해경 협조받아 가지고 거기 나가서 언딘에서 온 배[로] 갈아타 가지고 거기 서서 계속 보고 있었던 건데, 근데 철수를 해야 된다는 거예요. 나는 못 나가, 나는. 나가다가 "아, 나는 못 나가겠다. 거기 가야겠다" [했죠]. 근데 거기에 다른 건 다 철수하는데 현장을 지켜야 되니까 어민의 협조를 받아서, 조명도 필요하고 그랬나? 뭐 그렇게 얘기했나 봐. 어민의 협조를 받아서 오징어 배를, 큰 배를 하나 불러다가 그 옆에 정박시켜 놓고 거기를 이렇게 비추고 있게 조치를 해놨다는 거예요. 그게 무슨 조치야? 구조는 하나도 안 하고, 그냥 옆에 가서 배[를] 정박시켜 놓고 조명만 비추고 있는 거지.

그래서 그때부터 이제 동생하고 배를 히치하이킹을 하기 시작했어요, 바다 위에서. 여기 길에서 지나가는 차를 세워서 "어디까지 태워주세요" 이렇게 하는 게 히치하이킹이잖아요. 그래서 그때 별의별 배를 다 타봤어요, 그 일요일 날 새벽에. 해경 배 가운데 그, P123정처럼 막 2, 30명 타는 작은 이런 경비정 말고 굉장히 큰 배도, 막 뭐 내려가지고 올라타고, 뭐 곤돌라 같은 거 올라타고, 올라와서 쭉 가다가 딴 거 같아, 하여튼 그렇게 해서 뭐 갈아타고. 지금 정확히 기억이 안 나요, 지금 무슨 배였는지, 몇 번을, 내 기억으로는 한 세 번인가 갈아탄 거 같은데. 배에서 어디까지 가고 "이번에는 저 배 타고 가시면 됩니다" 그래서 고거 또 갈아타고 그렇게 해서 결국엔, 그 해경, 그 처음에 봤던 그 오토바이처럼 생겼다는 그런 거 있잖아요? 제일 마지막에는 그런 걸 얻어 타고 그리고 세월호 옆에 정박해 있던 그 어선에 올라탔어요.

그래서 일요일 날은 거기서 아무것도 안 하고 있는 그 현장을 종일 지켜보고만 있었죠, 그 배 위에서. 근데 그 배에 어민이 타고 있잖아요. "제가 저기, 그 실종자 가족인데 여기 좀 타고 있어도 되겠냐?" 그랬더니 타라고 그러더라구요. 그랬더니 라면도 끓여주고 그러는데 뭐 라면이 넘어가겠어요? 16일 날 내려가서 며칠 동안 뭐 물 한 모금 안 먹었었는데 넘어가겠어요? 그래도 "먹어야 된다"고, "먹어야지 부모가 먹고 힘내서 애들 찾아야지 말이야, 그러면 안 된다"고 그래서 몇 젓가락 집어 먹다가 또 못 먹다가…. [그런데 배 위에서] 할 일이 없잖아요 거기서, 해경이 뭔가를 하고 있다고 그러면 잘하나 못하나 지켜라도 보면 되는데. [그러고 있는데] 뭔가 배가 와가지고 해경, 해경인지 해군인지 아니면 정부 기관선인지 뭔진 모르겠는데 무슨 이상하게 생긴 배가 하나 쭈욱 와서 '뭐 하나 보다' 그러면 왔다가 쓱 지나가고, 저쪽으로 갔다가 다시 돌아와, 그러면 '다시 또 뭐 하나 보다' 그러면 왔다가 또 그냥 지나가고. 누가 뭐 타고 그 바다 주위를 이렇게 왔다 갔다는 하는데 뭐 하나 보면 바다 위에 쓰레기 줍는 것처럼 뭐 떠 있으면 가끔가다 하나 줍고, 왔다 갔다 하고 앉았고. 잠수사는 코빼기도 안 보이고, 뭐 한다고는 그러는데 들어가는 시늉도 뭐 이것도 없고, 하여튼 이랬어요.

그니까 할 일도 없잖아. 그냥 배에 기대가지고 그냥 넋 놓고 보고 있는데 그 선장님이 오더니 "벌써 며칠이나 됐죠, 벌써?" 며칠 몇 시간 계산해 보더니 "되게 미안한 얘기인데 저런 배는 저렇게 가라앉으면 저 안에 있는 사람들은 살아 있을 확률은 없다" 그리고 자기가 "수십 년 동안 배를 타면서 바다에 빠져 죽은 사람을 정말 많이 봤는데, 바다에 빠지면 가장 먼저 상하는 부위가 머리다. 몸통은 두껍고 이렇게 다리 이런 것도 뼈가 두껍고 그러니까 좀 오래 버티는데 머리, 목뼈 이거는 약하기 때문에 물속에 오래 있으면 붙고 썩으면서, 가장 먼저 머리가 떨어져 나간다. 그럴 수도 있다, 지금. 그다음에 팔 같은 것[이] 막 떨어져 나간다. 뭐 살점 떨어져 가는 거는 뭐 말할 것도 없고, 그렇게 바닷속에 있으면 물고기들이 다니면서 다 먹이인 줄 알고 쪼아 먹기 때문에 그렇게 굉장히 훼손이 심할 거다. 내가 그런 걸 너무나 많이 봤다…" [하는 거예요]. 생각하기 싫잖아요. 그때 그 선장님이 생각을 못 했던 건 뭐냐면 이게 그냥 바닷속에 표류하고 있는 게 아니라 배 안에 갇혀 있었다는 거, 사람들이. 그러니까 보통 일반적으로 생각했던 그런 훼손 과정은 상당히 느리게 진행이 됐던 거니까 다행히 그런 모습의 시신은 거의 없었죠. 시간이 많이 지나면서 좀 이렇게, 상한 것은 있지만 뭐 막 심각하게 떨어져 나가거나 이런 경우는 많지 않았죠. 어쨌든 그런 얘기를 거기서 듣고 그랬었죠.

아, 중간에 하나 빠졌구나. 토요일 날 제가 배가 완전히 침몰한 소식을 듣고 팽목으로 들어왔어요. 팽목으로 급히 들어온 이유는 뭐냐면, 내가 그랬잖아요. 그 과정을 다 지켜보면서 에어포켓은 없었고, 산소 주입하는 건 쇼였고, 지금 배는 완전히 가라앉았고, '이거 가족들한테 빨리 전달을 해야 되겠다. 과연 해경들이 이걸 제대로 설명을 했을까?' 싶어서 급히 팽목으로 들어왔어요. 들어온 게 밤인 거죠, 해 다 지고. 그런데 제 기억으로 아마 밤에 8시인가, 9시인가 매일 그 상황실에서 해경이 가족들한테 브리핑을 했었어요. 상황 브리핑 이런 걸 했었는데, 제가 딱 도착을 하니까 그 브리핑을 하고 있는 중간이었던 거 같아요. 딱 가니까 상황실 앞에서 막 싸움이 나고 난리가 난 거야. 막 소리치고, 막 싸움 나고, 막 욕, 막 욕지거리도 나오고 막 난리가 나. 그러더니 그때 [가족]대표단으로 뽑혀가지고 같이 팽목항에 있던 가족들이 막 나오면서 진도체육관으로 가야 된다고. "이 개, 이거 다 거짓말하고 나쁜 놈의 새끼들" 막 이런 욕하면서 다 진도체육관으로 가야 된다고, 이제 이거 더 이상 이렇게 하면 안 된다고 막 그러는 거야. 딱 배에서 내리고 상황실 앞에 가니까 막 그러고 사람들이 나오는 거지. "저 새끼 잡아!" 이러면서 쫓아 나오는 사람도 있고, 굉장히 아수라장이었어요.

"무슨 일 있냐?" 내가 그랬더니, 그러면서 그러더라구요. 상황 보고를 받으러 들어갔는데 거기서 해경이 실토를 했다는 거지. "무슨 실토를 했냐?"라고 내가 물어보니까 "에어포켓은 처음부터 없었습니다. 우리는 알고 있었습니다" 이 얘기를 했다는 거예요, 해경이…. 그 며칠 동안 속은 거잖아(침묵). "안 되겠다. 그럼 진도체육관에 가서 거기 있는 가족들한테까지도 이 상황을 설명을 하고, 더 이상 여기에 나와 있는 것들은 믿을 수가 없다", 그때가 대통령 왔다 간 다음이잖아요, 토요일 날 밤이니까. 저는 근데 대통령, 박근혜 왔을 때도 나는 사실 그 해역에 나가 있었기 때문에, 나는 사실 온 것도 나중에 와서 듣긴 했지만 어쨌든 그때 와가지고, "야, 대통령이 와서 뭐라 그러디?" 그랬더니 대통령이 "구조를 하기 위해서 모든 것들을 다 투입하고 가족들이 원하는 대로 다 투입해라" 이런 지시를 했대. '그럼 상황이 좀 나아지나 보다' 이렇게 생각을 하고 있던 상황이었거든. 근데 토요일 날 밤에 갔더니 그런 상황이 벌어진 거고 해경이 실토를 한 거죠. 자기네들은 "처음부터 에어포켓이 없었던 것을 알고 있었다", 그 말은 그런데도 불구하고 산소 주입을 했다는 그거는 쇼했다는 거밖에 안 되잖아.

그러니까 "더 이상 여기 나와 있는 이 새끼들은 우리가 믿을 수도 없고, 기대할 것도 없어. 아니, 대통령이 와서 '구조하기 위해서 모든 것들을 다 투입하겠다'고 약속까지 했는데 이 새끼들이 이렇게 하고 있어. 거짓말만 하고 있어. 그러면 어떻게 해야 돼, 우리가? 대통령한테 가야지. 이 새끼들[이] 대통령의 명령도 안 지키고 다 거짓말만 하고 있는 새끼들밖에 없으니, 얘네들 못 믿겠으니 대통령한테 직접 가서 대통령이 다시 직접 챙기고, 직접 다시 명령을 하라고 얘기하러 가야 되겠다" [하고] 그때 그 얘기를 그렇게 한 거예요. "그러면 진도체육관 가자. [거기 있는] 가족들 다 데리고 청와대로 가자". 그리고 그때 안산시에서, 우리도 안산 시민들이니까 그 공무원들 내려와 있잖아요, 우리 내려올 때도 거기서 버스 제공해 가지고 타고 내려온 거니까. "우리 타고 내려온 버스 어디 있어? 그때 우리[와] 같이 내려온 공무원 어디 있어? 찾아갖고 그 버스 빨리 체육관으로 다시 대라 그래, 타고 올라가게" 그러면서 거기 있는 가족들이 버스니 개인 차니 다 동원해 가지고 체육관으로 다 갔어요.

체육관 가가지고 다 얘기를 했죠. "더 이상 이 새끼들 못 믿고, 구할 생각 없으니 청와대로 가자. 청와대 가서 대통령한테 직접 얘기하자. 대통령 아니면 이 상황 아무도 책임 못 진다. 다시 명령, 다시 지시하라고 얘기하러 가자. 대통령밖에 그럴 사람 없다" 그래서 가족들 다 끌고 밖으로 나왔어요. 그리고 체육관 밑에 이렇게 도로 있고 굴다리 있는 여기에 버스를 대기로 했는데, 버스가 안 오네? 버스가 들어오는데 경찰이 막더니 버스를 돌려보내네? "왜? 왜?" 막 그랬더니 그때부터 경찰이 막 뛰어나오면서 가족들을 막기 시작한 거죠. "너희들 왜, 뭐 때문에 막아?" 그랬더니, 그때 국무총리 왔었어요, 정홍원 국무총리가. 그때 막 몰려 나가는 가족들 진정시킨다고 와서 차에 올라가가지고 얘기하고 막 그렇게 하는데 그게 통하냐구요. 국무총리도 필요 없고, 우리는 대통령 만나러 가야겠다고, 대통령한테 우리가 직접 얘기하겠다고, 다 너희들 못 믿는다고. 그러다가 정홍원이 그렇게 몇 번 하다가 도망가 버렸어요, 차 타고.

내가 그 국무총리 붙잡으러 가는데 경호원들이, 떡대 이만한 경호원들이 막 제지를 하더라고. 경호원들을 막 두드려 팼어요. 나보다 키가 한 2, 30센티는 더 큰 거 같고 막 이런데, 그 전 같으면 어떻게 감히 거기 가서 그래. 뵈는 게 없으니까 뒤통수 막 치고 "이 개새끼들 안 비켜? 니가 뭔데 가로막아?" 이러면서 하는데, 그 와중에 정홍원이 차를 타고 가버렸어요. 그 이후로 정홍원은 세월호 참사에서 빠졌어요. 도망간 거지, 책임 안 지고.

음, 그때부터 행진이 시작된 거예요. 버스가 안 돼, 우리가 걸어가려고 걸어간 게 아니라고. "우리 타고 온 버스 갖고와. 타고 서울 가게, 청와대로 가게" 한 건데 그 버스를 경찰이 돌려보냈어요. 못 타게, 다 돌려보냈어. "그래?" 그래서 "그럼 우리 걸어서라도 간다. 이 새끼들 너네들이 뭔데 막아?" [그러면서] 그때부터 "진도대교 건너가자" 그러고 간 거예요. 그리고 진도대교 앞에서, 중간에도 막았죠. 그러니까 막 산으로도 가고, 가다가 결국 진도대교 앞에서 완전 차단되고. 나중에 보니까 "절대 진도대교 넘지 못하게 해라"라는 지시가 있었다고 하더라고. 그게 이제 그 토요일 날 밤, 일요일 날 새벽까지 이어졌던 일이에요. 그때 새벽에 내가 행진을 하다가 나와서 "나는 현장[에] 먼저 가봐야 되겠다. 현장을 비워놓을 수가 없다" 이래서 그날 새벽에 나와가지고 현장으로, 그 배를 히치하이킹하면서 그래서 들어간 거예요. 그래서 그렇게 있었고….

음… 그리고…, 일요일 날 오후에 다시 들어왔죠. 일요일 날 오후일 거예요, 일요일 날 오후. 오후에 다시 들어왔어요. 다시 들어왔는데, 그때 이제 동생들이 다 와 있었거든요. 예은이 엄마는 내가 못 오게 했고, "여기서 상황 보고 연락해라" 하고 혼자 내려왔는데 뒤따라서 동생들이 내려왔어요. 내가 다니는 데마다 계속 쫓아다니는 거죠, 무슨 일 생길까 봐, 챙긴다고. 그 일요일 날 [배를] 히치하이킹해서 나갔다가, 저녁때 다시 들어오니까 동생이 그 팽목항에 있는 민박집 방을 하나 잡아놨더라구요. 어렵게 잡았나 봐. 당연히 어렵게 잡았겠지 뭐, 기자들이 한두 명 온 게 아니었으니까. 방 하나 나왔다고, 잡아

났다고 그래서 방에 가서 좀 쉬라고. 그래서 내가 거길 왜 가냐고, 지금 여기서 할 게 얼마나 많은데. [동생들이 나에게] 제발 좀 들어가서 따뜻한 물로 좀 씻고, 병나서 쓰러지면 안 된다고 그래서, 버티고 버티다가 월요일 날, 그 일요일 날 밤늦게, 월요일 날 새벽에… 그 방에 잠깐 들어갔어요.

그리고 월요일 날 아침에 전화가 하나 오더라구요. 전화가 왔는데, 그때 연락 온 게 뭐냐면, 그 이상호 기자가 연락이 온 거예요. 그 전부터 친분이 있지는 않았는데, 그 참사가 있고 나서 팽목에 바로 와서 그… 고발뉴스였죠? 이상호 기자가 한 게. 근데 그 현장에서 계속 생중계를 했었어요, 인터넷으로. 제가 거기[가족대표단]에 뭐 맡아서 왔다 갔다 하고 그러니까 "와서 좀 얘기해 줄 수 있냐?"고 해서, 가서 카메라에 대고 현 상황 막 고발하고 "지금 이거 다 거짓말이다. 뉴스 나가는 거 믿지 마라" 이런 얘기하면서, 막 얘기하고 무슨 일 있었는지 다 얘기해 주고, 이런 걸 저뿐만 아니라 다른 가족들도 가서 얘기하고, 고 방파제 바로 위에다가 [고발뉴스가] 딱 이렇게 조그맣게 세트 하나 만들어가지고 했으니까. 그래서 그때 전화번호를 주고받았었죠.

근데 이제 그 월요일 날 아침에 일찍 전화가 왔더라구요, 이상호 기자한테. 그때 이상호 기자가 다이빙 벨 이야기를 하는 거예요. "사실은 지금 이종인 씨가 내려오고 있다. 다이빙 벨을 갖고 내려오고 있는데 지금 거의 다 왔다. 거의 다 왔는데, 이 다이빙 벨이 현장에 투입이 되어야 한다. 지금 하는 이런 잠수 방식 갖고는 사람을 구할 수가 없다. 이걸 써야 된다" 막 그러는 거예요. 그래서 "그러면 그게 좋은 거면 써야죠" 그랬는데 "근데 이거를 해경이 막는다, 못 하게" 그래서 "왜요?" 그랬더니 "이 새끼들이 하여튼 막, 하면서 막고 있다. 가족들이 도와주셔야 된다. 다른 가족들한테도 얘기를 했는데 지금 얘기가 잘 안 된다" 막 이렇게 얘기하시는 거예요. 근데 이제 상황실하고도 거리가 몇백 미터 거리가 있으니까 "그래?" 나는 처음 듣는 얘기니까, 그래서 내가 상황실에 있었던 가족한테 전화를 했죠. 전화를 해서 "내가 이런 전화를 받았다. 그 다이빙 벨이…" [하고 이야기를 했어요]. 나는 솔직히 다이빙 벨을 뭔지를 그때 처음 들었어요. 그래서 "뭔지는 모르겠는데 그게 있어야 사람을 구한다고 한다. 근데 그게 왜 해경이 못 들어가게 하는 거냐?" 뭐 이렇게 물어보니까, 사실 누가 알아요, 그거를, 그 내용을. 가족들 중에 모르지. "나도 그런 얘기를 좀 전에 연락을 받고 듣기는 들었는데 도대체 뭘 어떻게 해야 하는지 모르겠다" 이러는 거예요.

그래서 "그럼 지금 거기 해경들 있냐?" 그랬더니 "여기 있다"고 [해서] "그러면 얘기를 해가지고 그게 우리한테 필요한 거면 해야 되는 거 아니냐. 왜 그걸 못 하게 했는지 확인을 좀 해보고 좀 조치를 취해 달라" 이렇게 얘기를 했죠. 근데 아마 얘기가 좀 있었나 봐요. 그러더니 그다음 날인가? 아, 그다음 날이 아니구나. 그러고 나서 한 2, 3일 있었나 봐요. 왜냐면 그 다이빙 벨이 현장에 들어갔다는 게 내가 예은이를 데리고 올라온 다음이었으니까 며칠 더 걸렸었나 봐. 그러고 나서 이제 어쨌든 그런 과정을 거쳐서 다이빙 벨이 현장에 들어가게 됐죠. 그 뒤에 얘기는 잘 몰라요. 나는 그 전에 예은이가 나와서 수요일 날 예은이 데리고 올라왔으니까. 아마 수요일 날 예은이 나오고 예은이 시신 확인하기 위해서 기다리고 하는 동안 아마 그 과정이 진행이 됐던 걸로 저는 기억해요. 그런 일도 있었고….

그리고 나서 23일 날 예은이를 찾은 거죠. 예은이를 찾고 예은이 시신을 확인하고 데려온 게 24일 날 오후 5시에, 하룻밤 재웠죠. 24일 날 오후 5시 조금 넘어서 "나 헬기 타고 가겠다"고, "앰뷸런스가 있고 장의차도 있고 헬기도 있고 그런데 어떤 거 타고 가시겠냐?" 그래서 "나는 헬기 타고 가겠다" 그랬어요. 왜냐면 한참 전에 그런 일이 있었 거든. 이렇게 예은이하고 가다가 헬기가 날라가는 걸 보고 지나가는 말로 예은이가 그런 말한 적 있어. "아, 저런 거 한번 타보고 싶다" 이 런 얘기를 한 번 한 적이 있어요. 근데 헬기 얘기하니까 그 생각이 딱 나더라고. 그래서… 아주 단순하게… '헬기 한번 태워줘야 되겠다…' 그래서 이제 5시 쪼끔 넘어서 헬기 타고 올라왔죠. 4월 24일 날 저녁 때(한숨) (침묵). 음… 옆에 누가 같이 타고 왔나? 기억이 안 나네… 내 가 혼자 탔나? 누가 같이 탔나? 그게 기억이 안 나네요. 어쨌든 예은 이는 그 관 속에 들어 있었으니까… 오는 내내 관 위에 손을 올리고 붙잡고 그러면서 올라왔어요(한숨) (침묵).

또 하나 더 있다. 아, 일요일 날 팽목으로 돌아와서, 저녁때 돌아 와서 동생이 잡은 방에 잠깐 들어가기 전에, 저녁때, 밤에, 아이들이 본격적으로 돌아온 게 일요일부터예요, 그죠? 그 전에는 들어가서 찾 아온 게 아니고 이렇게… 떠올라 온 아이들만 몇 명 이렇게 데리고 왔 던 거고, 실제로 들어가서 아이들을 데리고 나오기 시작한 게 일요일 이죠. 근데 문제가 하나 발생했어요. 이제 [아이들이] 오면… 이렇게 몇 명씩 모아서 해경정으로 싣고 와가지고 팽목항 주차장으로 이렇게 데리고 올라오잖아요. 근데 그 시신 확인을 못 하는 거예요, 절차가 없어.

근데 가족들은 팽목항과 체육관으로 나뉘어져 있잖아요. 그 시신이 처음 올라왔을 때 어땠냐면 "야! 왔다!" 그러면 상황실 주변에 있던 모든 가족들이 그 주차장 부둣가로 다 뛰어가는 거야. 뛰어가서 "남자 애래!" 그러면 아들 부모들이 다 뛰어가는 거야. "여자애래!" 그러면 여자, 딸 부모들이 다 뛰어가는 거야. 가서 너 나 할 것 없이, 이렇게 그 시신을 싸고 있으니까 열고 얼굴을 다 보는 거죠. 그렇게 확인했어요. 이게 말이 안 되잖아, 이게. 거기에 기자들이 그 사진을 찍겠다고… 같이 달라붙는 거야. 거기서 또 대판 싸움이 났지. "이 새끼들이 뭘 찍을 게 없어 가지고 말이야, 이걸 찍냐?"고 [하는데도] 기자들이 물러서지 않아요. 가족들이 막 화가 나 있으니까 빠지죠, 빠지는데 뒤에서 카메라 슬쩍 들어. 그런 놈들 막 숱하게 찾아와 가지고 막 욕하고 밀쳐내고, 심지어는 때리기도 카메라 뺏기도 하고. 그럼 도망가는 척하고 저 멀리서 또 카메라 키고 땡겨서 찍을라 그러고, 여튼 그런 상황이에요.

가족들은 가서 일일이 막 얼굴 들춰 보고 너 나 할 것 없이 막 쳐다보고, 한 번 그러고 나니까 가족들 사이에 문제가 제기가 된 거예요. 이게 뭐냐, 이게… 더더군다나 그러면 여기서 "이게 내 아이야, 내 가족이야" 이게 안 나오면 그럼 얘를 데리고서 체육관까지 가서 체육관에서 또 열어놓을 거야? 이건 아니지 않냐… 어떻게 해야 되나…. 여기서 해경이나 해수부나 거기 나온 애들은 그거 신경 안 썼어요, 뭐든 방법을 찾아줄 생각도 안 하고. 그래서 우리끼리 거기서 잠깐 모여서 얘기해 갖고 "그래, 그럼 이렇게 하자. 저게 내 아이일 수도 있는데 그 시신을 갖고서 막 여기저기 돌리고 열고…. 이, 밖에 나와서 부패하기 시작하는데 몇 시간 동안 그렇게 하면 되겠냐? 그러면, [아이가] 나오면 팽목에 있는 사람들은 여기서 우리가 직접 확인을 하고, 만일에 여기서 시신 확인이 안 되면 우리가 사진을 찍어서 체육관으로 보내자. 그러면 가족, 거기 있는 가족들이 사진을 보고 판단을, 확인을 할 수 있도록 이렇게 하자" 한 거예요.

이제 문제는 (웃음) 그 사진을 누가 찍냐고. 그렇게 해야 된다고는 같이 얘기를 했는데 선뜻 나서서 그걸 사진을 찍어서 그걸 하겠, 할 용기가 안 나는 거지. 그래서 제가 하겠다고 그랬어요. 시신이 들어오더라고. "남자야, 여자야?", "여자", "여자 부모들 와. 기자들 다 빠져. 함부로 만지지 마, 열어줄 테니까" 열고 "봐봐", "아이구, 누구네" 이렇게 나오면 부모가 따라서 그 아이를 데리고 앰뷸런스를 타고 이동을 하는 건데, 근데 [가족이] 안 나오는 애들이, 이렇게 확인이 안 되는 애들이 있잖아요. 그러면 "다 빠져. 확인이 안 되니까 체육관으로 보낼 거야, 다 빠져" 그러고 사진을 찍었어요. 그리고 찍는 대로 그 사진을, 진도체육관에 단원고등학교 선생님들 내려와 있었거든, 그래서 "거기 선생님 연락처 하나 따 와" 그래서 [선생님 연락처를] 받아놓은 게 있었거든. 그래서 거기다가 전송을 하는 거예요. 그러면 그 선생님이 [사진을] 받아서 이렇게 가족들한테 보여주고. 이런 일이 있었죠, 일요일 날 저녁때.

그리고 월요일부터 그와 관련된, 우리가 항의를 굉장히 심하게 했으니까, 그래서 이제 월요일부터 부랴부랴 준비가 들어가서 그러한 체계가 이제 막 갖춰지기 시작을 한 게 월요일 늦게, 화요일부터. 그리고 그게 안정적으로 운영이 되기 시작한 게 수요일, 목요일부터예요. 실제로 그런 과정, 그때는 그 수요일 이전, 화요일, 수요일 이전까지는 뭐, DNA 검사 이건 상상도 못 했고, 그냥 부모가 보고 "내 새끼야" 그러면 확인이 끝난 걸로. 그러다 보니까 이게 잘못 확인을 해가지고 [아이가] 바뀌어서 안산으로 올라갔다가 다시 내려오고 이런 적도 있었고. 뭐 얘기 들어보셨겠지만, 그것 때문에 또 부모들은 상처받고 아이들한테 미안해진 이런 일도 있었고, 그 정도로 엉망이었어요, 그 정도로.

4월 16일 날 일이 생기고 그다음 날의 상황이 아니라 4월 16일부터 이미 4일, 5일, 6일이 지났는데, 일주일 가까이 지났는데도 그런 준비가 아무것도 되어 있지 않았다는 거, 그런 상황을 오히려 가족들이 문제 제기를 먼저 했고, 문제 제기만 한 게 아니라 어떻게 이걸, 지금 당장 이걸 해결할 건가에 대해서 아주 미숙하고 또 모자라지만 우리끼리 방법을 찾아내서 시도를 하기도 했었고. 그런 경험들이 지금까지 가족협의회가 이렇게 했던 방식, 방향이었던 거 같아요. 하여튼 그런 일들, 지금 당장 생각나는 게 그 정도 되네요.

면담자   잠깐 쉬었다가 하겠습니다, 2시간 동안 말씀하셔서. (예은 아빠 : 아, 벌써 2시간 됐어요?) 5분 정도 쉬었다가 예은이를 데리고 안산에 올라오셔서 이후에 있었던 일들에 대해 말씀을 듣고 이어서 유가족 활동에 대해 얘기를 나눌게요.

(잠시 중단)

5

KBS 항의 방문과 청와대에서의 대통령과 면담

면담자 장례는 어떻게 하셨는지요?

예은 아빠 장례는, 예은이는 23일 날 찾았는데, 24일 날 저녁때 올라왔고 장례식장이 빈 데가 없었어요. 그래서 이제 하루 기다렸고 4월 25일부터 장례를 했죠. 해서 4월 27일 날 화장을 했고…, 29일 날 삼우제 하고…, 그리고 30일 날은 하루 그냥 집에 있었는데, 29일 날… 다 끝나고, 장례, 아니 아니, 저 29일이 아니라 27일 날 장례 다 끝나고 예은이… 그 서호추모공원에 데려다 놓고, 그리고 저녁때 집에 왔다가 그날 밤에 쓰러졌어요. 그날 밤에 내 방에 있는 목욕탕 욕실에 들어가서 세수를 하려고 그랬나? 그랬다가 쓰러졌어요. 그래서 구급차 불러서 구급차 타고 고대[안산]병원으로 갔었나? 병원도 기억 안 나네. 내가… 하여튼 구급차 타고 병원 가서, 하여간 특별히 어디가 이상이 있고 이런 건 아닌데, 그런 거, 항상 스트레스 얘기하는 거죠, 뭐. 그때 복통이 심하게 났거든요. 그래서 허리도 못 피고 막 데굴데굴 쓰러져 있다가 호흡도 잘 안 되고 [해서] 병원 가서 하루, 응급실 가서 주사 맞고 안정 취하고 그랬었죠.

그리고 이제 삼우제까지 끝나고 4월 30일 하루는 집에 있다가 5월 1일 날 바로 [안산]와스타디움으로 나갔어요. 그때가 노동절이었잖아요. 그때 저희 가족들이 와스타디움에 공간을 하나 얻어서 거기서 모여 있어서 거기 5월 1일 날 나갔는데, 이미 [안산으로] 올라온 가족들이 있으니까 그 가족들이 다 나와 있죠. 근데 거기서 뭘, 특별히 뭘 하고 이런 게 아니라 그냥 모여 있는 거예요. 음… 5월 1일부터 그냥 나간 거죠. 그냥 나가다가, 이제 한 하루 이틀 있다가 "먼저 올라온 사람들이 빨리 여기 정비를 해야 되겠다. 빨리 정비를 해서, 우선적으로는 아직까지도 계속 수습 중이니까 이걸 안산에서도 같이, 올라왔다고 나몰라라 하면 안 된다".

우리 아이들 아직도 못 온[찾은] 사람 많고, 가족들도 있고, 특히 이제 그 수습 시작하기 전에 팽목이나 체육관에서 가족[대표]들을 뽑았었잖아요. 그래 가지고 했는데 그 뽑은 가족들 중에 아이가 나오니까 어떻게 해요, 올라가야지. 그러면 또 거기 [활동]하던 사람이 없어지잖아. 그러면 또 누구 새로 해가지고 일을 하게 한다든가 하여튼 이런 복잡한 상황들이 계속 벌어지는 거죠. 혼란스럽잖아요, 갑자기 며칠 동안 이것만 하고 있었는데 이 사람이 아이 데리고 안산으로 갔어. 그러니까 누가 또 대신 해야 되는데 마땅치 않으면 또 공백이 되고, 이런…. 체계도 없고 혼란스럽고 이런 상황이 팽목항, 진도체육관에서 벌어지고, 안산에 먼저 올라온 가족들은 '장례식까지 다 치렀는데 도대체 이제 뭘 어떻게 해야 되지?' [하는 생각이 들 것 아니에요]. 근데 마음은 그래도 며칠 동안 거기서 먹고 자고 같이 싸우고 했던 가족들이 있으니까 계속 신경 쓰이고, 그래서 이제 나온 얘기가 "빨리 여기를 정비를 해야 돼. 먼저 올라온 사람들이 정비를 하고 있어야 되겠다. 그래야 또 가족들이 올라오면 계속 합류를 시켜갖고 또 여기서 할 수 있는 것들을 해야 될 거 아니냐?" [하는 거였어요].

그때 가장 큰 이슈는 장례였어요. 장례식장도 워낙 일순간에 막, 어떤 날은 막 2, 30명씩 올라오고 이러니까, 그래서 막 장례식장 같은 것도 확보를 해야 되고 이런 것들, 장례 절차, 뭐 이런 것들 다 준비…, 그게 가장 첫 번째 이슈였죠. 빨리 정비를 여기를 해야 되겠다 그래서 나온 얘기가 "여기서 다시 대표라든가 임원진이라든가 이런 것들을 다시 정비하고 다시 뽑자" 한 거죠. 그때는 가족대책위[원회]였죠. 가족대책위라고 이름을 짓고 "어떻게 할 거냐?" 했을 때 자연스럽게 진도에서 그런 역할들을 하던 사람들이 자연스럽게 여기 안산에 와서도 그 역할들을 이어서 하는 것으로…. 그때는 무슨 뭐 조직이 구성되고 이런 것도 아니니까 총회를 하고 이런 것도 없잖아요. 여전히 올라온 이후에도 "저 사람이 진짜 가족이 맞냐?" 이것 갖고 계속 확인하는…. 그래서 가장 먼저, 아, 가장 먼저 했던 것은 가족 신분증 만드는 거였어요. 그래서 단원고 연락해 가지고 "명단, 아이들 명단, 가족 명단 다 달라" 그래서.

그거 처음에 안 줄라 그랬어요, 학교, 학교도 그렇고 교육청도 그렇고 처음에 안 줄라 그랬어요, 왜냐면 개인정보라고. 개소리하지 말라고 [했죠]. 그러나 어쨌든 받아갖고 거기에 있는 연락처로 다 연락하고. 음… 진도에서 워낙 가족을 사칭하는 경우를 많이 봤기 때문에 '우리 신분부터 확실하게 해야 된다'[라고 생각했죠], 이상한 놈들 섞여 있을지 모르니까. 그래서 확인하고 거기서 컴퓨터로 그 자리에서 신분증 만들어갖고 "일로 오면 신분 확인하고 신분증 줄 테니까 여기 올 때는 항상 그걸 차고 와야 된다" 해서 그거 만드는 작업을 가장 먼저 했고.

그러고는 임원이나 대표단 정비를 해야겠다고 그래서, 그런 얘기를 쭉 하다가 자연스럽게 진도에서 역할을 하던 사람들이 이어받아서 쭉 하게 되는데, 그때 저 같은 경우엔, 나온 얘기가 1기 위원장을 하던 김병권, 빛나라 아빠 김병권 씨가 "예은이 아빠는 그러면 우리가 지금 언론을 상대를 해야 되니까 대변인을 해라, 그게 맞겠다. 진도에서도 방송 인터뷰하는 것들을 주로 많이 했었기 때문에 그걸 계속해서 그런 것들을 정확하게 알리는 역할들을 하면 좋겠다" 그래서 이제 처음에 맡은 게 대변인이었던 거죠. 그래서 이제 5월 6일로 되어 있네요? 네, 5월 6일 날 모여서 그렇게 하기로 서로 뽑고 그렇게 시작을 해서 처음에 [제가] 맡은 거는 대변인을 했고. 그때부터 실제로 와스타디움에도 기자들이 계속 상주하고 있었어요, 와서 막 물어보려고 하고 그러면, "오늘 무슨 회의를 하셨냐? 뭐 했냐?" 물어보고 그러면, 이제 가족들이 그때부터 "저 사람한테 가서 이야기해라" 그러면 다 나한테 와서 내가 다 얘기를 하기 시작을 한 거죠. 그렇게 시작을 한 게 5월 6일. 그래서 뭐 진도부터 따지면 처음부터 그러한 역할들을 맡아서 했었죠.

면담자　　　그 직후에 바로 KBS 김시곤 보도국장의 '교통사고' 발언이 있었죠? 가족대책위가 만들어진 이후의 활동 과정들에 대해 이야기를 시작해 보지요.

예은 아빠　　　그때 [안산]화랑유원지 합동분향소가 있었잖아요. 정부합동분향소 있었고, 그 정부합동분향소 바로 앞에 가족 대기실이라고 해서, 그때 컨테이너였나? 천막이었나…? 컨테이너였었나 천막이었나, 하여튼 기억도 잘 안 나네, 하여튼 그런 임시 시설을 만들어서 분향소가 있으니까, 그때는 또 분향소에 정말 사람들이 많이 왔었으니까…. [가족 대기실에] 있는데, 음… 그때 밤이었어, 저녁때. 거기를 갔는데 그 분향소에서 소란이 일어났어요. 몇몇 가족들이 막 흥분해 가지고 그러는 거예요. 근데, 아, 고 소란이 일어나기 직전에, 고 소란이 일어나기 직전에 아, 이런 게 딱 기억이, 정확히 사람이 기억이 안 나가지고…. 가족 중에 누가 뭘 들고 왔어요. 종이를 하나 들고 왔는데 그 종이에 보니까 그게 김시곤[당시 KBS 보도국장]이 발언한 그 보도 내용 기사를 복사한 종이예요. "이런, 이런 얘기를 하는 새끼가 있다"고 막 흥분하면서 들고 왔었거든요. 근데 보니까 적혀 있는 거지, 뭐, "1년에 교통사고로 희생되는 사람의 숫자에 비하면 304명은 많은 게 아니다"부터 해서 뭐 이런 얘기들이 쭉 있는 거예요. 그래서… '이걸 어떻게 해야 돼?' 이러고 있는 차에 분향소에서 소란이 일어난 거죠.

그래서 봤더니 가족들이 양복 입은 사람 몇 명을 끌고 들어온 거예요, 끌고 들어온 거야. '이게 뭔가?' 그랬더니 이 사람들이 KBS에서 온 사람들이래. 그니까 이제 그 기사도 본 상태에서 KBS에서 온 사람들이 붙잡혀 온 거예요. 그래 가지고, 거기에 김시곤은 없었죠, 당연히. 근데 "왜 왔냐? 여기 왜 왔냐?" 그랬더니 뭐 취재, 어떤 사람은 갑자기 "취재하려고 왔다" 그러고 또 어떤 사람은 "조문하러 왔다" 이러고 막 얘기를 하는 거야. 그래서 화제가 그리로 넘어간 거죠. 이렇게 했는데 "당신들 여기서 [우리가] 조문 못 받고 취재도 응할 수가 없으니까. KBS 이 나쁜 놈들 말이야, 이게 보도국장이 이런 얘기나 하고 말이야" 하면서 "빨리 연락해서 김시곤하고 KBS 사장 이리로 오라 그래라. 사과를 받아야 되겠다" 얘기를 한 거예요. 그래서 거의 감금하다시피 했죠. 해놓고, 했는데도 연락을 하든가, "네, 네" 그러면서 연락도 하고 했는데 안 오는 거예요.

그렇게 한 1, 2시간 실랑이를 벌이다가 점점 이제 흥분 지수가 높아진 거죠. "그래? 그럼 우리가 직접 가자 KBS로. 빨리 버스 준비해", 나와 있는 가족들한테 얘기하고… "영정 다 빼와" 그래서 영정 다 안고 버스 타고 KBS로 갔어요, 사과받으려고. 딱 도착을 하니까 이미 막혀 있죠, 경찰들이 와가지고 막혀 있고. 거기 서서 한참 동안 소리치고 막 나오라고 그러고, 막 그랬었죠. 근데 전혀 반응이 없고 딱 차단하고 막고 이러고 있다가 결국엔 그렇게 했을 때 누가 중재를 했어요. 정보관이었나? 그쪽에서 누가 중재를 해가지고 KBS하고 연락이 됐나 봐요. 연락이 왔어요, 왔는데 "여기서 가족들 다 들어오실 수는 없고 대표단만 들어오시면 좋겠다. 대표단이 들어오시면 만나서 얘기를 하고, 얘기를 하겠다", "그래? 그럼 오케이. 그렇게 들어가겠다" 해서 저를 포함해서 가족들이 한 아홉 명쯤 됐나? 한 열 명 가까운 인원들이 들어갔어요, 그때 우리 도와주던 변호사들도 같이 들어가고.

그래서 안내받아서 딱 들어가서 1층 로비에 들어가 가지고, 들어가려고 하는데 갑자기 그 청경이 딱 막는 거예요. 그러더니 여기 들어가시려면 신분증을 제출을 하셔야 된다는 거야(웃음). 그러고서 이렇게 신분증을, 출입증 주면 그거 찍고 이렇게 들어가잖아요. 그니까 "신분증을 제출을 하시고 그 출입증을 받으셔서 들어가셔야 된다"고 딱, 청경이 딱 가로막는 거야. 아… 열이 뻗쳐가지고, "우리가 KBS 견학 온 줄 알아요?" 그렇게 한번 실랑이 또 붙었네? 근데 끝까지 양보를 안 하는 거야. "여기가 뭐 국가기관 시설이고… 어쩌고저쩌고…", "우리가 여기 놀러 온 줄 아냐"고, "견학 온 줄 아냐"고, "지금 우리가 뭣 때문에 온지 모르냐"고. 그래서 "절대 그런 식으로는 못 들어가겠다" 그랬더니 끝까지 거기서 물러서지를 않는 거야. "그래? 오케이.

안 들어가 그럼. 다 이리로 나오라 그래. 1층으로 내려오라 그래" 그러고 그 자리에서 앉아버렸죠, 그 출입구 바로 앞에서.

근데 이제 저 안쪽에서, KBS 사람들이죠, 다. 이렇게 나와가지고 계단 위에서 그쪽에서 뽈록 고개 내밀어서 뻐끔 쳐다보고 저 뒤에서 누가 카메라로 요러고 찍고 있고. 또 "너 개새끼 이리로 와. 뭔데 니가 나와가지고 찍고 말이야, 숨어가지고 어? 이것들이 맨날 저 보도는 거짓말만 하던 새끼들이 말이야. 이 따위로 망언을 다 해놓고서 사과받으러 온 사람들을 민원인 취급해 가지고 뭐 신분증을 내라 마라 이러고 있고, 뒤에 숨어서 사진 찍고 구경하고 앉았고 어떤 놈은 킥킥대고 웃고 앉았고", 막 [그러면서] 또 소란이 벌어졌죠. 한참 실랑이를 벌였는데 몇 사람이 내려왔어요. "우리는 더 이상 들어갈 마음 없으니까 나오라"고, 그러고 앉았는데 사장이 안 나왔어. 김시곤도 안 나왔고. "당신은 누구야?", 사실은 보니까 다 낯이 익은 사람들이야, 방송에서 보던 사람들이라. 뭐 국장이니 이런 사람들 다 방송하던 사람들이잖아요. 무슨, 갑자기 스포츠국장이 나오고, 몇 명이 나왔어요. "당신들이 왜 나오냐"고, "사장이 나오고, 김시곤이 나와야지" 그랬더니 "그게 아니라 저희가 얘기를 전달을 하고…" [하면서] 끝까지 안 나오더라구요, 그 두 사람은. "그래, 우리가 여기까지 왔는데 우리 앞에 와서 설명하고 사과할 생각도 없단 얘기지? 전혀 관련 없는 사람들 내보내 가지고 뭐 이렇게 하겠다는 얘기지?"

아, 재밌었던 게 그렇게 한참 하고 있는데 저 안쪽에서 엄마 몇 사람이 나오더라고, KBS 안에서. 이게 출입[증을], 그 삑 찍으면 [봉이] 삥 돌아가면서 이렇게 지하철처럼 들어가는 게 있잖아요, 1층 로비에.

근데 이미 엄마 몇 명이 저기 안에 들어가서 그쪽에서 나오는 엄마들이 있는 거야. 복장을 보니까 우리 가족이야(웃음), 잘은, 개인적으로는 모르지만. '이거 어떻게 된 일인가?' 했더니 그때부터 이제 엄마의 저력이 나오기 시작하는 거죠. 그 사람은 대표단도 아니야. 막 앞에서 실랑이 벌이고 있을 때 개구멍 찾아가지고 저 김시곤이하고 사장 찾겠다고 자기네들끼리 들어간 엄마들인 거야. 그래서 두 명인가, 세 명인가가 이렇게 딱 나오는 거야. [우리에게] 거기서 뭐 하고 있냐고, 거기에서 바보같이, 여기 이렇게 들어오면 되지, 빨리 들어오라고, 가서 잡으러 가자고 막 그런 일도 하여튼 있었어요.

근데 강제로 막 내보내지는 못하더라고 또, 그때 워낙 우리들이 분위기가 그랬으니까. 어쨌든 그러다가, "그래? 나오지도 않고 사과도 안 해? 변명만 [늘어놓고]", "그런 뜻이 아니고…" [하면서] 어쩌고저쩌고 변명만 하고. "그걸 당신이 왜 변명을 해? 당사자도 아닌데" 그러다가 "할 생각 없지? 오케이, 알았어. 그럼 우리 청와대로 가자" [이렇게 된 거예요]. 청와대로 가자고 한 이유가 [상대가] KBS니까, 공영방송, 그렇죠? KBS니까. 진도에서 해경들이 맨날 거짓말하던 거 들통나가지고 "더 이상 이 새끼들은 못 믿겠으니 대통령한테 직접 가서 우리가 이야기하자" 했던 것처럼 KBS까지 직접 왔는데 사장도 안 나오고 당사자도 안 나오고 사과도 안 하고 변명이나 해쌓고 신분증이나 내라고 하는, 신분증 내라는 소리나 하고 앉아 있고 이러니까, 경찰부터 가로막고 아예 경찰부터 동원해 가지고 출입구 쪽 가로막고. "그래, 너네 사과할 생각이 없지? 그럼 우리는 대통령하고 상대할게. 대통령한테 가서 이 상황 똑바로 이야기하고 이게 맞는 건지 아닌 건지 대통령이 처리하라고 할게” 그리고 나와서 “여기는 더 이상 얘기할 거 없으니까, KBS 사장, 대통령이 임명하지? 대통령한테 갑시다. 오케이, 청와대로 가자!” 그래서 그때 타고 청와대로 간 거죠. 거기서 사장이 나와서, 또 김시곤이 나와서 얘기했으면 청와대 갈 일이 없었겠죠.

그래서 청와대로 갔어요. 아마 그 사람들 예상을 못 했을 거예요, 그렇게 가족들이 나올 줄은. 그래서 그때 무슨 얘기가 돌았냐면, 이게 5월 8일이잖아요, 5월 8일 밤이잖아요. 가족대책위를 만든 지 채 며칠이 되지 않고, 만들었다고 해도 정비가 된 것도 아니고, 그렇죠? (면담자 : 이틀 만에) 응, 그러니까 사람들 아무도 예상을 못 한 거야, 가족들이 그렇게 움직이리라는 것을. 버스를 타고 영정을 들고 KBS로 단체로 올라올 생각은 아무도 못 한 거고, KBS에 왔다가 사과 안 했다고 청와대까지 가리라는 것도 역시 아무도 예상을 못 한 거고. 그래서 그때 무슨 얘기가 나왔냐면 “이거 뭐 있다, 얘네들은. 뒤에서 조종하는 누가 있다. 어떻게 이 유가족들이 서로 잘 알지도 못하는 사람들인데 이렇게 일사불란하게 움직일 수 있냐… 이거 정체 파악해야 된다. 이거 뭐가 있다, 이거는” 이런 얘기까지 막 돌았었어요, 그때.

근데 그거는 그렇게 해석할 게 아니라 내가 거꾸로 얘기했지. “그런 식으로 해석할 게 아니다. 가족들이 그렇게 행동하리라는 것을 예상을 못 했던 이유는 뭐냐면, 아무도 예상을 못 했던 건 뭐냐면…” 솔직히 나도 예상을 못 했지. 내가 그날 청와대까지 가리라는 예상을, 애초에 계획 잡은 적, 잡은 것도 아니고. 그때부터 지금까지, 특히 초기에 가족협의회가 가졌던 가장 큰 힘 중에 하나는 예측 불허성이었어요, 우리끼리도 예측할 수 없는. 다만 “오케이, 그래야 돼?” 하는 순간에, 그 일순간에 같이 앞뒤 안 가리고 뛰어들어서 같이 뛰어다니는, 같이 움직이는…. 이게 이제 우리 스스로도 예측을 못 하는데 밖에서 어떻게 예측을 하겠어요. 그런 거였죠. 근데 그게 밖에서 볼 때는 마치 누가 조종을 하는 것처럼, 막 거기에 따라서 그 지시받아 가지고 막 움직이는 것처럼 이렇게 보였을 수도 있겠죠. 어쨌든 그런 얘기들 막 이렇게 나오고 그럴 때도 있었고….

그리고 청와대로 갔는데 마찬가지로 청와대도 부랴부랴 경찰들이 와서 막았죠. 그래 가지고 저기 청운동 동사무소[청운효자동 주민센터] 앞에, 얼마 안 있다가 거기에서 오랫동안 먹고 잘 줄은 그때도 상상을 전혀 못 했는데, 저는 그날 청와대 앞에는 태어나서 처음 가본 거예요, 그 동네를, 그 이후로 지금은 내 집처럼 왔다 갔다 하고 있지만. 거길 갔는데 또 딱 가로막은 거죠. 그래서 그때 계속 얘기한 게 그거예요. "왜 당신들이 우리를 막냐? 대통령이 얘기했다, 진도에 내려와서. 얘기하고 싶은 거, 얘기하고 싶은 거, 연락하고 싶은 거 있으면 직접 얘기해라. 그리고 전화번호까지 주고 갔다, 우리한테…. KBS가 저렇게 해서 사과받으러 갔는데 사과 안 하고 변명하고, 오히려 우리를 이상한 사람 취급하고 경찰로 가로막고, 어? 이렇게 대우해서 우리가 이거 대통령한테 일러바치려고 온 거다, 지금. 어떻게 이럴 수가 있냐. 해결을 해달라고, 그거 해달라고 우리가 대통령 만나서 호소하려고 온 건데, 그리고 대통령이 언제든 오라 그래서 온 건데 당신들이 우릴 왜 막냐" 이렇게 계속 외친 거야. "대통령님, 제발 도와주세요" 그랬었거든 그때. "대통령님밖에 믿을 사람이 없으니, 대통령이 아니면 우리 얘기를 들어줄 사람이 아무도 없으니, 그래서 우리가 왔으니 우리 만나달라"고, "언제든지 오라고 해놓고 왜 막냐"고, "이게 대통령이 지시해서 막는 거냐"고, "아닌데, 그때는 분명히 오라고 그래서 온 건데 당신들이 왜 막냐. 확인해 봐라. 오라 그래서 왔다" 그러고 막 [항의를] 했죠.

그래서 그때부터 밤샌 거죠. 그래서 그다음 날, 그렇죠? 그다음 날 낮에 청와대에서 연락이 왔어요. 누가 나와서 그때 나하고 그 임원들 몇 명[에게] 연락 와가지고 "청와대에서 누가 나왔는데 잠깐 보자고 한다" 그래서 그렇게 빠져서 갔죠. 그랬더니 "청와대로 몇 분 대표단을 모시고 가서, 우리 저 대통령을 뵙기는 어렵고 그 수석비서관들하고 만나서 얘기를 좀 하시고, 어떻게 해결할 건지 얘기를 좀 하시자"고 그래서 들어갔어요. 그때 만난 게 이정현이에요, 청와대 안에 들어가서. 그때가 공보수석이었나? 아, 홍보수석이었나 그랬을 거예요. 그때 만난 게 이정현이에요.

이정현이 딱 갔더니 굉장히…, 나는 근데 이정현이라는 사람을 그때 처음 알았으니까, 전혀 몰랐으니까, 굉장히 그 저자세로 "죄송합니다" 하면서, 하면서 뭐 "이렇게까지 오셔가지고 밤새면서 고생까지 하시면 안 되는데…" 뭐 이래 가면서 "대체 무슨 일이 어떻게 되어가는 거냐? 좀 설명을 해달라"[라고 말은 하는데] 걔네들이 모르겠어요? 다 알면서. 그래서 그동안 있었던 일을 다 얘기를 했죠. KBS가 이렇게 얘기했다, 이렇게 얘기했다, 쭉 얘기를 했어요. 그랬더니 그때 이정현이 한 얘기가 (웃음) "아, 이게 참 그 나쁜 놈들 말야. 그렇게 하면, 그렇게 말하면 안 되는데, 아 정말 죄송하다"고. "이 김시곤이 하여튼…" 욕을 해가면서 "아, 그러면 안 되는데…" 막 그거 잘못한 거라고 막 이러는 거야. 그러면서 한 얘기가 "그런데 아무리 청와대지만 언론에 대해서 우리가 막 함부로 이래라저래라 할 수는 없다, 언론의 자유가 있는 건데, 아무, 청와대가 다 할 수 있는 거 같지만 청와대가 그렇게 하면 안 되는 거다" 이러는 거야. 들으니까 웃기죠? "그렇지만 여기까지 와서 고생하시는데 제가 연락해 보고서 방법을 찾아보겠다"고 그러더니 막 전화를 하는 거야. 막 전화를 하는데, 그랬더니 그때 아마 KBS 사장하고 통화를 했나 봐요. 막, 얘기 막 하더니 KBS 사장보고 당장 일로 오라고, 가족들 다 계신데 이 앞에 와서 사과하라고 막 그러는 거야.

기다리고 있는데 진짜 시간이 얼마 안 지나서 KBS 사장이 이 앞에 도착을 했다 그러더라구. 연락이 온 거야. "그럼 가족들 만나기 전에, 먼저 만나셔야 되지 않겠냐?" 그러면서 가갖고 그 KBS 사장이 그 사잇길로 이렇게 해가지고, 이렇게 이렇게 와가지고 청운동 동사무소하고 청와대 사이에 분수대, 분수대하고 청운동 동사무소 그 사이에, 이쪽 골목길 이렇게 들어와 있더라고. 거기 나가서 만났어요. 그래서 일단 그 자리에서 제 입장, 우리 같이 갔던 대표단의 입장은 우리 가족대책위의 대표인 동시에 이 상황을 해결을 해야 되는 입장이잖아요. 그렇죠? 그래서 얘기했어요. "가서, 가족들 앞에 가서, 나한테 사과할 거, 우리한테 사과할 거 없고 전체 가족 있는 그 앞에 가서 사과해라. 잘못했다고, 잘못을 시인하고 최대한 성의 있게 사과해라. 그리고 김시곤을 파면하겠다는 얘기를 해라. 그거 아니면 우리 사과 못 받아들인다" 그랬더니 그때 그 사장이 "아, 그렇게 얘기하면 되겠습니까?" (웃음) 아, 참 나…. 그래서 이제 [가족들에게 데리고] 갔죠. "KBS

사장 왔다, 얘기 들어보자" 그래서 그 앞에 가서, 말 그대로 벌벌 떨면서 사과했어요. "잘못했다. 정말 죄송하다. 김시곤은 파면시키겠다" 그래서 그 상황은 종료가 됐죠.

그리고 다시 [안산으로] 내려왔잖아요. 이게 나중에 어떻게 얘기가 돌아갔냐면요, 그 이정현이 그, 관여 당시에 김시곤하고 막 통화한 녹취록 나오고 그랬잖아요. 그래서 막 부당하게 보도에 개입하고 이런 거 나와서 수사받고 막 그랬잖아요. 거기에 그 KBS 사장, 그 당시의 사장이었죠, 얘기 나오고 이렇게 할 때, KBS 사장이 뭐라고 그랬냐면, 나도 나중에 알았어요. 그 자료를 누가 보여줘 가지고 그랬는데, 그때 우리 앞에 와가지고 사과하고 김시곤 파면하고 뭐, 그니까 사실은 파면이 아니었죠. 그것 때문에 나중에 막, 또 우리가 뭐 하고 그랬는데, "파면한다" 그랬는데 파면이 아니라 일단 직위해제하고 대기 발령 낸 거잖아요. 그리고 자회사로 보냈잖아요, 파면이 아니잖아. (면담자: 사실은 부서 이동 정도?) 네. 그니까 이제 좀, 보도국장까지 하던 사람이 사실은 좌천 정도가 된 거, 자회사로 간 거잖아요. 이게 무슨 파면이냐고. 또, 또 거짓말했다고.

또 하여튼 그 이후에 나중에 그런 과정들이 있었지만, 어쨌든 더 지나고 나서 이제 그 이정현이 보도 개입한 거, 김시곤하고 통화한 거 녹취한 거, 사장하고 얘기한 거, 뭐 이렇게 다 드러났을 때, 그때 이제 우리 가족들 앞에 와서 KBS 사장이 그 사과한 거에 대한 여러 가지 얘기 가운데, KBS 사장이 그때 뭐라고 얘기했냐면 "자기가 김시곤을 파면한 건 청와대가 그렇게 하라고 시켜서 한 게 아니고, 유경근 씨가 파면시키라고 해서 시킨 거다" 이렇게 얘기하더라고. 나중에 알았어요. 그게 국정농단 사태 나고 이정현 그거 보도 개입 나오고 막 이러면서 누가 이렇게 막 물어보고 그랬나 봐. 왜냐면 "아무리 그래도 청와대에서 '애 잘라, 말아' 이런 걸 하면 안 된다. 그런데 했다", 그래서 그런 거 지시받고 이정현이가 김시곤이 말 잘 안 듣고 자꾸 그러니까, 녹취록 보면 그런 게 나오잖아요. 김시곤이 결국 다 따르긴 했지만 "그러면 안 된다" 막 항의도 하고 이런 장면 나왔잖아요. 그니까 그것 때문에 "청와대에서 김시곤 자르라고 해서 잘랐다", 뭐 이렇게 얘기 나오니까 이제 그걸 나한테 돌린 거지. "아, 그건 청와대가 시킨 게 아니고 그 세월호 유가족 유경근 씨가 김시곤 자르라고 시켜서 내가 자른 거였다" 이렇게 얘기를 해. 그니까 그걸 보면서 '야, 사람이 참 저렴해도 너무나 저렴한 사람이다', KBS 사장까지 한 사람이… 참 저렴해도 너무 저렴해서 1원짜리 가치도 없는 사람이라는 걸 나한테 알려준 거죠. 하여튼 나중에 그런 비하인드 스토리도 있어요.

여하튼 그런 과정을 거쳐서 그때 우리가 그 약속 듣고 내려왔죠. 그리고 나서… 한 몇 주 지났나? 제가 아주 재밌는 걸 발견했어요. 이건 뭐 개인적으로 재미있는, 다른 사람들은 별로 재미없을 텐데, 김시곤이 고등학교 선배더라고, 나한테. 근데 내가 나온 고등학교 [출신 인사]가 사회에 그렇게 많지가 않아요. 그런데 알고 보니까 고등학교 선배인 거야. 그리고 나서 한참 지나서 내가 다른 사람 통해서 확인을 해봤어요. "혹시 김시곤은 내가 자기 후배인 거를 알디?" 그랬더니 "알던데요?"(웃음). 물론 개인 대 개인의 관계로 만난 건 아니니까 그런 건 전혀 중요하지 않아요. 지금 이 마당에 내 고등학교 선배니 후배니, 뭐 대학교 선배니 이런 관계가 중요한 것도 아니고. 근데 어쨌든 나중에 그거 알고 나서 (한숨) '새끼 저거 선배랍시고…' 내가 미리 알았으면 가서 김시곤 국장 이렇게 부를 게 아니라 '어이, 김시곤 선배. 당신 왜 그래? 당신 후배가 여기 유가족이야' 그래도 그렇게 얘기할 건데, '미리 알았으면 그렇게라도, 욕이라도 한마디 해줄걸' 그런 생각도 나중에 한번 한 적이 있어요.

나중에 또 얘기가 나올지 모르지만 그런 식으로 엮인 관계가 몇 명 더 있어요. 1기 특조위[4·16 세월호 참사 특별조사위원회]에 해수부에서 파견 나온 사람이 하나 있어요. 이름이 뭐더라? 찾아봐야 되겠다. [해양수산부 부이사관 임××] 아… 그 이름은 좀 있다가 얘기해야 되겠다, 이게[핸드폰이] 꺼져 있어서. 그 해수부에서 파견, 1기 특조위[에] 파견 나와가지고 중요한 역할을 하던 사람이 하나 있는데 하여튼 들으시면 아실 거야. 재욱이 엄마 고소[당]하게 만든 사람 있죠? 얘기 아세요? (면담자 : 아니요) 그 태극단[태극의열단], 그 보수 우익 단체 태극단인가? 뭐 거기에 그 단장하고 연락해서 "유가족[을] 고소해야 된다. 당신이 해라" 뭐 거기서 사주하고 그래서 재욱이 엄마를 실제 그 사람이 고소하게 만들고, 그 앞에서는 특조위에 파견 나와가지고 우리를 돕는 것처럼 하면서 뒤에서는 가족들 고소[당]하게 만들고, 그다음에 이석태 위원장이나 이 사람들, 이런 사람들 나쁜 사람이라고, 이 사람들에 대해서 반대 활동해야 된다고 막, 그 우익 단체 활동 부추기고 했던 사람이 있어요.

그 사람이 1기 특조위 처음 시작하고 내가 처음 그 특조위에 가서 어떻게 돌아가는지 보고 인사할 때 나를 먼저 찾아왔어요, 나는 전혀 모르는 사람인데. 그러더니… 내 이름을 부르더라고. 그래서 누구시냐고 그랬더니 "잘 모르겠지만 너 고등학교 선배야" 그러는 거예요. "우신고등학교요?" 내가 그랬더니 [자기는] 3회래. "아, 저는 12회인데요" 그랬더니 알고 보니까 확인한 거야. "걱정하지 말고 내가 항상 소식 보고 있으니까 최대한 열심히 돕고, 혹시 필요한 거나 얘기할 거 있으면 언제든지 와서 얘기해라. 선배가 여기 있는데 여기서 잘 이렇게 할 테니까" 그랬던 사람이거든. 그 사람 나중에 알고 보니까 뒤에서 뒷담화 다 까고 있고, 헛짓거리 다 하고, 유가족 고소하게 사주하고, 그리고 보수 단체 대표[에게] 따로 연락해서 그러면서 "이게 다 그 대통령과 나라를 위한 일이니까 하셔야 된다"고 막 이런 식으로 꼬셔서…. 그 사람은 그 녹취록을 보면 "아, 그래요? 이게 정말 대통령과 나라를 위해서 해야 되는 일입니까?" 그랬더니 "아, 그럼요" 그랬더니 "아, 그렇습니까? 그럼 제가 하겠습니다" 그래서 [그 보수 단체가 여러 사람을] 고소하고 이랬거든(웃음). 그 사람도 고등학교 선배야.

나중에 그게 문제가 되어가지고, 사회적으로 문제가 됐을 때, 보도 나가고 그랬을 때 나한테 전화가 왔더라고. "야, 경근아, 나하고 얘기 좀 하자", 잘라버렸어요. "나하고 무슨 얘기하게요?" 그랬더니 "그게 잘못 알려진 거고, 선배가 그런 게 아니고…" 그래서 "됐다"고…. 내가 나서서 그런 게 아니라는 걸 얘기를 해주면 좀 뭔가 상황이 좋아질 거라고 생각을 했나 보지. "아, 됐다"고, "당신 볼일 없으니까 됐다"고 그러고 그냥 끊어버렸어요. 그런 적도 있고. 또 고등학교 선배 얘기가 나와서 거기까지 얘기가 나왔네.

하여튼 5월 8일, 9일 날은 그렇게 해서 일단 마무리가 좀 됐었죠. 그때 이정현이 그런 식으로 중재하는 것처럼 해서 사과하게 만들고 하는 것처럼 해가지고, 그때도 일말 기대를 가지게 만들었던 거예요. 잠시 잠깐, 잠시 잠깐 '실제로 그 일선 공무원들, 해경, 해수부 이것과 청와대의 생각은 좀 다르다', 그래서 청와대에 대한 기대를 잠시 잠깐 갖게 만든 그런 것도 좀 있었죠, 이정현이 나와서 정말 해결해 줬으니까. 근데 불과 그게 며칠 안 갔습니다. 열흘도 채 안 갔죠…. (구술팀에서 정리한 주요 연표 자료를 보며) 여기 나왔네, 5월 19일 대통령 대국민 담화. 우리 가족들은, 저도 그렇고 우리 가족들은 이날이 정부에 대한 기대를… 대폭 접기 시작한 날이에요, 저 개인적으로는 완전히 접었고. 여기[구술팀 연표 자료], 우리가 대통령[에게] 가서 만난 면담 날짜는 안 나오네요? 청와대 들어가서 박근혜 만났었는데. (면담자 : 네, 빠졌네요) 그 날짜는 안 나오네. 그렇죠? 이거, 이거 전일 텐데. 5월 19일 전이에요.

5월 19일 날 전에, KBS 갔다 오고 나서, 그러고 나서 중간에 와스 타디움 모여 있는데, 그 날짜 며칠이지? 찾으면 금방 나오니까 날짜는…, 있는데 누구였더라? 누가 잠깐만 모이라고 그래서 그때 위원장하고 나하고 이렇게 부위원장하고 몇 명, 잠깐만 얘기할 거 있다고 모이라고…. 아, 모이라 그런 게 아니고 따로 불렀구나. 한 명씩, 한 명씩 불렀어요. 그때 나도 누가 불러가지고 잠깐 나오라고, 밖으로 나오라고, 할 얘기 있다고 그러더니 나와서 으슥한 데로 가더니 조용히 얘기하는데 "사실은 청와대에서 연락이 왔는데 대통령 면담이 잡혔다. 그런데 청와대에서는 어느 누구에게도 얘기하지 말고 극비리에, 언론에도 얘기하지 말고 조용히 들어와 주길 바라고 있다"[라는 거예요]. 근데 그때 딱 드는 생각이 '그러면 가족들은? 우리가 아무리 대표지만 청와대 들어가서 대통령 만난다는 거를 가족들한테는 얘기해야 될 거 아니냐는 생각이 딱 드는 거예요. 근데 가족들한테 얘기하면 안 된다는 거야, 그럼 새어 나가니까. '이건 아닌데? 우리가 뭐 이렇게 극비리에 만나야 할 게 있나?' [싶더라고요].

그래서 그때 결론을 내린 게 뭐냐면, 그러면⋯ 그때는 대통령을 만나서 우리가 직접 얘기하는 게 매우 중요하다고 생각을 했었어요. 이전에 두 번 대통령을 만나려고 시도했던 이유가 다 '대통령한테 우리가 직접 얘기하지 않으면 풀리지 않는다. 다 거짓말쟁이이고 나쁜 놈들이다. 이 상황을 대통령한테 알려줘야 된다. [대통령은] 잘못된 보고를 받고 있다. 우리가 보는 건 이런 거다, 이걸 직접 얘기하는 게 매우 중요하다'라고 생각했던 때였거든요. 그래서 결론을 내린 게 '그러면 청와대에서 버스를 보내준다니까 그 버스를 타고 출발한 다음에 가족들한테 알리자' 이렇게, 일종의 타협 아닌 타협인 거죠.

그래서 그때 "누가 갈 거냐?", 가는 거야 당연히 그때 임원들이 뽑혀 있으니까 "이 임원들이 가자" 그래서 그때 들어갔던 사람들이 탄 거죠. 버스를 타고 출발을 하고 안산 빠져나갈 때, 그때 이제 핸드폰으로 가족들한테 알리려고 얘기를 한 거예요. 그리고 청와대로 들어갔는데, 되게 빨리 가더라구요. 교통 통제를 했나 안 했나는 모르겠는데 생각보다 너무 빨리 가더라구. 들어가서 그날 박근혜를 만난 거예요. 굉장히 극진하게 해주더라구. 그런데 딱 들어갔는데, 난 자리 배치를 보고 깜짝 놀랐어요. 당연히 이렇게 대통령이 딱 앞에 앉아 있고 우리 이렇게 앉아서, 테이블도 있고 이렇게 좀 그런 장소인 줄 알았는데, 딱 갔더니, 이제 영상에도 나와 있으니까 다 알지만, 이렇게 의자가 동그랗게 놓여져 있더라구. 그래서 그걸 보고서 '아, 대통령이 신경 많이 썼구나. 이거를 잘, 정말 같이 얘기를 나누기 위해서 자리를 만든 거구나' [하는 생각이 들 정도였어요].

들어가니까 이제 의전 촬영용, 의전 촬영을 위한 사람만 들어가서 몇 컷 찍고 다 나가고, 그래 가지고 그 뒤에 수석인지 비서관인지 이런 몇 명 이렇게 앉아 있고, 대통령 앉고, 가족들 이렇게 삥 둘러서 앉은 거죠. 저는 좀 늦게 들어갔어요, 같이 들어갔는데 화장실을 가야 되겠더라고. 그래서 들어가자마자 나 화장실부터 먼저 가야겠다고, 그래서 화장실 갔다가 딱 들어갔더니 이미 대통령이 들어와서 딱 앉아 있는 거야. 그래서 어떤 사진을 보면, 제가 대통령이 앉아 있으면 그 바로 오른쪽에 대통령을 마주 보고, 바로 오른쪽에 거기 앉았는데 앉고 싶어서 거기 앉은 게 아니라 늦게 들어가니까 (웃음) 다 앉아 있는데 그 자리만 딱 남아 있는 거예요. 그니까 어떻게 해, 거기 앉아야지, 거기 한 자리 남았는데. 어떤 사진을 보면 제가 안 나온 사진이 있어요, 그건 제가 안 들어갔을 때 찍은 거고. 이미 대통령 들어와서 다 앉아가지고 얘기 시작할 때 들어갔기 때문에 그 빈자리에 앉았는데 그때 찍은 것도 나오기도 하고, 하여튼 그런 것도 있었고….

그래서 거기서 얘기를 했는데, 거기서 한참 얘기를 했죠. 한 1시간쯤 얘기를 한 거 같아요. 다 돌아가면서, 나도 얘기를 많이 했고, 가족들 다 돌아가면서 얘기 다 하고, 다 얘기했는데 그때 박근혜가 얘기한 게 뭐냐면 "왜 이런 일이 일어났는지 책임을, 자기가 무슨 방법을, 어떤 방법이라도 좋으니 다 써가지고 책임을 묻겠다. 걱정하지 마시라. 그리고 현재 수색 진행 중인데 이거 정말 철저하게 제대로 할 수 있게 하겠다…" 아주 단호하게 약속을 했어요, 그 자리에서. 그래서 그날 나올 때 '됐다' 싶었죠. 심지어는 '아, 대통령이 만나기 싫어서 안 만나준 거 아니었구나' 이런 생각도 했고 '단호하게 약속을 하는 걸 보니 이제는 우리가 정말 이렇게 안 쫓아다녀도 되겠구나' [하는] 희망을 갖고 그 자리를 끝냈어요. 그리고 안산으로 돌아와서, 다시 태워다 줘 가지고 안산으로 돌아와서 가족들한테 다 얘기했죠, "이렇게 약속했다, 잘될 거다".

그러고 며칠 안 있다가, 아까 얘기한 대로 5월 19일 날 그게 다 무너진 거예요. 왜? 19일 날 국민담화 발표했잖아요, 대국민담화. 그날 그 와스타디움 사무실에 모여서 TV 켜놓고 그거 기다리고 있었거든, 다. 왜냐면 바로 며칠 전에 우리가 만나고 와서, 우리가 5월 18일 날, 전날 만났나? 아마 그럴 거예요. 한번 [날짜를] 찾아봐야, 5월 18일 날 만났을 거예요, 아마[5월 16일 오후 3시에 면담]. 그리고 그다음 날 담화 [3일 후인 5월 19일 오전 9시에 대통령 대국민담화 발표]. 바로 전날 우리가 만나고 와서 딱 철떡같이 약속을 다 했으니 바로 그다음 날 발표하는 담화의 내용이 기대가 되잖아요. 그래서 와스타디움 사무실에서 TV 켜놓고 다 앉아갖고 그것만 기다리고 있었어요.

그리고 담화가 시작을 해요. 몇 마디 했는데 '어라? 어라?' 이렇게 된 거예요. 첫 번째가 해경을 해체하겠다네? '어? 왜?' 그때 해경을 해체하겠다는 게 딴 이유가 있어서가 아니라, 그때는 진도에 있다가 [가족들이] 올라온 지 얼마 안 됐잖아요, 그렇죠? 그니까 진도에서 수색, 수습, 구조, 수습을 하고 있는 분위기를 알잖아요, 안산에서도. 이미 그때도 매일같이 가족들이 새로 올라오고 있고. "지금 어떻게 하고 있어? 어떻게 되고 있어? 뭘 어떻게, 뭘 지원해야 돼?" 뭐 이런 이야기 매일같이 하고 있고, 올 때마다. 그래서 그 상황을 항상 공유하고 있는 상황인데 그런 분위기에서 해경은 진도에서는 애증의 존재였거든요, "저 해경 나쁜 놈의 새끼들. 거짓말하는 새끼들. 구조한다고 해놓고 하나도 안 하는 새끼들".

그때는, 이미 5월 중하순경에는 참사 당시의 상황을 우리가 알고 있었어요. 알고 보니까 해경이 가서 한 게 없는 거야. 선원만 빼 왔다는 것도 이미 다 알고 있어. 그니까 죽일 놈들이지. 해체가 아니라 다 사형을 시켜도 시원찮을 놈들이지. 그런데 문제는 그 해경이 실종자들을 찾고 있었거든. 그니까 진도에서 아직 자기 자식을 못 찾은 부모들은 저 해경이 정말 밉지만 저 해경 아니면 내 자식을 찾아줄 사람이 없다는 거예요. 그니까 정말 싫지만, 밉지만 그 해경에게… 매달릴 수밖에 없었다고, 혹시라도 그 심사 상하게 하면 내 새끼 늦게 찾아줄까 봐. 거기 가서 막 해경한테 해꼬지하면 해경이 '어? 그래? 니 새끼 내가 안 찾아줄 거야' 이럴까 봐….

근데 대통령이 담화 발표를 하는데 해경을 해체하겠대. '어? 그래? 해경이 해체되면 지금 진도에서 실종자 수색하고 있는, 찾고 있는 저 해경은 어떻게 되는 거야? 해경이 해체되면 저 사람들은 다 직장을 잃는다는 얘기인데 그럼 저 사람들은… 저 사람들이 일을 할까? 저 사람들이 바다에 들어갈라고 할까? 우리 애들 찾아줄라고 할까? 어제 대통령, 박근혜 만나가지고 실종자 찾는 거 끝까지 포기하지 말아달라고 그렇게 신신당부하고, 그걸 위해서 모든 걸 다 해달라고 신신당부를 하고 절대로 포기하시면 안 된다고, 끝까지 책임져 달라고, 그렇게 신신당부를 했고 박근혜도 꼭 그러겠다고 약속을 했는데, 오늘 발표하는 내용은 해경을 해체하겠다? 그러면 진도에서 자기 자식들을, 가족들을 기다리고 있는 그 실종자 가족들의 상황, 그 마음은 아예 무시해 버린 거네⋯?' 이게 결론이 나온 거죠. '관심 없구나⋯. 산 사람을 구하는 것도 관심 없었고, 죽은 사람을 찾는 것도 관심 없고, 결국 우리한테 관심 없다는 얘기구나⋯' [하는 걸 알았죠]. 그러면서 혁규[세월호 미수습자 권혁규 군] 이름 부르고, 못 찾은 사람들 이름 불르면서 눈물⋯ 같이 흘리잖아요. '쇼하고 있구나. 저거 진심이 아니구나. 더 이상 우리한테는 아무런 관심이 없구나' 그걸 깨달은 게 5월 19일 그 담화문 발표였어요.

그때부터, 그다음부터는 대통령을 찾아간 이유가 바뀌었죠. 물론 이후에 7월 달에 국회 [세월호] 특별법을 만드는 과정에서 청운동 농성을 시작했잖아요. 그때도 물론 첫 번째 이유는, 첫 번째 이유로 내세웠던 건 그거죠. '우리하고 만나서 얘기할 때 그러지 않았냐. 특별법이든 특검이든 뭐든 간에 만들어서 진상 규명하고 책임자 찾아서 가장 무겁게 처벌하겠다고 약속하지 않았냐. 그런데 국회에서 특별법을 이상하게 만들려고 한다. 안 만들려고 한다, 수사권을 안 주려고 한다. 대통령이 약속한 거하고 다르지 않냐. 근데 그걸 새누리당이 반대하고 있는데 당신 새누리당 아니냐. 대통령은 이렇게 생각하고 있는데 새누리당은 이렇게 반대로 생각하고 있다. 그러니 제발 대통령이 새누리당[에게] 그렇게 하지 못하도록 혼 좀 내줘라' 이게 청운동 가서 농성을 시작하게 된 표면적인 첫 번째 이유⋯였죠. 그렇지만 속에서는⋯ '대통령도 [새누리당과] 같은 생각일 거고 대통령이 그렇게 하라고 하지 않는 이상, 대통령이 묵인하지 않는 이상 새누리당이 그렇게 나올 수가 없다' 그 생각은 하고 있었죠. 어쨌든 이 5월 19일을 기점으로 순진하게 대통령에게 의지하려고 했던 것들은 거의 다 사라졌어요. 그래서 그날 박근혜 담화가 우리 가족들의 [활동] 방향을 결정짓는 그런 계기가 된 날이었던 거죠.

6

수사권, 기소권을 포함한 세월호 특별법

면담자　　　이후에 5월 30일부터 7월 11일까지 국회 국정조사 특위가 있었고, 그 이후에 입법 운동이 시작됐잖아요. 그 과정에 대해서 이야기를 부탁드립니다.

예은 아빠　　　아, 그것도 얘기[할 게] 되게 많은데…. 왜냐면 이 모든 과정에 [내가 함께하고] 있었기 때문에, 그리고 그것을 항상 맨 앞에 있었고, 그 상황을 항상 내가 정리를 하고 발표를 하고 했기 때문에 (면담자 : 되게 많죠?) 아, 힘들어지려고 그러네(웃음).

면담자　　　좀 쉬었다 할까요?

예은 아빠　　　아니요. 계속하는 건 관계없는데 특별법 만드는 과정만 얘기해도 몇 시간 갈 거 같은데…(웃음).

면담자　　　네, 적절하게 말씀해 주세요(웃음).

예은 아빠　　　(면담 장소인 광화문 농성장의 소음이 들리는 상황) 아, 저 새끼들은 왜 이렇게… (면담자 : 박근혜 이름이 계속 나오네요) 할려면 토요일만 하든가 평일 날까지 나와가지고…(잠시 침묵).

면담자   우리가 남는 자료가 대부분 성명서, 보도 자료, 기사이지 그 과정들에 대해서는 잘 알지 못하잖아요? '왜 그렇게 됐는가?'에 대해서는 증언이 많지 않아서 아버님이 좀 증언을 남겨주시면 좋겠고, 또 '요것만 좀 나는 중요하게 생각한다' 이런 것들을 중심으로 말씀해 주시면 좋을 것 같아요.

예은 아빠   2014년 나온 대부분의 가족협의회 입장은 다 제가 쓴 거예요, 그 역할을 맡았기 때문에. 그니까 죽을 맛이었지. 또 그때는 워낙 그런 것들이 자주 나왔잖아요, 매일같이 써대야 되는 거야. 죽을 맛이었는데 어쨌든 해야 되니까. 근데 나중에 시민 단체가 결합하고 4·16연대가 자리 잡기 시작하면서, 상당 부분을 넘기면서, [4·16연대에서] 작성한 거 내가 검수, 검사하고 수정해 주고 이런 과정도 거치고, 지금까지 이렇게 오는 건데, 그때 발표했던 입장이나 성명이나 기자회견문이나 이런 것도 사실은 그 뒤의 내막은 다 있잖아요, 왜 이렇게 나왔는지에 대해서도. 그런데 그것도 사실은 그걸 봐야 나도 기억이 나겠죠? 그래서 그걸 건건이 얘기하기는 쉽지 않을 거 같고….

면담자   굵직굵직한 거 위주로 말씀해 주시면 됩니다. 예를 들어 국정조사 특위 같은 경우는 어땠나요?

예은 아빠   이 국정조사는 시작할 때부터 싸우면서 시작했죠. 그… 처음에 하는 날, 처음에 하는 날이 아니라, 국정조사를 시작을 해야 되는데 얘기를 들으니까 여야 간에 합의를 못 보고 있다는 거예요. 왜 합의를 못 보나 봤더니 증인 채택 문제 가지고서, 그 [김기춘 청와대] 비서실장이 출석을 하냐 마냐 뭐 이런 거 가지고서 합의가 안 된다는 거야. 그래서 그때 가족들이 또 국회로 올라갔죠. 버스 타고서 대거 올라가서, 쳐들어간 거죠. 왜 쳐들어갔냐면 "그래? 너희가 합의를 못 봐? 어, 이 새끼들 봐라? 세월호 참사는 여야의 문제가 아니라고 지네들이 얘기했는데? 세월호 참사는 정쟁의 대상이 아니라고 지네들이 얘기했는데? 그런데 증인 채택 문제를 갖고 합의를 못 보고 싸우고 있어? 어, 이것들 봐라?" 그래서 국회로 가자[고 한 거죠].

가서 그 의원회관에 있는 제일 큰 회의실 들어가서, 쭉 통로로, 출입 증 받고 중앙 통로로 쭉 들어가서 오른쪽에, 그게 아마 제1대회의실 이었나? 아무튼 제일 큰 데예요. 딱 들어갔더니, 그때 그 국회의원들 이 깜짝 놀랐죠…. 그때 원내대표를 하던 박영선 의원도 있었고, 국회 의원들 몇몇 사람들이 나오고 보좌관들, 비서관들 나오고 이러면서, 이쪽으로 오시라고 해가지고 그 회의실로 안내를 해서 여기서 계시라 고 문을 열어줬어요. 그래서 그 회의실에 들어가서 가장 먼저 요구한 게 "다 일로 와. 모여"[였지요]. 새누리당, 그때가 더불어민주당이 아니 고 이름이 뭐였죠? 새천년민주당인가? 뭔가 하여튼, 뭔가 하여튼…. (면담자 : 새정치) 아, 새정치민주연합인가? (한숨) 옛날 얘기 같으네, 꼭. (면담자 : 사실 오래전이지요) 여기 특조위, 특조위랜다, 이 국정조사 협상하는 사람들 다 오라고, 의원들. [그래서 의원들이] 왔어요. 새누리 당도 오고, 와가지고…, 그때 이완구[당시 새누리당 원내대표]도 왔어요. 이완구도 오고…, 김재원[당시 새누리당 원내수석부대표]이 왔었나? 하여 튼 몇 명씩 다 왔어요.

와가지고, 협상하는 사람들이…, [우리가] 막 따졌죠, "지금 뭐 하는 짓들이냐"고, "아니 증인 채택 문제를 놓고서 이렇게 싸우고 있냐"고. 그러면서 우리가 "비서실장이 왜 [증인으로] 나오면 안 되냐"고, 이게 처음부터 구조, 모든 과정이 잘못되고, 그때는 이미 해경이 현장에서 청와대에 영상을 찍어 보내느라고 바쁘고 막 이랬다는 것도 알고 있었으니까. "뭐가 잘못됐는지 따지려면 다 나와서 해야지. 이게 정쟁의 대상이 아니라고 당신들이 우리 앞에서 약속해 놓고, 여야 가릴 것 없이 이 문제 해결해 놓겠다고 다 약속해 놓고 이제 와서 여야가 싸우고 있냐?" 그러면서 막 다그치고 얘기를 했죠. 아마 그때였을 거예요. 그날이었을 거예요, 아마. 그때… 이완구, 이완구였던 거 같은데…? 이완구 아니면 심재철[당시 세월호 국정조사 특위 위원장] 둘 중에 하나인데, 아마 이완구였을 거예요. 뭐, 틀리면 나중에 수정하고. 그놈이 와서 단상에 서가지고 마이크 잡고 그 얘기를 한번, 우리한테 그 얘기를 했어요. "가족들 이렇게 고생하시고 힘드신데, 가족들 지원하는 거…" 어쩌고 얘기하고 보약 얘기를… 하는 거야. 그 얘기를 듣고 가족들 또, 또 뒤집어졌지. 아니, 우리가 여길 왜 왔는데, 빨리 국정조사 제대로 하라고, 진상 규명하라고 [왔는데] 보약을 얘기하고, "우리가 지금 보약 먹고 싶어서 여기 왔냐"고, 또 (웃음) 이 얘기를 막 하고 그랬더니, 그때 선견지명이 있었던 가족이 한 사람이 있었어요.

그게 창현이 아빠였나, 창현이 엄마였나… 가족 중에 한 사람이, 그때 심재철이 왔는데, 뒤에 앉아가지고, 혼잣말인데 그래도 주변에 좀 들리잖아. 내가 들었어, "저 사람, 그 누드 동영상 검색하던 사람 아냐?" 이렇게 얘기가 나온 거야. 그니까 모르는 사람이 많으니까 "그게

뭔데?" 막 그랬더니 "저 사람 말이야, 국회에서 회의하는데 회의는 안
하고 핸드폰으로 그런 거나 검색하고 앉아 있고; 이런 사람이 무슨 이
런 거를 하겠냐"고. 그래서 실제로 그런 질문도 막 했어요. "당신 제대
로 할 수 있냐"고, "[누드 동영상 검색하고] 이런 거, 그런 거 하던 사람
인데", 그렇게 대놓고 얘기도 하고 그 자리에서 그렇게 했죠. 그래서
거기서 기다렸어요, 빨리 합의 보고 오라고. 근데 합의를 못 봐. "왜
연락이 안 오냐"고 그랬더니 "아직 합의가 안 됐다, 아직 거부하고 있
다" 막 그래요. 그리고 몇 시간을 기다렸어요. 그런데 결론이 안 나.
"알았어, 그럼 우리가 해결해 줄게" 그래서 가족들을 끌고서 가갖고
그 회의장, 그 의원회관 간담회실에 모여서 하고 있었거든요? 가서 문
박차고 들어갔어. "여태 합의를 못 봐? 오케이, 그럼 합의 볼 때까지
못 나가, 여기서" 그리고 문 딱 걸어 잠그고 그 앞에서 지키고 앉아 있
었죠, 합의 보고 나오라고. 하여튼 그런 과정을 거쳤죠.

그렇게… 하다가 우여곡절 끝에 국정조사가 열렸어요. 매일 이제
방청을 간 거죠. 매일 방청을 갔는데 거기서 벌어진 주 논란이 이제
야당에서는 청와대 대응 문제, 그다음에 위기 대응 매뉴얼, 시스템 문
제, 그러면서 대통령의 역할 문제를 갖고 계속 얘기를 했고, 새누리당
에서는 "이게 왜 대통령 문제냐? 대통령하고 무슨 상관이냐? 정치 공
세 하지 마라" 그랬었고. 그리고 김기춘이 출석을 했죠, 나중에. 그러
면서 김기춘은 와서 이제 우리가 다 아는 얘기들, "대통령은 제대로
다 하고 있었고, 뭐 업무 보고 있었고…" 그런 얘기 쭉 했고, 나가면서
는 우리 가족들 앉아 있는 방청석에 와서 악수하면서 막 이렇게, 아주
슬퍼하는 표정을 지어가면서 "아, 아, 정말 참 위로한다"고, "죄송하

다"고 이러면서 또 나가고. 하여튼 그런 과정들이 쭉 있다가… 결국엔 그 국정조사가 파행으로, 결론을 못 내리고 파행으로 끝났잖아요.

파행으로 끝나는 데 가장 큰 역할을 한 게 조원진[당시 세월호 국정조사 새누리당 간사]…. 이미 그런 조짐은 계속 보였어요, 처음부터. 그래서 이제 우리가 하루도 안 빼놓고 대부분 올라가서 항상 방청하고 이렇게 하고 있었는데, 그랬더니 결정적으로 그런 계기를 마련해 준 게 조원진, 조류독감 [발언]. 그것도 마찬가지로 대통령에 대한 책임문제 갖고서 그렇게 얘기를 할 때 조원진이 "그럼 조류독감 걸린 것도 그거 대통령이 책임져야 되냐?" 막 이런 식으로 발언을 했다가 그 자리에서 엄청난 우리들의 항의를 받았죠. "우리를 닭하고 비교하냐"고, 우리 애들을. 그랬더니 조원진이 "아, 그런 뜻이 아니라…" 그래 가지고 사과하라고, 그래서 막 시끄러워지고. 조원진 나갈 때 [같이] 나가가지고 가족들 막 화내고 분노하고 "저거 가만두면 안 된다"고, "어떻게 저런 식으로 하냐"고 [거세게 항의를 했죠].

그날, 그날부터 조원진이, 물론 그 전에도 협조적인 것은 아니었지만 그날부터 조원진이 우리하고 완전히 등을 돌렸어요. 왜냐면 다시 회의 시작해서 들어갔을 때 우리가 야지[야유, 놀림을 뜻하는 일본식 비속어]를 놨거든…. 조원진이 지나가거나 조원진이 뭘 얘기하면 우리가 "꼬꼬댁!" 그랬어, 우리가, 그 회의장에서. 우리가 할 수 있는 항의 방법인 거예요, 그게. 그래 가지고 회의 분위기도 안 좋아지고, 조원진만 나오면 우리가 "꼬꼬댁, 꼬꼬댁" 그랬어, 방청석 앉아가지고 계속. 근데 조원진도 기분 나쁘겠지…. [그렇지만] 지가 매를 번 거지. 그래서 국정조사는 그렇게 파행으로 그렇게 갔어요, 계속. 그러다 결국에는 파행으로 끝나고 보고서, 국정조사 보고서는 말할 것도 없고, 어떠한 결론도 못 내고 끝내버린 거죠.

왜 이 얘기를 하냐면, 그 국정, 며칠 동안 그 국정조사를 겪으면서 우리의 생각이 발전을 한 거예요. '국회의원들이 모여서 조사하는 건 불가능하구나…. 그럼 뭐가 필요해…? 다른 조사 기구가 필요하구나' [하는 걸 깨달은 거죠]. 그때는 검찰을 우리가 믿을 수가 없어요. '검찰한테 수사 맡기느니 안 하는 게 나아' 그게 우리 판단이었어요. '그럼 검찰이 해야 되는데 검찰한테 우리가 맡길 수가 없어. 그럼 뭘로 해야 돼? 그래서 국회에다가 의뢰를 했던 건데, 국회에서 국정조사 하는 걸 보니까 얘네들은 안 되겠어…. 거기다 그나마 우리 편들어서 하겠다는 당이 새정치민주연합하고 정의당…인데 힘이 없어, 우리한테 와서는 '의석수가 [적고] 야당이기 때문에, 여당이 아니고 야당이기 때문에 더 이상 할 수 있는 게 없다' 이렇게만 얘기하고. 검찰도 안 돼, 국회도 안 돼. 그러면 어떻게 해야 될까? 그러면 특별법을 만들자' 이래서 '대통령도, 국회도, 어느 누구도 간섭할 수 없는 진짜 수사 기구를 우리가 만들자. 거기서 해야 된다'[라는 생각에 이른 거죠]. 특별법을, 그래서 특별법으로 결론을 내린 거예요. 시기를 보면, 국정조사…가 되면서 바로 특별법으로 이어지잖아요.

사실은 특별법이 그 전에도 내부적으로 얘기가 있었어요, 안산에서. 근데 우리가 특별법이나 [4·16 세월호 참사]특별조사위원회를 잘 몰라, 그런 거 관심도 별로 없었고. 근데 얘기를 들어보면 특별조사위원회를 만들어도 잘 할 수 있는 게 없는 거 같고, 이미 사례를 쭉 보니까 성공한 케이스도 별로 없어 보이고. "그 이유가 뭐냐?" 그랬더니 이건 조사만 할 수 있는 권한이 있고, 수사는 못 한다는 거지. "그럼 강제적으로 수사를 못 하면 사람을 불러도 안 나올 거고, 뭘 내놓으라고 해도 잘 안 내놓을 거고 문제가 많을 거 같다" [하면서] 하여튼 여러 고민을 했던 거예요. 그리고 나중에 국회를 보면서 "그래? 그러면 우리가 특별법을 좀 특별한 특별법을 만들자" 그래서 수사권, 기소권 얘기를 한 거예요.

면담자   제안이나 의견을 모으는 과정이 있었을 거 같은데 누가 주로 의견을 냈나요?

예은 아빠   그거는… 대한변협[대한변호사협회], 그다음에 민변[민주사회를 위한 변호사모임], 이쪽에 자문을 계속 구했죠. 우리는 법을 잘 모르니까 변호사들한테 "어떻게 하면 좋겠냐?", 그래서 우리는 국회에 들어가면 누굴 만나도 항상 변호사를 같이 데리고 다녔잖아요. 그게 박주민 변호사, 황필규 변호사, 두 사람 외에도 몇 명 더 있었지만 주로 그 두 명이 국회나 정부를 만날 때 항상 우리가 데리고 같이 다녔어요. 그리고 국회나 정부에서 사람들을 만날 때 미리 다 얘기해요, "[이 사람들이] 우리 법적대리인이다. 유가족과 똑같은 입장이니까 데리고 간다"[라고요]. 처음에는 다 "안 된다"고 그러지, "변호사 오면 안 된다"고. "왜 안 되냐?" 그래서 다 관철시켰어요. 그때 이제 황필규 변호사, 박주민 변호사 항상 같이 다니고 그 두 분을 매개로 해서 대한변협과 민변 쪽에 항상 의견을 묻고 [했었어요].

실제로 민변이나 대한변협에 세월호 특위가 있었으니까, 집단이 있었으니까 거기서 조언을 계속해 주고, 계속해 주다가 나중에 어떻게 됐냐면, 그게 여기는 안 나올 텐데, 그 날짜도 찾아보면 나올 텐데.

"자 그러면, 우리가 분명히 이 변호사들의 도움이 필요한데, 이걸 이런 식으로 활용을 하는 것보단 좀 더 공식화시키고 정례화시키고 확실하게 하자, 그러려면 협약을 맺자. 그래서 아예 대놓고 공식적으로 '우리가 세월호 유가족들, 피해자들을 대변하고 있다'라는 걸 정확하게 하자", 근데 그때 고민을 하나 했었어요. '그럼 그걸 어디로 할 거냐? 대한변협으로 할 거냐, 민변으로 할 거냐?' 이거 가지고 한동안 좀 고민을 했고, 설왕설래 토론을 많이 했었어요. 그때 분위기는 뭐였냐면 전반적으론 민변을 선호했어요, "변협보다는 그래도 조금 더 믿을 수 있는 게 민변 아니냐?" 근데 또 하나 고민은 뭐냐면 "실제로 국회나 정부, 청와대를 대상으로 해서 우리가 이야기를 하고 싸움을 하고 필요하면 협상도 하고 이래야 되는데, 쟤네들은 민변 안 좋아한다. 오히려 변협하고 같이 일을 한다고 그러면 조금 더 수월해질 수 있지 않겠느냐?"라고 하는 그 당시 우리 수준에서 할 수 있는 생각, 이게 굉장히 첨예하게 토론이 됐었어요.

그래서 결정을 내린 게 결론적으로 변협하고 협약을 맺는 걸로, 대신 여기에 속한 변호사들도 민변에 같이 멤버십을 가지고 있는 사람들이 있으니 민변은 사이드에서 그걸 통해서 도움을 받는 걸로, 이렇게 양해도 구하고 협조도 요청하고 해서 결국 결과적으로는 대한변협하고 우리가 공식적으로 협약식을 맺었죠. 변협 회장이 오시고 거기 또 우리 위원장 나가서 사인하고, 그래서 그때부터 공식적으로 '대한변협이 우리를 대리한다. 대변한다' 이렇게 했어요.

그런 단위를 통해서 우리가 요청을 하는 거예요, "이거 진상 규명해야 되겠는데 어떻게 해야 진상 규명이 되냐? 그 방안들을 좀 우리한테 알려달라". 그때 쭉 방안이 나오는데 그중에 하나가 이 특별법이었어요, 특별조사위원회를 만드는 특별법. 그러면서 거기서 문제점들이 다 나온 거죠. 이전의 전례들도 설명을 해주고, 그러면서 수사권, 기소권 문제가 나온 거예요. "조사 권한밖에 없다", 이런 얘기도 나오고, "그럴려면 이거 강제수사 할 수 있는 권한이 있어야 되는데 그런 선례는 없다" 이렇게 나오고. 이런 것들을 쭉 보고 공부하고 얘기 듣고, 설명 듣고 하다가 "복잡하게 생각하지 말자", 그때 우리가, 지금도 그렇지만, 그때 우리끼리 가장 많이 했던 게 "세월호 참사는 유례없는 참사 아니냐? 그럼 우리도 유례없는 방법으로 하자. 뭐가 무섭냐?" 이게 먹힐 줄 알았지.

"그러면 특별법을 만들되, 그러면 우리는 강제수사 권한을 가진 특별법을 만들자", 그리고 변호사들한테 "이게 가능하냐?" 다시 묻고. 근데 변호사, 내 기억으로는 변호사들 쪽에서는 '이걸 할 수 있다' 이렇게, 이런 답이 나온 게 아니라 "그게, 그런 권한이 들어가면 매우 좋다" 이런 답을 들었던 걸로 기억이 나요. 그리고 "이건 한번 충분히 국회하고 한번 싸워볼 만하다" 그런 얘기들이 얼마 전부터, 국정조사 할 이 당시부터 쭉 얘기가 있었죠.

그러다가 일단 국정조사 하니까 그랬는데, 며칠 만에 "국정조사 이것도 기대할 거 없다", 그러면, 그래서 국정조사 파행이 되기 전에 내부적으로는 결론을 내렸어요. 내부적으로는 "특별법 준비 들어가야 된다", "그러면 그 방향은 그 여러 가지 논의와 설명을 통해서 정리한 대로 수사권과 기소권이 들어가 있는 특별법으로 만들어야 한다" [라고]. 그래서 변협에서 그 법에 초안을 만들어 왔죠. 그리고 그 초안을 우리가 같이 검토를 한 거예요. 그래서 이제 법안을 만들어서 이 법안을 우리 가족협의회가 국회에다가 제출했어요. 이런 법안을 만들어달라고 청원을 한 거죠. 그리고 국회에서 이 법안을… 받아서 심의? 뭐였더라? 하여튼 내부적으로 논의를 하는데, 근데 그때 뭐가 있었냐면 여야에서도 특별법을 자기네들도 만들겠다고 했던 거예요.

그니까 이게 여러 건이 된 거야. 민주당 쪽에서 만드는 특별법안이 있고, 그다음에 새누리당에서 만드는 특별법안이 있고, 또 우리가 내는 특별법안이 있잖아요. 여러 건의 같은 내용의 특별법안이 올라오면, 그러면 국회의원들이 그거 관련된 그 사람들이 모여가지고 이거를 심의를 해서 통합을 하든 어느 하나를 선택을 하든 조정을 하든 과정을 거친대. 그 회의를 한다는 거예요. 그래서 그걸 제출하면서 그다음 요구사항이, "그러면 그 자리에 우리가 들어가겠다" 이걸 요구했어요. 근데 "그런 선례가 없다. 이거는 국회의 입법 권한이고, 국회가 가지고 있는 입법[에 관한] 독립적인 권한이기 때문에…" [하는 게 국회의 입장이었고, 우리는] "우리가 해라, 하지 말라는 게 아니라, 해라. 그런데 당신네, 당신도 법안을 냈고, 당신도 법안을 냈어. 근데 우리도 냈어. 근데 당신네들끼리 모여서 회의를 하면, 그러면 우리가 낸 법안 이거 절루[저리로] 밀어놓고 자기네들끼리 낸 법안만 갖고서 논의하면 어떻게 하는데? 그거 보장할 거야? 우리는, 우리가 낸 법안으로 해달라니까? 정말 문제가 있으면 문제가 있는지 토론하고 심의하고 하라니까? 이걸 테이블 위에 올려놓으라고, 우리 법안을. 논의 테이블에 올려놓으라고. 나 그거 확인하러 갈려고 하는 거다, 우린. 우리 발언? 안 시켜도 좋아. 말 한마디도 안 해도 좋으니까, 그 뒷자리에 앉아 있을게. 대신 우리가 제출한 법안이 그 테이블 위에 올라가서 논의되는 것만 확인하고 싶다"라고 요구한 거죠. 더 욕심을 낸다 그러면 "토론은 참여 안 할 테니까 우리가 왜 이런 법안을 만들었는지 그 취지를 나는 설명하고 싶다, 왜 이렇게 만들었는지. 그러니 우리는 거기 들어가야 되겠다, 그 자리에" 그거 가지고 또 며칠 싸웠어요, 그거 갖고….

근데 결국에는 안 받아들여졌죠. 대신 이 법안, 대한변협에서 이 법안의 작성과 또 우리 가족들과의 논의와 또 국회와의 협의, 협상을 담당한 게 1기 특조위에서 상임위원을 했던 박종운 변호사가 맡았었죠. 그래서 박종운 변호사가 가족 대신 들어가서 설명도 하고, 그다음에 진행되는 상황 찾아가서 확인도 하고 이런 역할들을 했죠. 하다가 중간에 나와서 우리 가족한테 설명하고 "이렇게 얘기가 되고 있다" 설명하고, 이런 걸 또 몇 날 며칠 특별법 협상 과정을 거쳐가지고, 그렇게 이제 특별법 그거 만드는 그 절차가 시작이 된 거예요.

그니까 이제 처음부터 끝까지 수사권, 기소권 문제가 계속 걸렸죠. 기간 문제, 인원 문제, 이런 것도 당연히 걸렸지만 가장 결정적인 건 수사권 문제, 아니, 정확히 말하면 우리는 수사권, 기소권을 얘기했는데 국회에서는 그 당시 여당이든 야당이든 어느 어떤 개인적인 어떤 국회의원이든, 기소권은 아예 생각도 안 하고 있었어요…. 기소권은 모두가 다 처음부터 포기, 아예, 국회의원들은. 그리고 "수사권, 강제수사 권한 이건 한번 싸워보겠다" 이게 그 당시 야당에서 우리한테 했던 이야기인데, 이제 그것도 처음부터 끝까지 전혀 타협을 볼 수가 없었고, 그것 때문에 그 이후에 몇 차례에 걸쳐서 여야 간의 합의안을 우리가 거부하는…, 절대적인 이유가 바로 이 수사권 문제였던 거죠. 그렇게 시작이 됐어요.

면담자   8월 19일 날 처음 여야 합의가 타결되기도 했고, 반대 의견들이 있었고, 이후에 결국 11월 7일 날 본회의에서 특별법이 통과되는데, 요런 과정들에서 좀 증언으로 남겨두고 싶은 이야기로는 뭐가 있을까요?

예은 아빠   여기 타임라인 보면 (구술팀의 주요 연표 자료를 보며) 저희가 특별법 합의, 특별법 합의 반대를 한 게 한 번이 아닌데…. (면담자 : 그렇죠) 근데 여기는 한 번만 나와 있네요, 한 번 더 있는데.

면담자   이 연표는 구술할 때 질문을 드리기 위해서 굵직하게 정리한 거라서, 세세하게는 나와 있지 않아요. 참고만 하시고, 더 세부적으로 이야기하실 것이 있으면 말씀해 주셔도 됩니다.

예은 아빠   이 부분에 대해서 얘기하려면 제가 좀 찾아봐야 돼요. 왜냐면… 각 합의마다 성격이 달라서, 각 합의에 무엇을 이유로 왜 반대했는지 내가 다시 한 번 찾아봐야 돼요.

7
국회와 광화문에서의 단식 농성

면담자   그러면 특별법 제정을 위해 진행되었던 국회와 광화문에서의 단식투쟁 과정에서 좀 인상적이었던 장면들이랄까요? 아까 "엄마들의 저력" 같은 얘기도 하셨는데 그런 부분들도 좀 더 짚어주시지요.

예은 아빠　　　(잠시 침묵) 7월에 그… 7월에 들어가서, 7월부터 우리가 국회에서 농성 시작을 했잖아요. 국회에서 농성 시작하고 그리고 곧 이어서 광화문에서도 농성, 단식은 같이 시작했죠. 단식은 같이 시작했는데 처음 농성 들어간 건 국회에서 들어갔죠, 처음이죠, 본청 앞에 자리 잡은 거. 그때 분위기는 그랬던 거 같아요. 우리가 가면 아무도 못 막았던 거, "쟤네들 건들면 큰일 나"라고 했던…. 사회적인 분위기가 그때까지 분명히 그랬으니까. 그때 우리도 '야, 이런 거 해도 돼?' 이런 생각은 전혀 안 했어요, '해야 되면 하는 거지, 무슨 상관이야. 자식 잃은 부모가 뭐가 겁날 게 있어?' 이런 생각으로 똘똘 뭉쳐 있었던 상황이고.

　　이 국회 농성 들어간 이유는 딱 하나죠. 국정조사 개판 났고, 청문회도 한 번 못 해보고, 보고서는 생각도 못 하고, 아무런 결론도 못 내고 파헤치지도 못하고. 오히려 그 당시 국회의 한계, 새누리당이 얼마나 나쁜 놈들인지, 그리고 그 당시 야당이 얼마나 무력한지 이걸 계속 확인하는 과정이었잖아요. 그런 국회를 상대로 특별법을 만들어야 되잖아. 그런데 우리가 요구하는 건 그냥 걔네들 생각하는 수준에서[의] 그런 특별법이 아니라, "유례없는 참사인 만큼 그에 못지않게 유례없는 특별법을 만들어야 한다"고 우리는 얘기를 한 거고, 그러니 그 전망이 밝지 않잖아요. "그래? 맡겨놓지 말고 우리가 직접 압박을 하자. 그럴려면 거기에 가야 된다, 우리가", 그래서 국회 농성을 계획을 한 거죠.

　　근데 그런 생각은 했었어요, '이걸 미리 알려주면 막을지도 모른다. 충돌이 일어나고 막혀서 들어가지도, 못 들어갈지도 모른다'. 그래서… 제 기억으로는 그때 매우 비밀리에 작전을 짰던 거 같아요. 음… 그때는 우리 상시적으로 국회[를] 방문했으니까, 매일같이 국회에 대거 들어갔으니까, "그렇게 들어가서 그냥 앉자, 우리 못 끌어낸다. 근데 이걸 미리 얘기하면 분명히 사전에 막을 거다"라고 판단을 했죠. 그리고 그때 뭐도 있었냐면, 상복, 그다음에 관, 이런 얘기도 나왔어요. 그냥 들어가지 말고 그런 거 다 준비해서 들어가자고 했는데 정보가 샜어. 그니까 그렇게 하기로 결정을 한 건 아닌데 그런 얘기가 오고 갔었거든. 어떻게 준비를 할 거냐, 뭘 준비를 할 거냐, 그때 뭐 깔판을 깔고, 밥은 뭐 먹고 이런 거는 생각 안 했고, 일단 자리 잡아야되고 보여줘야 되니까. 하여튼 여러 가지 방안들을 쭉 얘기를 하는데 그 논의 과정에서 나온 얘기들이 샜어, 어떻게 됐는지.

근데 국회에서 전화가 왔어요, "혹시 관을 갖고오시나요?"(웃음). 잡아뗐지. 물론 결정 난 것도 아니에요, 그거는. 그렇게 하자고 결정된 게 아니라 얘기하던 중에 "어떻게 하면 좋을까? 뭐 이런 것도 할까, 저런 것도 할까?" 이런 아이디어 차원에서 나온 얘기들인데 그게 어떻게 새어가지고 전화가 와서 "관을 가지고 오세요? 상복을 입고 오세요?" [하고 묻더라고]. 실제로 [가족대책위] 사무처에서는 알아보기는 했었어요. "이게 사람이 한두 명이 아닌데 이걸 다 준비하려면 어떻게 해야 되고… 빌려야 되냐? 사야 되냐? 안산시에다가 얘기해서 준비해 달라고 해야 되냐? 근데 아무리 안산시가 우릴 도와준다고 그래도 그런 기, 농성하는 물품까지 도와주겠냐? 그건 뭐 얘기 꺼내나 마나 안될 거다"부터 해가지고 우리끼리 막 이렇게 왔다 갔다 하던 얘기들인데…. "무슨 관을 가져가요" 그러고 [잡아뗐지]. 그래서 어쨌든 그런 여러 가지 에피소드들 겪고 나서 국회 들어가 가지고 자리 잡은 거죠. 물론 발표할 준비 이런 거는 내부적으로 다 해놓고.

그러고 이제 가서 [국회] 본청 가가지고 앉은 거죠. 그러면서 앉고, 음… 여기… (구술팀의 주요 연표 자료를 보며) 단식을 들어간 날 단식을 시작 안 했어요. 단식을 하기로 결정을 하고 들어간 건 아니었어요. 농성을 하고 딱 들어갔는데 보니까 가족들이 많이 올라와서 주저앉고, 그때 막 국회의원들 나와가지고 "이러면 안 된다. 뭐 어떻게 해서든지…" 했지만 다 "딴소리하지 마라. 우리 무조건 여기 있을 거다"라고 하고 이제 시민들은 그 소식 듣고 "거기 그렇게 막 앉아 있으면 날씨 덥고 그런데 큰일 난다" 그러고 음료수도 가져오고 물 가져오고, "밥 먹어야 된다. 깔판 깔아야 된다. 텐트라도 있어야 된다. 담요 있어야 된다" 그래서 그거 갖고 들어오려고 그러면 국회에서 막고… 그러는 거예요.

농성 돌입한 그날부터 우리가 출입 통제를 당했어요, 국회에서. 근데 하루도 안 빼놓고 나 들어갔죠, 아무리 통제해도. 경찰들 쫙 깔려가지고 일일이 검문하고 검색하고, 사람들 오면은 진짜 이 사람이 세월호 가족인지 아닌지 확인하고 별짓 다 했지만, 근데 한 명도 안 빼놓고 항상 다 들어갔어요. 온갖 작전을 다 짜서. 그 가운데 어떤 엄마들은 문으로 안 들어오고 담 넘어 들어오고. 담 넘어 들어온 거 걸리면 "그래, 잡으려면 잡아봐. 나 건드려? 성추행이야" 막 이래 가면서 대들고, 막 뛰어서 들어오고. 그다음에 좀 점잖은 사람들은 그 당시에 김현 의원실에 전화해 가지고 "나 들어갈 건데 차 좀 보내줘요" 그래서 보좌관이 데리고 들어오면, 보좌관이 자기 손님 데리고 들어간다는데 국회에서 어떻게 막아, 의원실에서 하는 건데. 그거 타고 들어오고, 보좌관이 하루에도 몇 번씩을 왔다 갔다 실어 나르고 뭐 이런 거. 하여튼 온갖 방법을 다 동원을 해서… 다 들어왔죠.

근데 그 농성을 한다고 해서 모든 가족들이 며칠 동안 집에 안 가고 거기에만 있을 수는 없잖아요. 집에도 챙겨야 되고 애들도 있고…, 매일 출퇴근을 하는 거지. 출근할 때마다 항상 머리 써가지고 작전 펴서 들어오고 나갈 때는 떳떳하게 나가고, 나가는 건 안 말리니까. 그다음 날에는 "야, 몇 시에 오면 힘들고 몇 시까지는 와야 돼" [하면] 새벽에 오고…, 뭐 점심시간에 사람들 우르르 왔다 갔다 할 때 섞여 들어오기도 하고, 각자의 방법으로 다 들어왔어요, 각자의 방법으로. 들어오면, 옷 딱 벗으면 노란 옷 나오고. 안에 [입고] 있으면 그것도 걸려, 그럼 집어넣고 가방에 싸놓고, 아니면 가방은 다른 편으로 차에 실어서 먼저 들여보내고 혼자 맨몸으로 들어오기도 하고. 그런 온갖 자기들만의 방법을 다 개발을 해서, 그래서 이제 출입을 해서 농성을 시작했죠.

근데 시작을 했는데 보니까… 하루 해봤는데 할 게 없는 거예요, 거기 앉아서. 날은 덥지, 그냥 여기 지켜야 된다는 생각 때문에 오기는 왔는데 하루 종일 아무것도 안 하고 앉아 있어야 되잖아. 잠깐 자리를 비우면 안 되잖아, 자리를 비우는 순간에 이거 또 싹 다 치워버리고 막 아버리니까 항상 지켜야 되고. 그래서 "오늘은 몇 반이 남고, 오늘은 몇 반이 남고, 누가 남을래?" 이렇게 해서 "최소한 10명 이상은 있어야 돼. 어떻게 해야 돼. 비상시에는 어떻게 해야 돼" 이러고. 그리고 "국회에서 경비들이 함부로 못 하게 의원실에서 나와서 같이 있어야 돼" 해서 불러다가 같이 앉아 있게 만들고, [농성장] 안 뺏길려고.

그렇게 한 하루인가 이틀 정도 했는데⋯ 근데 할 게 없는 거죠. 가만히 앉아가지고 자리만 지키고 앉아 있고 따분하고 막 짜증 나고⋯. '뭘 해야 되지?' 그러다가 "야, 우리 단식하자. 이렇게 그냥 앉아가지고 자리만 지키지 말고 단식을 하자"[라는 이야기가 나왔어요]. 그런데 그때 논란이, 논란이 아니라 내부에서 논의가 됐던 게 "여기서 국회에서 단식하는 게 맞냐? 고립되는 거 아니냐? 여기서는 밖에서 경찰들이 딱 막아버리면 시민들도 못 들어오고, 시민들하고 만나기도 어렵고⋯". 실제로 시민들도 다 통제당했었거든요. 아예 못 들어오게 한 건 아니지만 다 일일이 확인하고 그러니까 우리를 보러 오는 사람들은 굉장히 부담을 가질 수밖에 없잖아요. 그리고 그 사람들, 다 그냥 오는 게 아니라 뭘 들고 온단 말이에요. 물을 들고 오든 뭘 들고 오든, 심지어 모기약을 들고 오건, 다 들고 오는데 이런 것들이 다 가방까지 열어서 보니까 부담스럽잖아.

"이렇게 되면 언론도 그렇고 시민도 그렇고 우리가 딱 고립되는 결과를 가져올 수도 있겠다. 그럼 우리 이원화하자. 그렇다고 국회를 포기할 수 없으니 국회를 지킴과 동시에 광화문으로 나가자. 그래서 여기서 다섯 명, 광화문에 다섯 명 단식 시작하자" 이렇게 됐어요. "그럼 누가 할래?" 하는데 "엄마들은 안 되니까 아빠들 해" 그러면, 엄마들은 "왜 엄마들은 안 돼? 엄마들도 할 수 있는데" 그랬더니 "아이, 앞으로 할 일 많으니까 나중에 또 하고 일단 아빠들부터 시작하고⋯" 그렇게 해서 아빠 10명이 자원했어요, 다섯 명, 다섯 명 나눠서. 그러면 임원들이 앞장서서 해야 되니까 임원 위주로 뽑은 거죠, 그다음에 기타 가족들한테 자원도 받고. 이렇게 하면서 두 명은 사전에 결정을 했어요, 위원장하고 나. 해서 그 당시에 "위원장은, 위원장은 국회에서 하지 말고 시민들 만나는 밖으로 나가라. 광화문으로 가라" 그래서 [위원장은] 광화문에서의 단식을 중심이 돼서 진행하면서 시민들한테 알리는 걸 하고, 이 국회 안에서는 실제로 그런 협상 내용이나 이런 것들을 보고해야 되니까 내가 있고. 그렇게 해서 두 편으로 가르고 양쪽에 붙을 사람 네 명씩 이렇게 해가지고 다섯 명, 다섯 명 해서, 언제부터 시작, 그게 7월 14일 날인가? 7월 며칠이죠? 아… 14일일 거예요, 14일. 이날 그래서 광화문과 국회에서 동시에 다섯 명씩 단식을 시작을 한 거죠.

그런데 그때부터, 단식을 시작했다는, 광화문과 본청 앞에서 단식을 시작했다는 소식이 알려지면서 들끓기 시작을 한 거예요. 시민들이 막 몰려오기 시작한 거죠. 국회 들어오면서 엄청나게 싸워가면서 막 밀고 들어와 가지고 우리들 만나고 같이 울고, "필요한 거 뭐 없냐?" 해외에서도 막 연락이 오고, 광화문에도 마찬가지였을 거고. 그러면서 동조 단식도 아마 시작이 됐었죠? 네, 광화문에서 동조 단식도 시작이 되고, 그렇게 시작을 했죠. 그러니까 국회의원들이 한 명씩, 두 명씩 오기 시작하더라구요, 본청 앞에 단식 농성장으로 와서…. 어떤 사람은, 실제로 어떤 사람은 일부러 그 앞에 안 오는 사람도 있고, 부담스러우니까, 눈 마주칠까 봐.

근데 그래서, 거기서, 제가 거기서 7월 말까지 계속 단식을 했는데… 음… 딱 본 게 거기서 새누리당 의원이 그 본청으로 들어간 경우는 내가 거의 못 봤어요, 그리고 다 야당 의원들만 그 앞으로 왔었고. 근데 오는 사람들은 문 바로 앞에 앉아가지고 이렇게 있는데 어떻게 눈이 안 마주쳐요? 와가지고 얘기하고 우리가 또 "이거 해야 된다"고 강조하고. 오면 "아, 그만하셔야지" 뭐 이러면 "무슨 소리 하냐"고, "법부터 빨리 만들라"고, "기소권은, 수사권, 기소권 꼭 들어가야 된다"고 그러면, "최선을 다하겠습니다" 그러고 들어가고. 이제 그렇게 단식 농성이 시작이 됐죠.

8
특별법 제정을 위한 전국 서명전과 교황의 방문

면담자　　　단식 농성을 시작하면서 실제로 350만 명 서명지 청원을 받고, 그러고 나서 7월 23일, 24일 이제 100일 집회, 안산-광화문 도보 행진이 있었는데, 그때 상황에 대해서도 말씀을 이어주시지요.

예은 아빠　　　이때 이 특별법 제정, 이 특조위 수사권, 기소권 문제를 이슈화시킨 결정적인 계기는… 가족들이 전국을 순회한 거예요, 버스를 타고 대구, 광주, 부산, 대전, 또 어디 갔었지? 전국 대도시 권역별로 나눠갖고. 그때 한 결정이 지금까지 계속 인연으로 이어지고 있는 게, 반별로 지역을 맡은 거야, 고정적으로. 그런데 그 과정이 또 좀 웃겨요. 일단 1반부터 10반 그리고 이제 나머지 일반인 희생자나 다른 분류 쪽은 숫자가 적잖아요. 그러니까 하나의 단독 그룹으로 하기에는 좀 어려워. 아무래도 생존자 쪽은 유가족들보다는 여러 가지 조건이, 시간을 내거나 이렇게 집중하기엔 조건도 녹록치 않았고. 그래서 이제 그런 부분은 나머지 반에 이렇게 녹아들어 가는 걸 원칙으로 하고 1반부터 10반까지 10개 그룹으로 이렇게 나누어서 몇 반이 어느 지역으로 갈지를 정해야 되는 거예요. 근데 그걸 어떻게 정해, 어떻게 정하겠어요? 제비뽑기했지. [우리가] 어디를 가야 된다고 그래서 도시 지역 이름을 해놓고 그걸 반 대표들끼리 모여서 제비뽑기를 했어요. 그래서 결정이 났어.

근데 이게 굉장히 단순한 과정 같은데 암투가 심했어요. 왜냐면 대구를 다 가기 싫어하는 거야. (면담자 : 그렇죠) 가면 힘들 거 같고, 가면 욕먹을 거 같고 막 화날 거 같은 거죠. 그런 선입견이 있잖아요, '저기는 새누리당 동네인데' 이런, 이런 것 때문에. 대신 뭐 광주나 이쪽은 가고 싶어 하고, 거기는 가면 편할 거 같고 좋을 거 같고. 근데 그걸 어떻게 마음대로 할 수 있나? 서로 다 같은 생각을 갖고 있는데. "제비뽑기를 해서 그걸 따르자" 근데 결정 나고도 불만이 많이 나오지. "아이 씨, 왜 우린 대구야?" 그게 우리 반이거든요, 3반. 그래서 처음에 우리 3반 같은 경우에는, 대구에 처음 갈 때 다 싫어했어요, '아유, 멀기도 멀거니와 거기 가서 또 무슨 꼴을 당할까…' 이 걱정 때문에. 근데 어쨌든 가기로 했으니까 안 갈 수는 없잖아요. 그래서 버스 한 대를 타고서 갔어요. 저는 안 갔어요, 저는 이제 여기 딴거 하고 있었으니까.

그러고 갔다 왔는데, 갔다 와서 얘기를 듣는데… 갈 때는 막 뭐 씁은 얼굴로 해가지고 가기 싫은 거 억지로 갔던 사람들이, 밤에 12시 넘어서 안산에 딱 도착해서 내릴 때는 다 웃고 내리더라는 거죠. 왜 그런가 그랬더니 '대구 가면 정말 힘들고 욕먹고, 심지어는 뭐 저 계란이라도 맞지 않을까?' 별생각 다 하고 '부담스럽고 막 대구 사람들은 이상하게 생긴 사람들 같을 거고…' 막 이렇게 생각하고 갔었는데, 갔더니 거기에 가족들을 기다리는 시민이 있더래는 거지, 시민들이. 그 시민들이 가족들을 보호하면서 같이 서명받는데, 음, 그때 유모차를 끌고 엄마 둘이 오더래요, 서명받으러, 서명받고 있는데. 당연히 거기서 지나가는 사람들이 뭐라고 하는 사람들이 당연히 있었지. 근데 유모차를 끌고 엄마 둘이 이렇게 오더라는 거야. 그러더니 봉투를 이만한 거를 쭉 내밀어요. 그래서 '뭔가?' 그랬더니 이미 그 전부터 그 엄마들이 동네에서, 아이들을 유모차에 태우고 동네를 다니면서 특별법 서명을 자기네들이 받은 거예요…. 그런데 생각보다 그게 많아, 벌써 오랫동안 한 거예요, 한참 동안. "이걸 어떻게 전해드릴까 했는데 여기에 세월호 유가족들이 오신다는 얘기를 듣고 찾아왔다"고, "이거 전해드리고 싶어서". 이제 거기에 부모들이 확 [마음이] 간 거지. '아… 우리가 생각했던 그런 게 아니구나. 정말 우리 아이들 생각하고, 세월호 생각하는 시민들이 전국에 다 있고, 이게 니가 이 당이니 저 당이니 누굴 찍었니, 이게 문제가 아니라 그냥 엄마니까 아빠니까, 이건 내 아이의 문제니까 하고 나서는 사람들이 광주에만 있는 게 아니라 대구에도 있구나' 거기서 다들 엄마, 아빠들이 힘을 얻은 거야. 그래서 그때부터 계속 그렇게 반별로 맡은 지역을 다닌 거죠.

3반 같은 경우엔 지금도 그때 만난 대구 시민들과 계속 교류를 하잖아요, 때가 되면 가고 오고. 이번 졸업식 때도 버스로 올라와서 같이 식사하고 또 내려가고, 대구에 무슨 행사 있으면 우리가 가고, 마치 그 자매결연을 맺은 것처럼. 이렇게 지금까지 각 지역별로 인연들을[이] 이렇게 이어져 오고, 1반 같은 경우에는 대전 이렇게 해서 대전

하고 계속 교류하고, 시민들하고 교류하고…. 그때 그 버스 서명 투어를, 그때 시작을 하면서 그런 인연들이 맺어진 게 지금까지 오고 있고, 또 실제로 그때 그 서명이 특별법 서명을 전국적으로 하는 데 결정적인 기여를 했어요. 왜 그러냐면 시민들은, 각 지역에 있는 시민들은 뭔가를 하고 싶은데, 가만히 못 있겠는데, 정말 세월호 참사 때문에 뭐라고[도] 해야 될 거 같은데 방법을 모르잖아. '우리끼리 해야 되는데…' 근데 우리끼리라고 해도 이게 누가 누구인지를 모르고. 왜냐면 그 사람들은 기존의 시민 단체에서 활동을 하는 활동가들이 아니잖아요. 그냥 엄마, 아빠, 동네에 사는 사람들, 이런 사람들인데 그런 얘기를 꺼내자니 먼저 꺼내자니 부담스럽고, 그냥 혼자 그렇게 생각을 하고 있던 차에 유가족들이 여기를 왔어. '아, 보러 가야지' 하고 유가족들 있는 데를 갔다가 거기서 시민들이 [서로] 만나는 거죠. 그럼 연락처 주고받고 "당신도 이런 생각 있구나, 당신도 이런 생각 있구나" 그러면 "우리 이렇게 만났으니 우리끼리 뭐라도 해볼까?"라고 해서 '4·16시민'이라고 하는 그룹이 생기기 시작한 거죠, 각 동네별로, 지역별로.

기존에 시민 단체나 운동을 하던 사람들의 조직이 아니라 그거하고 전혀 관계없는 사람들, 엄마, 아빠들이, 그게 조직화가 되기 시작을 한 거예요. 주기적으로 가족들이 내려오지, 이 사람들이 모이기 시작을 했지, "그럼 우리끼리 뭘 하자. 서명받자" 이 사람들이 상시적으로 매일 서명을 받지, 중간중간 가족들이 내려와서 또 힘을 주지… 또 가족들은 힘을 받고 오지. 이게 계속 이렇게 서로 유기적으로 굴러가면서 서명이 기하급수적으로 늘어나기 시작하는 거예요. 그래서 한

번 내려갔다 오면 가족들이 그 서명지를 갖고올 거 아니에요. 그럼 이제 그 분향소에 가족 대기실에 서명지를 취합하는 가족들이 있잖아요, 팀이. 그럼 그거 다 모아. 매일 발표하는 거야. "오늘은 몇 반이 어디 가서 팔천 몇백 명을 받아 왔다. 아, 정말 잘하셨다" 막 박수 치면, 그러면 좀 있다 온 팀이 "야, 8000명? 우리는 1만 1000명인데?" 일종의 경쟁처럼 막 이게 굉장히 급속도로 퍼져나가기 시작을 했죠.

그리고 이어서 온라인 서명까지 들어가기 시작을 했고…, 특히 이제 수사권, 기소권 문제를 전면으로 내세웠던 것들이 사람들의 관심을 확 끌었고. 그래서 그때 이제 서명이…, 그 [국회에 제출했을] 때 냈던 게 350만 [명]인데, 그 이후에까지 다 합치면 650만이에요, 그 이후에도 계속 받았으니까. 이것도 전무후무한 서명 기록이라고 하더라구요. 단일한 한 건을 갖고 몇십만의 서명을 받아도 국회에서는 압박을 받는데 한 번에 막 300만씩, 막 400만씩 막 갖고오니까 (면담자 : 엄청 짧은 기간에) 그것도 굉장히 짧은 기간에. 그래서 이제 우리도 그랬고 시민들도 많이 희망을 가졌어요. '이 정도 압박이면 국회에서 거부 못한다'[라고 생각했죠].

음… 그런데도 수사권[이] 받아들여지지 않았죠. 그래서 드는 생각이 뭐냐면 '서명을 한 10만 명만 모아 와도 국회는 겁을 먹는다고 나는 얘기 들었는데, 다들 그랬는데 10만 명이 아니라 350만, 650만, 670만을 갖고 갔는데도 이거 안 받아들여 준다 그러면, 세월호 참사가 도대체 뭔데? 이 정도의 국민의 관심, 전 국민적인, 세대와 연령과 지역을 불문하고 이렇게 일치된 요구를 하고 있는데도 불구하고 국회에서 안 받아들인다고 하는 건… 무슨 다른 이유가 있는 게 아닐까?

내가 생각하는 세월호 참사, 그것을 뛰어넘는 뭔가 다른 게 있는 거 아닐까? 이 정도면 거의 목숨을 걸고 지키는, 지키는 건데 국회에서, 특히 새누리당에서. 도대체 뭔데, 세월호 참사가? 그렇게까지 쟤네들이 해야 되는 이유가 뭘까?' 그런 생각이 또 그때는 많이 들었었어요.

그래서, 물론 이때도 여러 가지 증거들을 우리가 다 모으고 그래서 이게 세월호 참사가 우리가 알던 그런 성격이 아니라는 것을 감을 잡고 있었지만, 그런 과정을 통해서 '정말 숨기고 싶어 하는 것, 가로막고 싶어 하는 것, 그런 것들이 분명하게 존재하는구나. 음, 세월호 참사가 우리가 생각했던 것 이상의 무언가가 있을 수도 있겠다. 그러지 않고서야 어떻게 이렇게 목숨 걸고 반대하고 차단하고 방해할 수 있을까?' 그런 생각을 좀 많이 하기도 했었죠.

면담자　　지금 7시 반인데, 시간이 괜찮으셔요?

예은 아빠　　제가 8시에 이 자리에서 약속이 있어요.

면담자　　그럼 10, 20분이라도 더 증언을 이어가실까요, 아니면 여기서 끊고 2회차에서 더 말씀하실까요?

예은 아빠　　근데 이걸 언제⋯ (웃음).

면담자　　다 하진 못할 것 같아요. 지금까지 증언하신 게 2014년 여름까지인데, 아마 제 생각에는 오늘보다 좀 더 길게 한 번 하거나 아니면 두 번 하거나 해야 할 듯해요.

예은 아빠　　아유, 그래요? 얘기하다 보면 자꾸 욕심이 나서⋯, 내가 일부러 머릿속에서 '이거 빼고 얘기해야지' 이렇게 안 되니까.

면담자   이 시기가 사실 촘촘하게 많은 일들이 일어나서 그런 거지요.

예은 아빠   일단 여기까지 하고 또다시 시간을 잡죠, 뭐.

면담자   네. 특별법 말고도 얘기할 게 있기는 한데, 우선은 특별법 얘기가 나왔으니까요. 2014년 여름은 지나고 갈까요? 100일 집회가 있었고, 아까 얘기했던 8월 15일 날 특별법 제정 촉구 범국민대회, 교황 방문도 있었고요. 청운동 농성 들어가기 전까지만 우선은 얘기를 진행할게요. 혹시 여기서 더 하시고픈 이야기가 있으신지요?

예은 아빠   지금 얘기하신 거 하나하나도 다 얘기가 있어요. 예를 들면, 교황 방문 같은 것도 그냥 여기 오신 거 아니에요. 그런 거 질문하는 가족들도 있겠지만….

면담자   교황의 광화문 미사 때 유가족들에게 하루 비워주고 다시 자리를 잡아서 유민 아빠가 교황을 만나게 하려 했던 유가족들의 노력에 대한 회고를 말씀해 주세요.

예은 아빠   하루를, 하루를 비워줘요? 뭘 비워줘? 교황 왔을 때 광화문을 비워주고 그러고 나면 만나게 해주겠다?

면담자   그때 유민 아버님 텐트 하나만 놔두고 나머지 공간은 잠깐 비웠다가 다시 돌아오셨던 상황이요.

예은 아빠   아, 그 얘기…. 저는 그 얘기를 하려고 한 게 아니라 (면담자 : 다른 얘기를 하셔도 됩니다) 저는, 저희는 실제로 교황청하고 연락을 했었어요, 사전에. 교황 방문한다는 얘기를 듣고, 그게 뭐 며칠 전에 발표되는 건 아니잖아요, 한참 전에 발표되는 거니까. 그때 '그러면 이거 국제적인 호소를 해야 되는데 교황이 다른 나라를 방문한다는 건 전 세계적인 뉴스 아니냐. 그러면 그 교황의 동정 소식에 우리 세월호 참사가 들어가면 좋겠다. 그리고 더 나아간다면 세월호 참사와 관련된 교황의 메시지가 있으면 좋겠다' 이런 욕심을 부린 거죠. 그리고 '아무리 박근혜라고 하더라도 교황이 하는 거에 대해서는 자기네들이 어떻게 못 할 거 아니냐?' 이런 판단이 있었던 거예요. 그래서 그때부터 교황청과 연락을 할 수 있는 방법을 찾았어요.

마침… 박주민 변호사가 가톨릭 신자예요, 아주 깊숙한 신자예요. 그래서 문의를 했죠. 그래서 이제 박주민 변호사가 중간에 역할을 하면서 우리 [천주교]서울[대]교구, 그다음에 여기, 교황청 대사관 있잖아요. 거기까지 다 연결을 해가지고 다 가능성을 타진을 다 한 거예요. 가능성을 다 타진을 해서 일단은 교황청 대사한테 "오시면 일정을 이렇게 잡고 메시지도 이런 이런 메시지 해주시면 좋겠다"[라고 요청을 했어요]. 여기서 타진을 했지만 확인해 보니까 "교황청 대사가 교황과는 달리 굉장히 보수적인 사람이라 쉽지 않다. 그러면 일단 거기에 공식적으로 메시지는 전달하되 별도의 노력이 필요하겠다" 그래서…, 교황 오시기 전에 우리 쪽에서 주교 누구더라? 누가 거기 가시기도 하고 막 이렇게 협의하고 이렇게 하잖아요. 그러면 "그쪽을 다 아는 사람들이니, 신부님들 다 아는 사람들이니 그쪽을 통해서 메시지 전달하고 보내면 좋겠다"고 해서 그때 막 편지도 쓰고. "이거 영어로 써야 되냐, 한글로 써야 되냐?" 막 한참 그러는데 "한글로 써도 거기 가면 다 번역해서 본다" 그래 가지고 '못 보면 어떡하냐? 못 읽으면 어떡하

예은 아빠 유경근

냐?' 막 이 생각 해가면서 '한글로 쓸까, 영어로 쓸까? 아니면 라틴어로 쓸까?' 막 별생각을 다 하고. 편지도 쓰고 관련된 기념 물품 같은 거 상징물 같은 것도 만들고, 어떻게 전달할 거냐, 이런 과정이 그 전에 있었어요.

그래서 그때, 사실은 메시지가 사전에 왔었죠. 정확한 건 아니지만 "교황이 오셔서 그냥 가시진 않을 거 같다…, 그냥 가시진 않을 거 같다", 이런 정도의 메시지는 받았었어요. 그래서 우리가 준비에 들어간 거예요. '그냥 막연히 정부의 면 세워주고 그냥 여기 좀 비워주고 협조해 주면 [우리를] 만나게 해주겠지?'라고 기대한 게 아니고 사실은 사전에 우리가 다 준비를 했었어요, 연락을 취해서. 그래서 어느 정도의 답이 왔기 때문에 "그러면 그 준비를 하자"고 그래서 작전을 짠 거지, 그런 식으로. 작전을 짜서 이렇게 하고 그러면서 이게, 또 한 가지 우려했던 게 뭐냐면… 일부 반발…. 교황은 자신의 의지를 갖고 세월호 유가족들을 만나기 위해서 여기서 멈춰 섰지만 혹시라도 그것이, 세월호 유가족들, 전 세계에 있는 모든 가톨릭 신자들이 교황 얼굴 한 번 처다보는 게 평생의 소원이고 손 한 번 잡는 건 언감생심 꿈도 못 꾸고, 한국에 온다 그러니까 한국의 모든 천주교 신자들이 교황 얼굴 한 번 보겠다고 다 모이는 그 자리에, 세월호 유가족들이 교황을 독점하는 것처럼 비칠 경우에 오는 반발, 이것도 좀 걱정이 되더라고. 그래서 그런 것들을 최소화시키기 위해 조치들을 한 거죠.

그래서 그 행사에 방해되지 않도록 최대한의 공간을 양보해 주고, 대신 교황이 지나갈 곳을 우리가 선점을 하고, 그게 바로 (광화문 네거리 쪽을 가리키며) 이 코너죠, 여기. 그리고 끊임없이 그걸 확인을 했어요, 동선이 어떻게 될 거냐, 어디를 돌아서 어떻게 오실 거냐…. 분명히 와서 우리 아는 척을 한 번 하고 우리가 보냈던 메시지를 발표는 할 거 같은, 얘기는 할 거 같은데, 얘기는 할 거 같은데 구체적으로 어떻게 될지는 우리가 모르잖아요. 그래서 최대한 그게 유리한 공간을 우리가 선점을 하자고 해서, 저기에 자리 잡고 "그러려면 가족들이 노란 옷 다 벗고 그러고 나서 이렇게 그 손수건이나 뭐 피켓 같은 이런 거 따로 준비하고 있다가 교황이 지나갈 때 세월호 유가족이 어디 있는지를 알아봐야 되니 그럴 때, 지나가실 때 우리가 들어서 우리가 여기 있다는 걸 보여주자" 뭐 이런 거 준비하고 한 건데 의외의 상황이 벌어진 거지. 진짜 가다가 멈춰서 내려서… 손잡으리라는 건 기대는 못 했었어요, 거기까지는. '지나가면서 눈 마주치고 손짓 한 번 하는 정도, 그리고 '내가 너희들 알고 있다' 이 정도까지는 해주시겠지?'라는 생각은 했지만 가다가 멈춰서 내려서 손잡고 안고 대화를 나누리라는 거는 사실은 기대를 못 했었죠. 상상을 못 했었죠. 근데 그 일이 벌어진 거예요. 그래서 그게 단순히, 우연히 벌어진 건 아니고 그 사전에 상당히 오랜 기간 동안 그런 접촉을 하기 위한, 메시지를 전달하고 주고받기 위한 노력들을 가족협의회에서 계속했었고, 그게 의외로 교황께서 흔쾌히 받아들이셔서 한 거였죠.

면담자　　　　교황에게 메시지를 전달하기도 했잖아요. 그랬을 때 들었던 생각들이랄까요? 이 메시지가 다시 또 나에게 던지는 울림들이 있다면 어떤 거였을까요?

예은 아빠　　　그니까 이제 그 메시지도 처음, 편지도 막 쓰고 그랬다고 그랬잖아요. 그게 이제 단순히 뭐, 그냥 우리 도와달라 이런 내용도 있지만, 이런 걸 넘어서서 우리가 무슨 얘기를 듣고 싶은지, 우리가 원하는 게 뭔지, 지금 당장 이 한국에서 세월호 참사 관련해서 해결해야 될 게 뭔지를 알려주고 싶은 거예요. 그래야 뭔지, 상황이 뭔지, [우리가] 뭘 원하는지를 알아야 거기에 맞는 메시지를 [교황이] 이야기를 할 거 아니에요. 그냥 뜬금없이 그냥 와서, 이렇게 뜬구름 잡는 얘기만 대충 하고 넘어가서, 해석의 여지가 분분한 그런 얘기만 나올 경우도 있을 수 있기 때문에, 그래서 구체적인 우리의 바람을 다 적었죠. "우리 이런 거 원하고, 진상 규명해야 되고, 지금 정부 상황이 어떻고, 우리가 어떤, 어떤 것들을 겪어왔고, 앞으로 어떻게 해야 되고…" 이런 것들을 편지에 담아서 보냈던 거고, 저는 그거에 기반해서 교황의 메시지가 나왔다고 생각을 해요.

[교황이 노란 리본] 배지 달고 계셨잖아요. 나는 그게 그런 [우리가 보낸] 메시지가 통했다고 보는 거거든요. 지나가다가 행동이나 말로 뭔 얘기는 할 수 있지만 어떤 상징물을 몸에 붙이고 착용을 한다는 거는… 이건 또 다른 결정이잖아요. 실제로 나중에 보도에 보면 "이제는 그거 떼셔도 되는 거 아니냐?" 뭐 이런 얘기했다가 "고통에는 중립이 없다"라는 말로써 이걸 계속하셨던 것처럼 그런 게 좀 통했다고 보는 거죠. 그래서 오셔서 만나서 얘길 하고 이렇게 말씀하시고 손잡고 했을 때는 아… 그 뭐라고 그래야 되나… 그 표현을… 하여튼 일차적으로는 굉장히 짜릿했구요. 우선 예상치 못했던 정도의 반응과 피드백이 온 거니까. 그리고 또 하나는 서러움이 같이 왔어요, 서러움. 그니까 막 짜릿하고 갑자기 막 뇌가 멍해져서 구름 위를 막 둥둥 떠다니는 거 같은 느낌이 확 오는 동시에, 또 한편으로는 굉장히 서럽더라구요….

한국 대통령은 바로 요 코앞에 있잖아요, 몇백 미터 앞에. 마음만
먹으면 언제든지 볼 수 있고 언제든지 손잡을 수 있고 할 수 있는 그
런 아주 가까운 물리적인 거리에 있는…. 나는 모르겠어요, 거기서 안
들어봤으니까. 어떤 사람들 얘기로는 여기[광화문] 모여서 사람들이
막 크게 소리 지르면 거기[청와대]까지 들린다고도 하는 사람도 있는
데, 실제로 들리는지 안 들리는지 모르겠지만 그 정도로 가깝다는 얘
기잖아요. 근데 한국 대통령은 그렇게 철저하게 이걸 무시하고 안 들
은 척하고 못 들은 척하고 핑계 대고 이러고 있는데, 그 교황, 말도 안
통하는 그 교황은 우리의, 호소를 한 번 했더니 그걸 진심으로 받아서
거기에 대한 답을… 주는… 그걸 보면서 너무 서러웠던 거죠. 그니까
우리가 기대했던 건, 교황이 그런 얘기를 해주면 우리 문제가 해결될
거라는 기대는 안 해요. 아니, 교황이 우리나라에서 할 수 있는 일이
뭐가 있어요, 상징적인 거지, 교황이 무슨 특별법을 이렇게 만들라고
지시할 권한이 있는 것도 아니고. 그렇지만 다만 교황이 가지고 있는
어떤 사회적인 영향력이나 상징성이나 여론에 대한 영향력, 특히 해
외 여론에 대한 영향력, 이런 것들은 분명히, 그 정도 기대를 한 거죠.
국내에서 실제로 뭘 어떻게 만들어갈지에 대한 기대를 사실 할 수
가 없는 상황이었는데 그럼에도 불구하고 그걸 보면서 아…, 놀라고
짜릿하면서도 굉장히 서러운 경험. 같은 한국 사람, 한국 대통령은 저
러고 있는데 한 번도 본 적 없는 저 교황이라는 사람은 이렇게 손을
잡아주고 있다, 너무 챙피한 일 아닌가 이게. 실제 그런 일을 해결할
권한이, 권한과 책임이 있는 사람들은 다 나몰라라 하는데 그런 상황
에서 교황한테 기댈 수밖에 없는 우리의 처지, 교황을 통해서라도 여

론을 환기시키고 모으고 싶은 우리 처지. 이런 게 참, 진짜 그때는 서러웠어요. 그래서 저는 솔직히 그날 여기 없었어요. 우리 다른 가족들, 우리 와이프나 우리 어머니나 다 여기 [광화문광장에] 와 있었는데 나는 다 준비하고 있다가 못 나갔어요. TV로 보고 있었는데 아, 진짜 서러워서 눈물이 나더라구요, 그날. 기쁘면서 동시에 서러운 게 더 컸던 거 같아요.

면담자   오늘은 여기까지 하고요. 다음에 약속 잡아 2차 구술을 진행하겠습니다.

예은 아빠   수고하셨습니다.

면담자   고생하셨습니다. 감사드립니다.

2회차

2019년 2월 22일

· ·

1
시작 인사말

면담자   본 구술증언은 4·16 사건에 대한 참여자들의 경험과 기억을 기록으로 남김으로써 이후 진상 규명 및 역사 기술에 기여하고자 합니다. 지금부터 유경근 씨의 증언을 시작하겠습니다. 오늘은 2019년 2월 22일이며, 장소는 서울시 종로구 광화문 농성장입니다. 면담자는 김향수이며, 촬영자는 김대현입니다.

2
근황

면담자   아버님, 안녕하세요. (예은 아빠 : 네, 네) 지난 일주일 동안 어떻게 지내셨는지요? 저희가 1차 구술을 하고 한 일주일이 지났는데요.

예은 아빠   똑같죠, 뭐. 여기저기 왔다 갔다 하고… 지난… 월요일 날은 대구 지하철 화재 참사 16주기라서 또 대구 가서 추모식 참석하고, 거기 유가족분들도 만나고 오기도 했고, 어저께는 스텔라데이지호 유해[잔해, 2019년 2월 18일 선박 블랙박스가 발견됨]가 발견됐다는 소식이 들어와서 또 종일… 그분들하고 얘기를 하고 어쨌든 빨리 수습 작업이 들어가야 되는데 정부에서는 아직까지 그런 계획이 전혀 없는 상황이기 때문에…. 근데 그걸 좀 만들어내려고 여기저기 연락하고, 기자회견도 하고, 그런 것도 했구요, 네.

면담자   가족협의회 집행위원장을 그만두셨는데 그래도 계속 왕성하게 활동을 하시는군요?

예은 아빠   어쨌든 간에 [기존에] 하던 게 있으니까 그걸 집행위원장 그만뒀다 그래서 갑자기 다 끊어버릴 수는 없는 상황이고, 또 가협에서 이제 새로 된 분들이 그걸 부드럽게 이어갈 때까지는, 좀 서브한다는 생각을 갖고서 좀 해야 되겠죠?

3
청운동 농성의 시작

면담자   저희가 지난 1차 구술 때 2014년 여름까지 이야기를 했는데, 여름에 광화문 농성, 청운동 농성까지 이어지게 되잖아요. 청운동까지 가게 된 계기, 결정하게 된 과정이라든지, 아니면 오랫동안 거기 계시면서 있었던 사건이라든지, 이런 것에 대해 얘기를 해주시면 좋겠습니다.

예은 아빠   음… 저도 제 페북[페이스북]을 좀 봐야 돼요. 그니까 워낙 오래되기도 했고, 워낙 많은 일들이 일어나서 이게 시간이[시간 순서가] 조금 뒤섞이는 경우도 제가 가끔 있더라구요. 그래서 좀 보긴 봐야 되는데, 일단 그때 국회 들어가고 이런 건 얘기했었나요?

면담자   네. 국회 들어가고 단식 (예은 아빠 : 시작하고) 시작하게 됐고, 농성장에서 단식 시작하시는 분들 이야기를 하셨습니다.

예은 아빠   그때 단식은 여기 광화문하고 동시에 [국회] 양쪽[에서] 다섯 명씩 일단 아빠들 위주로 해서 시작을 했었고, 그 이후에 다른 가족들이 좀 하다가 건강상태가 워낙 안 좋으니까 오래 못 하고서, 건강에 이상이 생기신 분들도 계속 속출하고 그래서, 다른 가족이 또 들어와서 그걸 이어받기도 하고 그렇게 했죠. 하면서… 국회에서는 제 기억으로 한 8월 초까지? 아마 했던 거 같고, 광화문에서는 유민이 아빠가 46일이었나요? 해서 아마 8월 말 정도까지 단식을 계속하면서 그렇게 과정이 진행이 됐고. 그렇게 하던 중에… "청와대에 직접적으로 우리 의견을 전달을 하고 조금 더 압박을 가해야 되겠다"[라는 의견들이 나오기 시작했어요].

그리고 특히 그 당시 분위기는 뭐였냐면, 새누리당이 특별법을 완강하게 반대를 하고 있는 입장이었잖아요? 특히 핵심 내용이었던 수사권과 기소권 문제를 놓고 그 당시 새누리당은…, 지난번에도 얘기했어요, 기소권 같은 경우에는 사실 국회에서 여당이든 야당이든 어느 누구도 검토를 안 했고, 아예 거들떠보지도 않았다는 것. 그리고 수사권인데, 근데 '수사권을 가지면 기소권은 당연히 따라오는 게 아닐까?' 싶은 생각이 나는 드는데 어쨌든 두 개를 분리한다고 그러면 기소권 이런 문제는 [양당 모두] 아예 거들떠보지도 않았고, 이제 수사와 관련된 건데 근데 이제 사법경찰을 얘기를 하는 거죠. 거기에 대해선 새누리당이 아주 완강하게 반대를 했죠. 그리고 그 논리는, 그 이유는 "결국 그걸로 청와대를 들쑤시겠다는 거 아니냐?" 이런 걸 아예 대놓고 얘기를 하면서 "그건 인정할 수 없다, 못 받아들인다, 집어넣을 수 없다" 이렇게 완강하게 반대를 하고 있었던 입장이었어요. 그때 여당이었던 새누리당도 총 세 차례 공식적으로 면담하면서 음… 얘기를 했었는데 다 무산이 됐죠.

그러던 중에 저희들이 판단한 건 '이게 새누리당과 직접 만나서 협상을 하고, 협박을 하고, 이럴 수 있는 상황은 아닌 거 같다'라는 거였어요. 새누리당이 당 총재[당대표]도 있고, 원내대표도 있고, 그다음에 정책위 수석인가? 정책위 의장 이런 사람도 있고 다 있는데, 그런 사람들이 결정을 할 수 있다는 문제는 아닌 것 같다는 판단이 들었던 거예요, 이것이 '결국 박근혜, 청와대가 지시를 해야 결정할 수 있는 문제다'. 그리고 실제로 박근혜, 청와대에서 '절대 그 법을 만들면 안 된다'라는 그런 제시, 방향 제시가 있었죠, 그러니까 새누리당은 당연히 받을 수가 없는 거고. 그래서 그러면 국회는 국회대로 우리가 협상이든 압박이든 농성이든 하겠지만 결국에는 대통령한테, 청와대에 직접 얘기하는 게 낫지 않겠냐는 판단을 했었어요. 그래서 농성 중에 "광화문이나 국회 말고 청와대도 가야 되겠다"고 그래서 "그럼 어떻게 할까?" 하다가… "청운동으로 가서 자리를 잡고 하자"[라는 의견이 나왔죠].

근데 사실 그때는 처음부터 그렇게 오랫동안 그곳에서 머무르면서 농성을 하리라는 생각까지는 안 했었어요. 처음부터 그런 생각은 안 했었고 '광화문이나 국회에서 농성하고 우리 생각을 얘기하는 걸 넘어서서 청와대에 직접 의견을 전달하자' 이런 생각을 했었죠. 그래서 이제 음… 찾아봐야 되는데, 그때 아마 저희들이 준비했던, 서명이라든가 이런 것들도 준비를 해서 갔을 거예요. 근데 그게 다 막혔죠. 다 막히고… 충돌이 있었죠. 그래서 가족들 중에 부상을 당한 사람도 있고 거의 질식, 질식 직전까지 가는 이런 경우도 있었고, 막 강제로 들여다가, 막 내다 버리기도 하고 그래서 저희들이 의견 전달하는 것을 아주 물리적으로, 물리적으로 막았어요. 그러면서 저희들이 그곳에 주저앉게 된 거죠.

그니까 처음에 저희 요구는 우리 의견을 전달하고 싶으니, 그니까 공식적인 용어로 하면 민원을 넣는 거잖아요. 그리고 청와대에서는 민원을 넣는 창구가 있고, 또 민원이 오면 무조건 받아서 그걸 받아들이든 안 받아들이든 거기에 대한 회신할 의무가 있고, 정해진 절차가 있고, 또 그런 절차를 활용하는 건 국민의 당연한 권리인 것이죠, 그 주장의 내용과 관계없이. 그런데 그런 게 다 물리적으로 차단되고, 또 청와대에서는 여기에 대해서 전혀 거들떠보지도 않고, 오히려 청와대에서 그 행정관, 말단 행정관이라도 하나 내보내서 "어떻게 된 거냐, 얘기 [들어보자]" 이런 건 전혀 없었고, 그냥 경찰 정보관을 보내서, 정보관을 통해서 뭘 협상을 하려고 그러고, "한 명 들어와라, 두 명 들어와라, 다섯 명 들어와라" 그니까 이런, 이런 식으로 막 했던 거죠. 그래서 굉장히 충돌이 있었고 그러면서 청운동 주민센터 앞에 자리를 잡게 된 거죠. 그래서 처음 시작은 "그래, 우릴 못 들어오게 해? 그러면 직접 나와서 우리 의견받아 가"를 요구하면서 자리를 잡은 거예요.

그런데 거기에 대해서 청와대는 그 이후에 어떠한, 저희들이 그 농성을 풀고 철수할 수 있는 어떠한 명분이나 그런 계기도 주지 않고, 무조건 차단하고 있었죠. 그래서 그때부터 청운동에서 애초의 계획과는 다르게 장기간 머무르게 됐었던 거죠. 그런데 그 청운동에서 머물렀던 게, 음, 여러 가지로 좀 의미가 있었어요, 나중에 보니까. 우선 그 엄혹한 시절에 청와대 지근거리에서 이렇게 농성을 할 수 있다는 것, 어느 누구도 상상을 하지 못했던 일인데 저희들은 사실은 그런 개념이 없었으니까. 여기가 청와대 앞이라 하면 [농성을 해도] 되는 데인지 안 되는 데인지, 여기서 하는 게 얼마나 큰일인 건지, 아니 또는 위험한 일인 건지… 전혀 사실은 개념이 없었고, 거기 가면 '청와대 앞이든 청와대 뒤든 그게 무슨 상관이냐…?' [그런] 그냥 생각으로 시작했는데, 그게 이제 국회나 광화문에서 우리가 농성한 것과는 또 다른 의미를 가지게 된다는 것을 나중에 알게 됐죠.

그래서 그런지 몰라도 그 이후로 그 [청운동 주민센터] 앞은 항상 농성…을 사람들이 했고, 저희들이 거기 있다 보니까 사람들이 저희들을 보기 위해서, 또 저희들과 연대하기 위해서 청와대 앞으로 오기 시작을 하는 거죠. 그래서 그때 그 주변에 검문이 엄청나게 많았어요. 심지어는 [노란] 리본이라도 조그만 거 하나 보이면 무조건 검문, 이게 굉장히 불법적인 거였거든요. 완전히 불법적인 건데 그걸 아주 그냥 일상적으로 자행을 했던 시절이었는데, 그럼에도 불구하고 어떤 사람들은 자신 있게 내놓고 막 싸워가면서 올라오거나, 그것 때문에 붙잡혀 가거나 이런 사람도 있고, 또 어떤 사람은 일단 가족들 만나야 되니까 아닌 것처럼 위장하고 와서 우리 만난 사람도 있고…. 또 농성한다 그러니까 온갖 것들 들고 오셔서, 먹을 거라든가, 그때는 날씨가 추울 때는 아니긴 했지만 그래도 밤에 비도 자주 오고 이랬으니까 그런 거를 지원하는 물품이라든가, 하여튼 지지 방문 이런 것도 많이 했고.

한번은 대학생들이 집단으로 온 거예요. 그니까 개별적으로 몇 명씩 와도 여기서는 다 검문하고 차단하고 막는데 대학생들이 아예 대놓고서, 그때 거의 한 1, 200명 정도 됐는데, 단체로 애들이 [우리를]

보겠다고 올라온 거예요. 그러니까 경찰이 그걸 가만두겠어요? 갑자기 경찰, 닭장차라고 하는 경찰차 막 동원되고, 경찰 수백 명 동원되고 그래서 결국에는 이 대학생들이 삼삼오오 그 큰길로만 온 게 아니라 막 골목길로, 시장 길로, 저 뒷길로 해가지고 결국 집결을 한 게 그 저희가 농성하던 주민센터 바로 건너편에 있는… 푸르메인가요? 푸르메재단, 네, 네, 그 앞길까지 다 왔는데, 이미 그때 모이기 전에 경찰차가 이중으로 저희 농성장 앞에를 완전히 틈도 없이 차로 막아버리고, 길 건너편 푸르메재단 앞에도 차로 완전히 다 막아버리고, 완전히 고립을… 시켜놨죠.

그때 같이 거기 있던 엄마들이 "저기 우리 애들 왔다" 이렇게…, 그니까 [찾아온 대학생들이] 우리 아이들 또래 애니까. 그래서 "우리 아이들과 마찬가지인데 그 아이들이 우리 보러 왔다. 우리 힘 주겠다고 왔다. 근데 우리가 어떻게…, 저렇게 갇혀 있고…". 그리고 실제로 상황을 보니까 그 대학생들을 연행해 가려고, 강제진압을 하려고 막 준비하고 있는 상황이고 그래서 "우리가 가만히 있으면 안 되겠다. 어떻게 우리 아이들이 저렇게 당하고 있는데 엄마, 아빠들이 가만히 여기서 있겠느냐?" 그래서 이제 우리는 이쪽에서 싸우고, 대학생들은 저쪽에서 싸우고. 불과 거리도 한 2, 30미터밖에 안 되는데, 이중으로 차가 높게 막혀져 있으니까 굉장히 멀리처럼 느껴지지만, 그래서 여기서 막 소리 지르면 저기서 막 소리로 화답하고, 그렇게 하고 그러다가 엄마들이 "여기서 싸워선 안 되겠다" 그래서 거기서 "어떻게든 저쪽으로 건너가야 된다. 그래서 우리가 직접 보고 해야 된다" 그래서 막 싸워가면서 비집으면서 들어가는 사람도 있고, 나름대로 돌아서 저쪽으로 해서 들어가기도 하고…. 저나 그때 임원을 맡고 있던 사람들은 별도로 경찰하고 협상… 하고.

이러면서 결국에는 우리가 그쪽으로 건너갈 수 있게 됐어요. 참 웃긴 일이죠…? 하여튼 그렇게 해서 건너갔어요. 가가지고 대학생들 앞에 가서 이야기하고, 또 거기서 대학생들이 막 모여서 집회도 하고 이러거든요. 그니까 "아, 부모님들이 오셨다!" 그래 가지고 막 박수 치고 막 울고, 무슨 뭐 이산가족 상봉도 아니고 (웃음) 불과 2, 30미터 거리의 요거를…. 그래서 그거 하면서, 한참 그렇게 하다가 그 중간중간에 막 실랑이도 붙고, 싸움도 붙고 경찰하고, 그러다 보면 경찰이 연행해 가려고 그러면 우리가 가서 붙잡고 연행 못 하게 막고… 그랬어요. 한 번은 푸르메재단 정문 앞에 경찰들이 갑자기 몰아친 거예요, 붙잡아 가려고. 그러니까 막 도망가잖아요. 건물 안으로 도망가는데 그게 문은 크지 않고 사람은 많고 이러니까 사람이 눌리고 막 넘어지고 이런 상황에서, 저희들이 거기 있었으니까, 그때 저희들이 같이 경찰들 막 끌어내 가지고 저희들이 경찰을 막 집어 던지고, 저희도 가가지고….

조금 미안해요, 경찰들한텐. 그게 다 의경들이잖아요. 대학생들하고 같은 또래, 대학생들도 우리 애들이지만 그 의경들도 나이 또래 보면 우리 애들하고 마찬가지거든요. 그런데 어쨌든 그런 상황에서 아이들을 붙잡아, 붙잡혀 갈 수는 없으니까 같이 막 치고받고 싸웠죠. 그래서 막, 저도 막 끌어다가 경찰 집어 던지기도 하고, 솔직히 말하면 때리기도 했어요. 근데 참 이게, 때리는데 내 손이 아프더라구요, 마음도 아프고. 근데 어쨌든 그런 과정이 있고, 또 경찰 그때 지휘관 쫓아가서 항의해서 "빨리 [연행해 간 학생들을] 내놓으라"고 해

128
•
예은 아빠 유경근

서 내놓게 하고.

그리고 최종적으로 결국 경찰하고 협상을 본 게 "얘네들 가운데 단 한 명이라도 연행해 가지 마라. 우리가 어느 정도, 언제까지 이걸 다하고 마무리하고 아이들을 귀가를 시킬 테니까, 여기 남아서 합류해서 농성하거나 이런 거 없게 할 테니까 약속해라. 얘네들 안전하게 귀가하게 보장을 해라" 그 얘기를 뒤에서 한참 이야기를 했고, 그래서 결국엔 그렇게 합의를 봤어요. 그래서 아이들을 안내해서 가게 하는데 혹시라도 내려가다가 또 붙잡아 갈까 봐, 이게 믿을 수가 없잖아요 (웃음). 그래 가지고 그 아이들이 안전하게 지하철역까지 타고 가는 거까지 확인을 하려고 다 일일이 내보내고, 또 어떤 애들은 붙잡아 가지고 한참 같이 내려가기도 하고. 경찰들이 어떻게, 혹시 뒤에서 딴짓 하나 그거 보려고 분위기 파악도 따로 하고 그런 일이 있었죠.

그런 식으로 하다 보니, 그런 게 이제 한 번, 두 번 쌓이다 보니까 '저 청와대 앞이 못 갈 곳이 아니구나. 우리가 괜히 겁먹었었구나', 그래서 아마 그런 것 때문에 저희들을[이] 거기 오는 걸 처음부터 막으려고 했었나 봐요. 근데 어쨌든 저희가 뚫고 들어가서 그런 것, 저런 것 한참 오랫동안 하게 됐고, 언론에도 많이 나오고. 그리고… 좀 걱정을 했던 건 뭐냐면, 동네가 [농성 때문에] 불편해지잖아요. 거기가 얼마나 조용한 동네예요(웃음). 그 동네에 도둑이 있겠어요, 뭐가 있겠어요. 사방에 경찰과 그 경호원들과 보이지 않게 군인들까지 해가지고 다 경비를 서고 이런 곳에 좀도둑이라도 하나 있겠어요? 거기 누가 겁이 나가지고 함부로 지나다니지도 못하는, 얼마나 조용한 동네예요. 근데 우리가 가니까 동네가 시끄러워지겠죠. 그래서 걱정을 많이 했어요. '혹시 이게, 동네 주민들이, 우리가 와 있는 게 불편해 가지고 혹시 항의를 거세게 하거나 문제 제기를 크게 하거나 이러면… 아… 그건 그러면 어떡하지?' 이런 걱정을 많이 했었죠.

실제로 불편해하시는 분들도 없는 건 아니었어요. 근데 의외로 불편하다고 뭔가를 이렇게 의사표시를 하는 분보다는 오히려 동네 분들이 매일같이 왔다 갔다 하는 길이니까, 출근하다가 퇴근하다가 또는 그 주변에서 장사하시는 상인분들, 이런 분들… 수시로 와갖고, 그 커피숍 하시는 분은 매일같이 냉커피, 아이스커피를 수십 잔씩 타가지고 매일같이 갖다주셔서 이거 먹으라고. 동네에 계신 어떤 분들은 밥을 준비해 가지고, 식사 잘 먹어야 된다고 와서, 근데 우리는 이미 밥 먹을 게 다 준비가 되어 있고 그래서 그때부터는 "아, 네, 그러면 너무 많으니까 그냥 일방적으로 가져오지 마시고 일정을 잡으십시다"(웃음). 그래서 "언제 갖다주세요, 언제 갖다주세요" 그럼 그때 맞춰가지고 또 식사 준비해 주시면 거기 시민들하고 같이 그 안에서, 그쪽 천막 쳐놓은 그 안에서 같이 앉아서 밥 먹고…. 하여튼 이런 일들이 그 주민분들이 너무나 많이 도와주신 거죠.

또 어떤 분은, 거기 어떤 목사님 한 분 계시는데 그 동네에서 목회하시는 목사님이에요. 그분이 "여기만 있지 말고 주민들한테도 알려야 되니까 내가 안내를 해주겠다" 그래서 엄마들이 그때 홍보하느라고 전단지 같은 거하고 리본하고 이런 거 챙겨가지고 목사님 따라가면 목사님이 동네를 쭉 돌면서 안내해 주는 거예요. 그럼 엄마들이 가게마다 들어가 가지고 드리고, 리본 드리고 이야기하고 이런 거를 먼저 와서 해주신 분도 있고…. 그리고 거기가 주민센터 앞이잖아요. 그러면 주민들이 주민센터에 일 보러 올 거 아니에요. 근데 저희가 주차장을 점거하고 있는 거죠, (웃음) 안 그래도 좁은 주차장인데. 주차할데도 없지, 여기 가려면 막 천막 쳐놓고 사람들 엄청 모여 있으니까 주민센터 들어가기도 조금 껄끄러울 거지. 그런데도 주민센터에서… 굉장히 협조를 많이 해주셨어요. 의외죠? 청와대 바로 옆에 있는 주민센터 공무원들인데.

그래서 안에 있는 화장실, 일부러 밤에, 새벽에, 거기 퇴근하고 밤 9시인가 되면 다 문을 닫아버려요. 그런데 그거[농성] 때문에, 다른 데는 다 잠그지만 외부 출입문하고 화장실 문만은 항상 열어서 "여기 쓰셔라" 그래서 저희가 화장실도 쓰고 거기서 세수도 하고(웃음). 그니까 그것만 할 수 있겠어요? 미안하고 고마우니까 저희가 계속 청소하는 거죠. 아침에 "그 사람들 9시 되면 문 열고 주민들이 오니까 [미리] 다 씻어, 씻어야 돼. 그때 들어가서 씻으면 안 돼" 그래서 일찍 일어나서 씻고 청소 싹 다해놓고 화장실 청소도 하고….

그리고 그 바로 옆에 파출소가 있어요. 경찰이잖아요. 지금 여기는 우리를 막고 있는 경찰이 있고, 여기는 또 파출소가 있고, 그런데 그 파출소 소장님하고 경찰들이 또 저희들을 잘해주셨어요. 와서 "불편한 거 있으면 얘기해라" 이러고 그래서 굉장히 친해졌어요(웃음). 그 파출소 경찰들하고 굉장히 친해졌어요. 그래서 지금도 가끔 그쪽에 가면 일부러 파출소 가서 인사하는 가족들도 있어요, 지금도 그 소장님이 계신가 모르겠네, 작년[2018년] 초까지인가는 계셨던 걸로 아는데. 하여튼 그런 의미들이 청운동에 오래 있으면서, 나중에 알고 보니까 이게 '아, 이게 작은 일이 아니었구나. 굉장히 의미 있는 일이었구나' [하는 생각이 들었죠].

그게 결국에는 길게 보면 우리가 광화문에서 오랫동안 자리 잡았던 것이 이제 촛불 들기 시작할 때 광화문에 자연스럽게 모이게 된 어떤 계기, 이런 게 될 수 있었던 거 같고, 또 우리가 청운동에 오래 있었던 그런 경험이 '청와대까지 가는 게 그게 이상하거나 무서운 일이 아니구나'라는 생각들을 가질 수 있게 해줬던 것 같고, 그런 과정이 있었죠.

4
'대리기사 폭행' 사건 당시 가족협의회 대응에 대한 아쉬움

면담자　　그사이에 대리기사 폭행 사건이 발생했는데, 당시에 이 사건과 관련해서 어떤 생각들이 드셨는지요? 이 사건이 가져온 의미들은 어떻게 생각하시는지요?

예은 아빠　　그게 2014년… (면담자 : 9월 17일) 9월 17일인가요? 9월, 9월 17일…. 그때는 저희가 완전히 멘붕[멘탈 붕괴]이었어요, 완전히 멘붕이었어요. 저희는 처음부터 그런 생각은 했어요. 그게 기사에는 막 어마어마하게 나오고 뉴스에 막 나오고, 그것도 계속해서 나오고 그랬을 때 '아, 저거는 너무 심하다' [생각했죠]. '대리기사 폭행 사건', 유가족이 국회의원하고 술 먹고…, 갑질이라는 얘기도 나오고 이랬는데 사실 그건 아니거든요. 왜냐면, 왜 그 사람들이 모여서 김현 의원하고 같이 식사를 했는지 이런 부분을 우리는 다 아니까…. 거기 갔던 사람들이 국회의원하고 어울려 다니니까 좋아서 어울려 다닌 것도 아니고, 그게 무슨 어깨 힘 들어가는 일도 아니고….

　김현 의원이 우리가 국회에 있을 때 매일 저희들하고 같이 있다시피 했거든요. 엄청나게 많이 도와줬어요. 지난번에도 [1회차 구술]하면서 얘기했지만 가족들이 국회 못 들어올 때 앞장서서 들어오게 만들어준 게, 제일 큰 역할을 한 게 김현 의원, 김현 의원실이었거든요. 그것뿐만이 아니라 국회 앞에[서] 농성하는 게 불편한 게 있는지 없는지 항상 보좌관 상주시키면서 체크하게 하고, 필요한 거 다 준비해 주고, 그다음에 심지어는 밤에 일 다 끝나고 그 늦은 시간에 와가지고 가족들 잘 자고 있나 보고, 누가 저 뒤쪽에서 몰래 가족들 맥주라도 한잔하고 있으면 거기 가가지고 같이 앉아서 한잔씩 하면서 또 이야기 듣고, 또 힘도 주고 이렇게 역할을 많이 하셨어요. 그러다가 그런 걸 하다가, 그때 아마 그… 국회의원 누구 만나가지고 회의 같은 걸 했었, 했었을 거예요, 저는 이제 그 자리에 없었기 때문에…. [회의]하고, 다 끝나고 나오면서 김현 의원이 "고생이 많은데, 특히 임원 맡아가지고 앞에서 그런 거 하는 분들이 고생이 많으니까 나가서 밥이라도 한 끼 먹자"[라고 제안한 거죠].

　사실 그 얘기는 그 전부터 계속했었어요. 김현 의원 입장에서는 앞에서 고생하는 사람들 [데리고] 나가서 따뜻한 밥이라도 좀, 맨날 차가운 데 앉아서 김밥 먹고 이렇게만 하고 있으니까, 그런 마음을 그 전부터 계속 얘기를 했었는데, 우리는 "지금 우리가 나가서 밥 먹고 이럴 때냐?" 그래서 전혀 [식사를 같이] 안 했어요. 안 하다가 그날은 워낙 힘든 과정도 그날 있고 그래서, 가볍게 "그러면 뭐 나가서 잠깐 식사하고 옵시다" 그러고 나갔던 거거든. 근데 이제 식사하다 보면… 반주를 또 한두 잔 한 건데, 사실은 그것도 안 하는 게 어떻게 보면 맞을지도 모르죠. 그런데 반주를 한잔했다고 해서 그게 또 무슨 큰 잘못을 한 것도 아니잖아요, 거기서 무슨 크게 만취하고 주사를 부린 것도 아니고. 그리고 나오다가 일이 생겼는데 이게 참 희한하게 꼬인 거죠.

그리고 그걸 캐치한 청와대나 경찰 쪽이나 뭐 국정원 쪽에서도 충분히 개입됐다고 보는데, 그쪽에서 '아, 이거 키우자… 아주 좋은 건수다. 얘네들이 청운동에서 국회에서 광화문에서 난리들을 치고 있는 이 세월호 유가족들, 참 대놓고 어떻게 하기 힘든데 아주 좋은 건수 잘 걸렸다' 그래서 이걸 침소봉대해 가지고 확 키워서…, '거기다 저, 그… 민주당 국회의원까지 있네? 눈엣가시, 국회에서 말도 안 듣는 저…' 이렇게 확 키워버린 거죠. 여튼 그런 성격인 걸 저희들은 처음부터 알고는 있었는데, 근데 그런 보도가 그냥 연일 주요 뉴스에서 막 다뤄지고 하다 보니까 그거 자체로 멘붕이 온 거예요. 그 시기가 특별법 협상하면서 만들려고 하는 아주 중요한 시기이고, 그때 협상 결과[를 도출하는] 과정[에서] 저희들은, 우리는 계속 거부하고 "다시 해와라" 요구하고 이런 아주 첨예한 상황이었단 말이죠. 그런데 그게 사라져버린 거죠. 그리고 갑질하는 유가족으로만 포장이 돼버린 거지. 근데 그때 가족들이 그걸 보고 다 멘붕이 와요. [멘붕에] 빠지고 "큰일 났다. 이거… 큰일 났다" 이렇게 판단했어요.

개인적으로는… 사실 저도 그 자리에 있었어야 돼요, 원래는, 국회 안에서 같이 활동을 했으니까. 근데 공교롭게 그날 저는 진도에 가 있었어요. 근데 진도에서 연락이 와갖고, 그때 미수습자 수습 문제라든가 그런 게 계속 진척도 없고 의견 매일 나오고 그러다 보니까, 그곳에 남아 있는 가족들 사이에도 이견들이 나오고 조율이 안 되고 막 이런 상황에서 안산에서 연락이 온 거죠. 아마 [진도에서], "가협에서 위원장이나 대변인이나 누가 내려와서 이야기를 듣고 지원할 거 좀 지원하고 또 조율을 하는 데 힘을 보탤 건 보내고 해줘야 되겠다" 연락이 왔는데, 그때 여기[가] 워낙 첨예한 상황이니까 거기 다 내려갈 수가 없잖아요. 그래서 결국에는 제가 내려가기로 한 거예요. 그래서 그날에는 진도에 가 있었던 거예요. 거길 안 갔으면 저도 당연히 그 자리에 있었을 가능성이 높죠.

근데 진도 가가지고 저녁때 인사 다 하고 씻고 밖에 나와가지고 이렇게 있는데, 그때까지만 해도 체육관 앞에 큰, 방송 모니터 큰 거 있는, 그 차가 와서 항상 이렇게 방송을 하고 있었거든요. 그거 보면서 앉아서 이렇게 보고 있는데 그 뉴스가 딱 나오는 거야. '어, 이상하다? 음… 저 사람들이 그럴 사람들이 아닌데…', 나는 다 내막을 잘 아니까. 그래 가지고 그때 바로 연락을 해봤더니 그런 거예요. 그래서 긴급히 올라왔죠.

지금부터는 약간 후회가 되는 부분들이에요…. 내가 멘붕이 왔다 그랬잖아요, 전체적으로. '큰일 났다, 이거. 이거 빨리 수습 안 하면 우리가 그동안… 했던 거 다 물거품이 될지도 모르겠다'는 그 위기감이 아주 그냥 전체 가족들[을] 확 뒤덮어 버린 거예요. '이거 어떻게 할까?' 하다가 나온 수습 방안이 거기에 연루됐던 사람들을, 일단 구속되거나 이런 거는 아니지만 당연히 '그 사람들을 일단 직무를 정지를 시키고, 수습을 해야 되겠다' 그래서 제가 회의도 하고 그랬는데… 답답한 거죠, 가족들은. '이게 저 사람들이 일부러 저기 가서 진짜 보도에 나온 것처럼 어깨에 힘주고 갑질하고 이러는 사람들이 아닌데, 다 아는데…' 근데 상황은 이렇고, 이건 수습을 하고 국면 전환을 해야 되겠고…. 그래서 결국에는 선택을 한 게 '거기에 연루된 사람들을 다 사퇴시키는 거, 그리고 임원을 전체적으로 다시 뽑는 거, 이 방법밖에 없겠다', 그래서 전체 총사퇴, 임원 총사퇴, 그리고 다시 총회를 해서 다시 사람을 뽑는 거, 이런 과정을 거쳤죠.

그게… 우리 가족협의회에서 가장 큰, 지금까지 전체 기간을 돌아보더라도 가장 큰 위기가 아니었나 싶어요. 지금은… 대부분 다 드러났죠. 아까 얘기한 대로 정부에서 이걸 악용을 했고, 청와대에서 김기춘이 한 얘기에도 그런 거 나오잖아요. 그… 그 메모장에도 다 그런 지시가 나오잖아요, "이거 크게 키우라"고. 지금은 알게 됐지만… 여전히 그런 거를 일부러 외면하고 그거를 지금도 꺼내서 우리들을 공격하는 사람들이 여전히 존재하고 있고, 또 일부러 그런 거는 아니지만 여전히 그 이미지를 갖고 선입견을 갖고 있는 사람들도 상당히 많이 있고, 그때 하여튼 좀 많이 힘들었어요. 결과적으론 많이 힘들었었죠. (면담자 : 후회된다는 뜻인가요?) 그게 (한숨) '조금만 더 여유를 갖고, 조금만 더… 자신감을 갖고 과감하게 돌파를 할 수 있는 방법도 있었지 않았을까?', 그냥 갑작스럽게 모두 총사퇴, 새로 뽑고…. 왜 그러냐면, 거기에 연루됐던 분들은 그런 전체적인 과정을 다 알지만, 또 왜 그래야 되는지 알긴 하지만 개인적으로는 억울하잖아요, 그렇죠? 화가 나잖아요…(잠시 침묵). 사실 그 여파가 지금까지도 있고(잠시 침묵). 그래서 저도 그렇고 그 당시 많, 대부분의 가족들이 '우리가 같은 가족이었던 사람들을 조금 더 이렇게 보듬고, 함께 가려고 하는 노력을 하기에 앞서 수습하기에 너무 급급했던 그런 판단이나 상황들, 그런 조급함과 위기감, 이런 것들을 우리가 너무, 너무···. 크게 봐서··· 조금 시간을 갖고 자신감을 갖고 풀 수도 있지 않았을까?'라는 생각이 드니까··· 그런 면에서 조금 후회가 되는 측면이 있죠.

면담자   대리기사 폭행 사건이라든지 아니면 유민 아버님이 단식하실 때도 금속노조 조합원이라고 공격하는 방식, 그런 것들이 있었는데요. 아버님도 정의당 당원이라고 공격받기도 하셨고요. 그런 일을 겪으실 때 좀 어떠셨어요?

예은 아빠   무슨, 저는 전혀··· 아예 콧방귀를 꼈죠. 아니, 유민이 아빠가 금속노조 노조원인 게 흠이에요? 대한민국에서 노조 활동을 하는 게 범죄예요? 그게 부도덕한 일이에요? 노동자가··· 노조 활동을 하고 노동조합원이라는 건 당연한 거예요, 본인이 원한다면. 그걸로 공격하는 애들이 이상한 거죠. 그다음에 제가 정의당 당원? 맞아요, 정의당 당원이었어요. 2014년 7월 달에 탈당을 했죠. 국회 들어가 있을 때 정의당에서 의원님들 많이 오시고 거기 보좌관들이나 당직자들도 계속 와서 도와주시고 했으니까, 한번 왔을 때 얘기했어요, 나 그 탈당계 제출하려고 하니까 좀 갖다 달라고. 그게 2014년 7월 달에 국회 들어가서 며칠 안 돼갖고 냈어요. 냈던 이유는 공격을 받은 게 부담스럽거나 뭔가 쪽팔리거나 그래서 그런 게 아니라, 어쨌든 이게 그 당시에 [제가] 가족협의회에서 대변인을 맡고 있는 상황이고, 그런데 이게 당연히 부당한 공격이고 말도 안 되는 공격이지만, 이거 자체가 가협에 부담을 줄지도 모르겠다고 그래서 '그래? 그럼 뭐 그렇다면 당원 안 하면 되지'[라고 해서 탈당한 거죠].

당원이라고 해서 그동안 한 것도 없는데, 한 달에 만 원인가 2만 원인가 당비 낸 거 외에는 당 행사 같은 데 가본 적도 없고 (웃음) 그냥 그것만 하나 내던 것뿐이었는데 탈당계 낸다고 해서 달라질 것도 없고. 그래서 그랬더니 "아…" 바로 알아듣더라구요. 그래서 바로 갖다 줘 가지고 써서 내고 그냥 처리하고…. 근데 정의당 당원이라고 공격을 했다는데, 아니 정의당 당원인 게 범죄예요? 아니면 반국가단체에 들어간 테러분자가 된 거예요, 내가? 그런 거는 아주 콧방귀 뀌는 거고, 그렇게 얘기하는 사람들은 무시해요, 저는. 굉장히 저급한 사람들인 거고, 수준 미달인 거죠. 아니, 내가 왜 그렇게 수준 미달인 사람을 내가 상대를 해야 돼요? 그런 건 전혀 신경 안 쓰구요. 실제로 "무슨 조합원이었대, 원래. 어디 뭐 당원이었대" 그러는데 거기에 대해서 "그래? 나쁜 놈이네" 사실 이렇게 판단하는 사람도 거의 없구요. 그렇게 얘기하는 사람이 스스로 아주 추레해지는 거죠. 그래서 일단은 개인적으로는 그런 거는 뭐… 신경을 안 쓰구요. 다만 아까 얘기한 대로 그런 논란 자체가 가협에 부담을 주거나 지장을 줄까 봐 그냥 부담 없이 그냥 거기서 탈당을 한 거고.

음… 그렇게 얘기하는 사람들한테 그 사람들 신상 한번 조사를 해보고 싶어. "너 새누리당 당원 아니야?" 아니면 "너 대한애국당의 당원 아니냐?" 아니면 "너 태극기부대였네? 엄마부대였네?" 그게 더 쪽팔린 거지…. 그래서 저는 개인적으로 그 부분은 전혀 부담도 없고 신경도 안 써요.

예은 아빠 유경근

5

특별법 통과와 특조위의 구성 과정

면담자   2014년 11월 7일에 '세월호 3법', 즉 세월호 특별법, 정부조직법, 유병언법[범죄수익은닉규제처벌법]이 국회 본회의를 통과하고, 그다음 날 국회 농성장에서 철수하셨죠. 이 과정에 대해서 기억에 남는 일들을 얘기를 해주신다면요?

예은 아빠   내 기억에 가장 헷갈리는 기간이 2014년 7월부터 11월까지예요. 매일같이 일이 벌어졌고…, 그래서 굉장히 기억이 혼재가 많이 돼서 저도 그걸 기억하려면 진짜, 그때는 제가 거의 매일 하루에도 몇 번씩 페북에다가 상황들을 올리고 했으니까. 나도 이제 그걸 보면 기억이 새로워지는 거죠. 근데 어쨌든 전체적으로 보면…, 우리가 국회에서 나온 게 며칠이죠? (면담자 : 2014년 11월 8일) 그렇죠? 그게 특별법 통과, 본회의 통과되고 나서 아마 바로 철수를 했을 거예요. (면담자 : 네, 그다음 날) (한숨) 그때는 우리가 국회에서 언제 철수를 할 거냐를 고민을 하진 않았어요. 그냥 어차피 들어온 목적이 특별법 통과시키는 거니까.

다만 10월부터 집중적으로 고민이 시작됐던 건 뭐냐면, 이제는 여야가 합의안을 갖고오는 거예요. 그니까 정확한 합의안까지는 아니었지만 주로 그 당시에… 새천년민주당이었나요? 당 이름이 그 당시에 뭐였지? (면담자 : 새정치) 새정치민주연합이었나? 새정치민주연합이었나요? 하여튼 지금의 민주당. 지금도 사실은 많은 시민들이 세월호 관련해서 좀 뭐라고 하는 게 박영선 의원한테 뭐라고 많이 하고, 솔직히 박영선 의원은 저희들하고 만나서 참… 울기도 많이 울었고 억울함 토로도 많이 하고, 저희들도 그분한테 뭐라고 한 적도 굉장히 많고, 막 안산까지 쫓아가서 얘기하기도 하고 여러 가지 그런 게 있었는데…. 10월부터 집중적으로 고민이 시작된 게 뭐냐면, 어쨌든 국회에서 우리는 들어와 있고 이 특별법은 만들어야 되고, 그런데 새누리당은 반대하고, 그래도 본회의에는 올려야 되고, 이게 서로 간에 압박감이 있었던 거죠.

그니까 결국엔 만나서, 민주당 딴에는 '최소한 이 정도까지 하면 저쪽에서 합의를 봐줄 거 같고 그럼 이제 올라갈 수 있을 거 같고, 그런데 이렇게 되면 가족들은 또 어떻게 생각할까?' 이런 게 고민이 됐던 거겠죠? 근데 어쨌든 뭔가를 갖고 와요, 안을(한숨). 그때 저희 내부에서 고민이 되고 논란이 됐던 건 '어느 선까지 과연 우리가 받아들일 거냐? 처음부터 우리가 요구한 것을 100프로 완전히 수용이 될 때까지 모든 걸 다 거부하고 그것만을 보고 할 거냐? 아니면은 그것보단 조금, 좀 떨어지긴 해도 어느 정도 의미 있는 합의안이 나오면 받아들일 거냐? 그 의미 있는 선이 어디냐?' 이게 우리 내부에서 많이 논란이 됐어요. 그리고 사실은 그게… 밖에서 볼 땐 가족들이 전체적으로 잘 뭉쳐서 이렇게 가는 것처럼 보이고 또 실제로 그런 면도 많이 있지만, 그때 거기에 대한 의견의 차이들이… 이후의 가족들 활동, 개인적인 활동 방향을 규정하는 아마 첫 시작점이기도 할 거예요.

그런 게 오면 저희들이 국회에서 딴 데 뭐 회의하고 할 데가 없잖아요. 그리고 그 [본청] 앞에서는 사람들도 워낙 많고, 국회 방호과 직원들도 오고, 저희들이 얘기하면 어떨 때 보면 이렇게 와서 엿듣기도 해요, 궁금하겠지⋯. 그러니까 저희들이 그런 일이 좀 긴밀하게 조용히 논의해야 될 게 있다 싶으면 국회 본청 뒤로 이렇게 돌아가죠. 그쪽은 사람들이 없거든, 누가 와도 금방 보이고. 그래서 그쪽에 가서 주로 회의도, 바닥에 둘러앉아 가지고 회의도 하고 그랬었는데, 거기서 그런 격론들이 몇 차례 오고 갔죠. 저는 "원안 관철시켜야 한다" 그런 의견 쪽에 가까웠고, 또 어떤 분들은⋯ "이게 협상이라는 게 상대가 있는 건데 어떻게 우리 의견만 100프로 관철을 시키냐. 조금 좀 타협안을⋯ 우리가 미리 생각을⋯, 그니까 타협안으로 가야 한다가 아니라 어느 정도의 마지노선의 타협안은 생각하고 있어야 한다, 우리가. 그런 것까지 내부에서 아예 그런 논의 자체를 차단시켜 버리고 '우리 이거 아니면 안 돼'라고만 말하면 일이 되겠냐?"[라는 주장이셨죠]. 아주 틀린 얘기는 아니겠죠? 그렇게 얘기하시는 분도 있고.

왜냐면 저는⋯ '그런 생각 자체가 결국엔 타협안으로 갈 수밖에 없는 길이다'라는 생각을 많이 했던 거고, 이런 논란이 몇 차례 있으면서 내부적으로 좀 논란이 많았어요. 그리고 그것과 관련을 해서⋯ 일반인 희생자들하고 그때부터 사실은 굉장히 갈라지기 시작을 했죠. 그니까⋯ 저희가 우리 가협에서 '우리는 그런 논란은 있었지만 어쨌든⋯ 모두가 동의하는 건 당연히 우리의 원래 주장이 관철되는 게 제일 좋다. 그게 최선이다'라는 거는 다 동의했죠. 그런데 그걸 어떻게 접근할 거냐에 대한 방안, 그 밑에 부분에서 조금씩 차이는 있을 수 있지만(한숨).

근데 그 협상안이 딱 나왔을 때 거기 국회에 같이 있던 일반인 희생자 유가족들이 그걸 수용하는 기자회견을 갑자기 해버린 거예요……. 그러니까 더 혼란스러워진 거죠. 국회에 들어갈 때 [일반인 희생자 유가족에게] 먼저 얘기를 했거든요. "하는데 같이 가자. 그래서 이거를 계기로 같이, 우리가 논의하고 대응도 같이하고, 같은 피해자들이니까 유가족들이니까 같이 대응하는 시작점으로 삼자" 해가지고 국회도 같이 들어가고 농성도 같이하고 회의도 항상 같이… 하고 들어갈 때도 같이 들어가서 얘기하고 항상 이런 걸 해왔는데, 근데 갑자기 협상안이 한번 딱 나왔더니 갑자기 그걸 받아들인 거죠. 그게 두 번째 협상안인가? 아마 그랬던 거 같은데, 그니까 그때는 우리… 단원고… 유가족을 중심으로 한 우리 가협, 가족협의회 가족들은 일종의 배신감 같은 걸 좀 느꼈어요, 사실. 의견 차이는 인정할 수 있는데, 그럼 그동안 계속 같이해 왔는데 그러면 우리끼리 서로 의논이라도 하든가. '정말 이젠 입장이 다르다. 우리는 이걸 받아들이는 게 낫다고 본다'[라고 생각한다]면 그걸 같이 이야기를 하든가. 근데 그런 게 없이 갑자기 확, 그렇게 해버리니까 저희는 배신감 같은 걸 좀 많이 느꼈죠. 그러면서 이제 위기감을 또 느낀 거예요.

무슨 위기였냐면, 큰 건 아니었는데 "저 일반인 희생자 유가족들은 합리적이고 그다음에 주변을 돌아볼 줄 알고… 자신들의 주장과 욕심들을 과하게 내세우지 않고…" 이제 이런 식의 보도가 나오기 시작을 한 거예요. 그 말은 뭐냐면 그 협상안을 받아들이지 않은 [단원고 유가족인] 우리는 이기적인 유가족이고… 그다음에…, 하여튼 이런 식으로 가는 얘기잖아요, 대놓고 얘기는 안 하더라도. 그런 거에 또 위기감 같은 걸 느낀 거죠. '이게 우리가 그렇게 포장이 될 수도 있겠구나. 그렇게 또 우리를 공격을 할 수도 있겠구나' 그래서 그런 과정을,

예은 아빠 유경근

그게 10월 달 협상안이 막 나오는… 그 시기부터 새로운 고민들이 막 시작이 된 거예요. 그래서 결론적으로는 '어느 선까지 우리가 받아들일 거냐'라고 했을 때 계속 첫 번째, 두 번째까지는 '앞의 것[원안]을 고수해야 된다'는 입장들이 굉장히 강했…어요.

근데 두 번 거부하고 이제 세 번째 안이 나왔는데 '이것까지 거부할 경우에는 어떤 결과가 올까?' 하는 걱정이 되는 거죠. 그니까 밖에서는… "이 협상안이 거의 최선에 가깝다"라는 평가들을 막 하는 거예요. 그 당시 민주당에서도 그렇게 우리한테, 거의 강요 비슷한 그런 얘기를 했고, "이 이상은 힘들다. 그럼 하지 말자는 얘기냐?" 이런 이야기도 나오고, "우리가 할 수 있는 최선은 여기까지다. 이 이상은 우리가 더 하기 힘들다" 얘기도 나오고, 주변의 반응이나 보도 같은 것들도 [우리가] 첫 번째 반대하고 두 번째 반대했을 때는 그나마 조금 우호적인 분위기가 있었는데, 세 번째까지 반대할 경우에 '해도 해도 너무한 거 아니냐? 심한 거 아니냐? 그럼 니네가 국회의원 하든가…'. 안 그래도 국회에 가면 "유가족당, 세월호당, 국회의원 위에 있는… 유가족들"이라고 이런 식으로 막 폄훼를 하는 그런 여론들도 좀 있었기 때문에 그런 고민이 또 되는 거죠.

음……, 그래서 결국에는 최종적으로 결론을 받아들였어요…. 그때도 정확히 문구는 기억이 안 나는데 그 입장을 발표를 아마 했을 거예요. 그때 투표도 막 하고 이랬거든요. 가족들이 모여서, 강당에 모여서 총회처럼 투표도 하고 "받아들일 거냐, 말 거냐? 어떻게 할 거냐?" 막 격론 펼치고. 그래도 결국에는 우리가 큰 틀에서 그 법안을 상정하는 것에 대해서 동의를 하되, 거기에 여러 가지 단서들을 많이

달으면서… 했었죠. 음……, 하나 기억나는 건 그때 김재원, 새누리당
[의원]. 세월호 참사 관련해서 아주 요리조리 잘 빠져나가는 대표적인
인물이 김재원인데, 김재원이 그때 우리한테 그런 얘기를 한 게 기억
이 나요. 우리는 어쨌든 새누리당도 만나야 되니까…, 거기도 설득을
하거나 이렇게 하게 만들어야 되니까, 그래서 여러 번을 만났는데, 그
역할을 주로 전명선 위원장[이 맡았죠].

   이거 구술하면서 그 얘기했나 모르겠네, 근데 음… 주로 [전명선 위
원장이 새누리당 의원들을] 만나고, 저는 [국회의원들이] 만나기 싫어하더
라구요, 굉장히 강성으로 찍혀가지고…. 그렇다고 전명선 위원장이
강성이 아닌 건 아니에요. 내용을 알고 보면 나보다 훨씬 더 강성이거
든요…. 근데 나는 강성이라기보다는 마음에 안 들면 나는 얼굴부터
변하니까…. 그런데 하여튼 전명선 위원장은 나보다 더 강성이긴 하
지만 하여튼 아주 불편하고 짜증 나고 화나는 자리에서도 또 끝까지
끌고 가는 힘이 있는 사람이니까…. 근데 거기서 그런 얘기를 했다 그
래요. 여러 가지 우려들, 방해하고, 특히 위원 추천하는 데 있어서, 특
조위 위원 추천하는데 이상한 사람 [추천]하고…. 그때 합의를 본 게,
우리 새누리당에서 위원 추천을 이상한 사람을 하면 안 된다는 게 또
하나 우리의 주장이었는데, 그걸 어떻게 합의를 봤냐면 가족들이 "이
걸 추천을 하되 가족들이 반대하는 사람은 빼겠다" 이런 식으로 합의
를 본 거에요. 그때 우리 문제 제기는 뭐냐면 "그럼 [새누리당에서] 끝
까지 우리가 반대할 사람만 계속 내놓으면 결국에는 위원 추천 못 하
는 거네?" 이런 우려를, 이런 걱정을… 하죠. 그래서 그런, 그걸 얘기
를 다 했어요. 그랬더니 그런 거에 대해서 김재원이 하는 얘기가 "아

이, 우리가 그렇게까지 하겠습니까? 여론이 있고 보는 눈이 있는데 우리가 그렇게까지 하겠습니까? 걱정하지 마세요" 그리고 결국엔 합의 도장까지 찍고 했죠…. 그렇게까지 하더라구요, 네. 그렇게까지 하더라구요.

하여튼 그런 일도 기억나는데 그런 과정을 거친 거예요. 법안 자체에 수사권이나 기소권이 당연히 빠져 있고 아주 제한적인 수사권조차도 빠져버렸지만, 그때 결국은 우리가 어떻게 보면 타협이라고 표현할 수도 있고 아니면 보완책이라고도 표현할 수 있었던 게 그 "위원 구성을 어떻게 할 거냐…" 그래서 그 위원 구성을… 소위 우리 쪽에서 제대로 할 수 있는 사람을 과반수 이상 확보를 하는 것, 그다음에 새누리당에서 추천하는 사람들이 이상한 놈이 들어오지 않게 하기 위한 절차적인 보장, 그다음에 특검 같은 경우도 마찬가지이고, 이런 것들을 보완을 쭉 한다고 나름대로 한 거죠. 그래서 그거를 주로 이유로 해서… 이제 결국에는 마지막 협상안을 받아들였던 게 있는데, 지나고 보면 항상 후회가 돼요. '그 당시에는 그게 최선이었다'라고 생각을 분명히 했었지만 지나고 보면 결과가 워낙 안 좋으니까 '과연 최선이었을까?' 이런 생각도 들고, 그렇다고 '그래서 다 안 받아들이고 만일 끝까지 관철시키겠다고 특별법 제정 싸움을 하면서 시간이 몇 년 더 흘렀으면 그건 또 최선이었을까?' 생각이 들고… 그렇죠(침묵).

면담자   위원 추천 말씀이 나와서 말인데요. 12월 6일 날 4·16 특조위 유가족 추천 위원으로 이석태, 이호중, 장완익 이 세 분을 선출했는데요. 추천 인사를 둘러싸고 가족 내부의 논의들이나 과정에 대해서 기억나시는 대로 말씀해 주시면 좋겠습니다.

예은 아빠 　　　　우리가 아는 분이 없잖아요. 저희는 특별조사위원회가 도대체, 그니까 그 법안을 만들 때, 특별법 법안을 만들 때 처음에 그… 변협에서, 특히 박종운 변호사가 중심이 되어서 초안들을 많이 만드셨고 그 초안을… 음, 저희들이 하나하나 보면서 같이 공부를 했어요. 그래서 "이런 건 더 강화해야 된다. 이런 건 무슨 뜻이냐?"고 해서 결국에는 가족안을 성안을 했죠. 물론 그게 채택이 되지는 않았지만, 그런 걸 하면서 공부를 한 거예요. 근데 아무리 그 법조문을 성안하는 과정에서 아무리 공부했다고 하더라도 도대체 이 특별조사위원회가 어디까지 할 수 있는 건지, 도대체 어떤 사람들이 해야 되는 건지를 우리는 경험이 없으니까 모르잖아요…. 근데 단 한 가지 '여기에 우리들의 생각을… 편견 없이 들어줄 수 있는 사람, 그리고 이 조사를 정말 제대로 할 수 있는 사람, 그런 의지와 능력을 갖춘 사람이 필요하다' 그런 건 당연히 생각하잖아요. 근데 그게 누구냐는 거죠, [우리는] 아는 사람이 없어. 그래서 이제 그때부터 국회에, 변협에, 민변에… 그다음에 이전에 특별조사위원회 경험을 했던 사람들, 그 위원을 했던 분들 다 추천 요청을 저희들이 한 거예요. 그래서 그때 수십 명 리스트를 만들었어요….

그러면서 동시에 그 민주당, 새정치민주연합하고도 의논을 했어요. "이건 같이 준비해 보자. 거기서도 하고 싶은 사람 있으면 우리한테 제안을 해주고 해서 좀 같이해 보자" 이렇게 해서, 또 잘 의견 주셔가지고 같이 명단도 공유하고 의견도 [교환]하고 어떤 사람이 좋은지 했는데, 이제 문제는 (웃음) '이런 사람이면 좋겠다'라고 생각해서 얘기하면 다 안 하겠다는 거예요. 부담스러운 거죠, 응…. 그래서 일단은 "가장 중요한 건 위원장이 중요하다, 위원장이 전체적으로 끌고 가고 회의도 주재하고 전체적인 책임을 지고 있고 또 이제 장관급이니까 여러 가지 정부 내에서 영향력이나 발언권도 가질 수 있을 거 같고 그러니까 위원장이 가장 중요하다", 그래서 위원장 후보들을 섭외하는데 하려는 사람이 별로 없어요. 근데 이석태 위원장님은 사실 처음부터 고려됐던 분인데, 한 사람만 보고 할 수 없으니까 여러 가지로 의사 타진을 주변에다, 또 저희들이 직접 얘기를 하면 마치 공식적으로 직접 요청하는 것과 같은 효과가 있으니까 주변에다가 의사 타진 같은 거를 쭉 하는데, 거의 대부분 돌아오는 반응이… 좋지가 않은 거예요. 음… 그래서, 그러다가 결국은 이석태 위원장님도 처음부터 흔쾌히는 얘기는 안 하셨는데, 워낙 신중하신 성격이니까, 그러다가 이제 결국은 수락을 하셨고.

이제 위원인데 그다음에 중요하게 생각을 했던 게 진상규명 소위원회 위원장, 상임위원인데 '이게 중요하다. 안전사회[소위]니, 지원소위니 이런 것도 해야 되겠지만 핵심은 진상 규명이다. 이걸 하려고 하는 거다. 그리고 진상 규명이 돼야 안전 대책이 나오는 거고 또 진상 규명만큼 확실한 유가족 지원도 없는 거고…' 했는데 와, 이거는 더 힘드네요…. 위원장도 중요하지만 진상규명 소위원장도, 도대체 세월호 참사 진상 규명이 뭔지…. 그냥 세월호 참사를 해상 교통사고나 안전사고로만 생각하는 사람이 조사하면 안 되잖아요. 근데 이 사람들의 경력이나 이력은 내가 볼 수 있는데 그 사람들의 속생각은 알 수가 없잖아요, 우리들이…. 그것도 주변에 묻고 평도 묻고 "과연 무슨 활동을 했냐? 어떤 경력이 있냐?" 쭉 보다가 권영빈 변호사 얘기를 하더라구요. (면담자 : 변협에서 어떤 일을?) 그때 진상규명 소위원장, 네. 아, 이름이 틀려요? (면담자 : 아니요) 네, 네. 근데 그분이, 저희가 처음에 사실은 그분한테 꽂혔던 건 뭐냐면 검사 출신이라는 거예요…. 그냥 변호사로 시작한 게 아니라 검사를 하다가 변호사를 하신다는 거예요. '아, 그래? 그럼 수사 잘하시겠다' 일단 이거. 그리고 "무슨 활동을 했냐?" 하고 딱 봤더니 그 전에 하시던 걸 보니까 그런 진상 규명을 위한 활동이나 이런 것도 굉장히 많이 하셨던 거예요. 그래서 '아, 이분이 좋겠다' 해서 또 섭외해 가지고 했더니 그렇다고 하고, 주변에 평을 물어보니까 잘할 것 같다고 그러고, 하여튼 그런 과정을 거치면서… 민주당하고도 의논을 하면서 '누가 어떤 분을 어떻게 추천할 것인가' 이런 걸 좀 의논을 했었죠. 그래서 처음에… 아무것도 모르고서 막 리스트 만드는 것부터 시작해 가지고… 필요한 경우에는 저희 가족들이 직접 집에까지 찾아가서 막 읍소하기도 하고, 결국에는 거절하신 분도 있지만. 그렇게 하고 해서… 추천을 할 수가 있었죠.

6
특조위 활동에 대한 정부의 방해 공작

면담자　　　그때 김재원 새누리당 의원이 특조위를 두고 "세금 도둑"이라고 얘기한다든지, 특조위 조사 활동을 좀 위축시키려고 하는 시도들도 있었잖아요. 그때 좀 기억에 남는 것들, 가족 내부의 논의들이 있었다면 무엇일까요?

예은 아빠 유경근

예은 아빠   음… 글쎄요, 그게 1월 달이죠? 2015년 1월 달에 김재 원이 "세금 도둑…". 근데 그거는 아주 철저한 계산에 의해서 나온 발 언이니까. 왜냐면 위원들 추천되는 면면을 보거나 또 진행 과정을 쭉 보니까 [새누리당이 생각하기에] 만만치 않겠거든. '이거 가만히 내버려 두면 새누리당에서 누구를 추천을 하든 하여간 좀 만만치 않겠다, 하 여간 초장부터 훼방을 좀 놔야겠다'는 계산에 의해서 나온 거죠. 갑자 기 김재원이 어느 날 이거 보니까 '이거 너무 많이 쓰는 거 아니야?'라 고 하는 양심적인 고백을 하는 게 아니고 철저하게 계산에 의해 나온 거구요. 그건 지금도 재판 중에 있지만… 이건 특조위 내부에 있던 파 견 공무원들이 정보원 역할들을 한 거예요. 그니까 특조위의 내부 자 료들을 자기네들이 들고 나와서 김재원한테 보여주고…, 청와대 가서 조윤선[당시 청와대 정무수석]한테 보여주고, 따로 소집하면 가가지고 지시받고, 이게 지금 재판 중에 계속 있는데 그런 걸 보면서 판단을 했겠죠.

그 '세금 도둑' 발언이 나니까, 발언이 나오고 기사가 나오고, 심 지어는 생일 되면 직원들한테 생일이라고 막 돈 주고 이런다고, 아주 참 이게, 아주 돈 잔치하는 특조위인 것처럼, 말도 안 되는 지출을 하 는 그런 예산을 잡은 특조위인 것처럼 얘기를 하는데…, 거기서도 언 론에 대해서 [유가족들이] 상당히 많이 불신을 가지게 된 거죠. 그거 ≪조선일보≫가 의도적으로 그렇게 포장해서 하는 얘기이고 실제 내 역을 보면 이게 전부 '공무원법'에 의거해서 지출되는 것들이에요, 다. 그니까 대한민국 공무원이면 다 받는 거예요…, 특조위 공무원들 만 특별한 혜택을 준 게 아니고. 그렇게 따지면 모든 대한민국 공무원들이 세금 도둑인 거지, ≪조선일보≫ 논리에 따르면. 근데 그거를 얘기하는 언론이 없더라구요. "김재원이 '세금 도둑'이라고 했다더라"만 얘기하치.

그니까 특조위도 내부에서 큰일 났던, 났었나 봐요, "이거 어떻게 해야 되나?" [하고]. 근데 대응을 잘 못했어요…, 특조위에서. 음… 그게 이제 1월 달에 있었던 게 첫, 거의 첫 시작, 특조위 방해에 대한 첫 시작이었고, 그 이후로 계속 이어지기 시작을 하죠. '세금 도둑'부터 시작을 해서 그다음 나온 게, 당연히 이어지는 게 예산 자르는 거. 예산이 실제로 8월 달에 확정이 났어요. 아니, 1월 달, 2월 달 이때, 그니까 첫 공식 출범은 3월 달이었지만 이미 그 전에 준비를 하고 있었잖아요. 그런 것 따지면 거의 반년 이상 예산도 확정 못 하고 계속 싸우기만 했던 거예요. 그래서 결과적으로 '세금 도둑' 프레임이 먹힌 건지, 그것 때문에 자신감을 가진 건지 전체적으로 예산의 60프로를 잘라버렸죠, 특조위 예산의. 진상 규명과 관련된 예산은 거의 80프로가 잘렸어요. [진상 규명을] 하지 말란 얘기지. 그 예산도 안 잡히고 사업 계획이 안 잡, 확정이 안 나고 예산도 안 잡히니까 사람을 뽑을 수가 있냐구요, 사람도 못 뽑지. 사람 뽑는 것도 결국엔 여름에 시작해서 가을 돼야 끝나고. 그렇게 시간[을] 거의 6개월 넘게를 까먹은 거죠. 음… 그게 예산, 예산 구하고 사람과 관련해서 한 거고.

3월, 4월 달에, 3월, 4월 달에 저희들이 영정 안고 광화문까지 도보 행진하고 그랬었잖아요, 삭발하고. 그때가… [그랬던] 이유가 정부 시행령, 특조위 특별법에 대한 정부 시행령 때문에 저희가 했던 건데, 그 특조위 준비를 하면서 그 법이 있으면 그 밑에 시행령이 있어야 되고 내부 규칙도 쭉쭉 만들어져야 하잖아요. 그런데 이게 특별조사위 원회예요, 독립적인 국가 조사 기구잖아요. 보통 시행령은 그 법이 적 용되거나 그 법을 사용하는 그곳에서 내는 의견, 거기서 만드는 시행 령을 거의 대부분 그대로 인정을 해요. 특별한 경우에는 뭐 부처 간의 협의라든가 다른 지시가 있거나 뭐 이렇게 있을 수는 있지만 그게 항 상 제일 중요한 의견, 입장이 되거든요. 그래서 특조위에서도 별도로 시행령을 준비를 했죠, 당연히. 그런데 정부에서 이걸 거부를 하는 거 야. 그리고 아예 정부에서 시행령을 따로 만들어서 그걸로 하겠다는 거야. 이런 웃기는 놈들이 다 있어(웃음). 국회에서 만든 독립 조사 기 구인데 이걸 정부에서, 해수부에서 자기네가 시행령 만들어서 이거 쓰라고 준다는 거죠, 말이 되냐구요.

더 문제는 그 내용인데, 그 내용이라도 괜찮으면, 좋으면 혹시 모 르겠는데 그 내용 자체가 특조위의 진상 규명 기능을 완전히 무력화 시키기 위한 걸로만 가득 차 있는 거예요…. 아니, 법에는 [특조위 정원 을] 120명까지 뽑을 수 있게 하는데 왜 시행령에서 80명 뽑게 하냐고, 말도 안 되는 얘기지…. 하여튼 [시행령이] 그런 걸로만 가득 차 있어 요. 그래서 '이건 아니다' 그래서 계속 쫓아다니면서 얘기하고 그랬는 데, 얘기도 안 먹히고 그래서 "그럼 강력하게 행동을 해야 되겠다. 저 시행령을 못 막으면 특조위는 식물 특조위가 된다…" 그래서 저희들 이 광화문에 가서 기자회견 하고 이렇게 했는데, 이제 문제는 그거를 했는데 갑자기 보도 뉴스들이 막 쏟아져 나오기 시작을 해요. 그게 그 정부의 배상안 발표, 배·보상안 발표가 딱 나온 거예요.

7

일방적인 정부의 배·보상안 발표

예은 아빠   이렇게 보다가 보니까, 아, 기가 막힌 거죠. 아니 우리
는 시행령을 폐기하라고, 정부 시행령 폐기하라고 그거 갖고 싸우려
고 올라오는데⋯ 근데 정부에서는 갑자기 배·보상안이라고 해서 딱
발표하면서 모든 뉴스에 그게 도배가 되면서 내용이, 아침에 한 8, 9시
정도에는 뭐 4억 얼마를, 4억 7천을 받니 뭐 하다가 1시간 지나니까
이게 뭐 6억 얼마로 뛰었다가 11시 되니까 갑자기 8억 얼마로 뛰어요,
우린 들어본 적도 없는 이야기를. 그래서 모든 뉴스가 그걸로 도배가
되는 거야. 화면에 안 나오면 자막에 계속 흘러가는 거야. 그러더니
뒤이어서 천안함 희생자들에 대한 보상하고 막 비교가 돼요. 그래서
마치 우리가 지금 싸우고 있고 도보 하고, 도보 행진하고 이게 돈을
더 받아내기 위한 투쟁으로 그려지는 거, 배경 화면에 그게 나오니
까⋯. 와, 미치겠더라구요(잠시 침묵).

　이걸 우리가 그거 아니라고 아무리 얘기한들⋯ "우리는 배·보상이
필요한 게 아니라 진상 규명이 필요하다"고 그러면 무슨 답이, 무슨
질문이 거꾸로 들어오는지 알아요? "우린 지금 돈을 얼마 받든 그게
중요한 게 아니다. 그리고 돈을 얼마를 받든 우리 아이들 목숨값을 그
걸로 대신할 수 있겠냐? 억만금을 줘도 필요 없다. 진상 규명을 해달
라" 이렇게 이야기를 하면, 그럼 그다음 질문이 어떻게 들어오냐면
"그럼 배상을 안 받으시겠다는 얘기죠?" 이렇게 나온다구요⋯. 이게
우리 사회의 수준인 거예요. 언론의 수준이고, 전반적인 우리 사회의

수준인 거야. 배상, 보상은 피해자의 당연한 권리예요. 정부나 이 사회가 피해자한테 주는 혜택이 아니고, 특별 대우가 아니고, 피해자들은 당연히 배상, 보상을 받을 권리가 있어요…. 근데 이걸 권리로 생각 안 하고 특혜로 생각을 해…. 그리고 이전 다른 참사 피해자들이 "걔네들은 위자료 5000만 원 받았다는데 왜 니네는 1억이야? 이거 특별 대우해 주는 거 아니야? 아이, 세월호 유가족들이 힘이 세긴 세네?"라고 얘기하는 건 훨씬 더 저급한 인간들인 거죠. 왜? 이전에 5000만 원 위자료 배상 준 거 자체가 말도 안 되는 금액인 거예요. 그 말은 뭐냐면 사람 목숨값이 5000만 원이라는 얘기이고 3000만 원이라는 이야기예요. 그게 산재든 무슨 재난이든 뭐든 간에…. "너네도 똑같이 5000만 원 받아" 하는 거는, 그 말은 뭐냐면 자기 목숨, 자기 자식의 목숨값이 3000만 원, 5000만 원이라고 본인이 인정해 버리는 거예요. 아주 싸구려 목숨값인 거죠.

그러니 사람이 몇 명이 죽든 신경을 안 써요, 정부든 기업이든. 왜? 옛날에는 "야, 3000만 원 줄게" 그러면 받고 갔거든, 그래야 되는 줄 알고. 누가 신경을 써요? 산재 같은 거 예를 들더라도 회사에서 그거 몇억을 투자하느니 하다가 사고 나면 한 3000만 원 주면 끝나는데 뭐 하려고. 근데 그런 걸 놓고 비교하면서 그렇게 얘기하는 것은 굉장히 수준이 낮은 거고 저급한 사람들인 거죠. 본인의 목숨, 자기 자식들의 목숨값을 그걸로밖에 인정을 안 하는 거고. 그니까 "우리는 배상, 보상 이게 중요한 게 아니고 진상 규명이 먼저야"라고 하면 "그럼 배상 안 받겠다는 얘기죠?"라고 하는 거예요]. 얘기 나온 김에 또 하나, 그거하고 거의 비슷한, 동급의 저급한 질문이 뭐가 있는지 알아요?

"배상받으면 기부하실 거죠?"(침묵). 참 싸구려 인간들이 너무 많아요. 배상을 받아가지고 기부하면 훌륭한 유가족이고, 기부 안 하면 이기적인 유가족인 거고….

면담자   그런 질문을 한다는 거 자체가 참 놀랍네요.

예은 아빠   너무 많아요, 굉장히 많아요. [우리가] 얼마를 받는지도 궁금해하지만 그걸 받아서 어떻게 쓸지를 더 궁금해해요, 사람들이…. 조금 딴 얘기지만 2015년이었을 거예요, 2015년 가을쯤이었나? 하반기쯤에 프레스센터에서 외신기자 클럽에서 한번 불렀어요, 저를. 그래 가지고 외신기자를 상대로 지금의 상황을 이야기하고 이쪽에서 질의응답받고 이런 시간을 갖고 싶다고 해서 갔어요. 진짜 외신기자들이 한 3, 40명 왔었나 봐요. [기자회견을] 쭉 하는데 참 깜짝 놀랜 건, 거기에 온 기자들은 단 한 명도 그런 류의 질문을 안 해요…. 끝나고 나오는데 어떤 기자가 막 쫓아와서, 보통 국내 기자들도 그런 질문을 대놓고 안 하고 따로 쫓아와서 많이 물어보는 기자들이 많거든요. 그래서 '또 무슨 이야기를 하려고 그러나…' 그러고 봤더니 전혀 다른 얘기를 해요.

그러다가, 얘기하다가 무슨 얘기가 나왔냐면 배상과 관련된 얘기가 나왔어요. 그랬더니 기자가 갑자기 나를 이렇게 쳐다보더니, 굉장히 이상하다는 듯이 나를 이상하게 쳐다보는 거예요. 그래서 그러고 있더니 "한국 사람들이 그런 걸 물어봐요? 기자들이 그런 걸 물어봐요?" 그러더라구요. 그래서 그런 질문 많이 받는다고 "'배상을 얼마 받냐? 얼마 받기를 원하냐? 받았냐? 불만이 있냐, 없냐?' 그런 얘기, 질문 많이 한다" 그랬더니 그 기자가 이상하게 쳐다보더니, "기자들이 그런 질문을 해요? 왜 그런 질문을 기자들이 해요? 그건 기자들이 할 질문이 아닌데? 왜 기자들이 그런 거에 관심을 갖죠?" 그래서 한국 기자들을 되게 이상한 사람이라는 듯이 막 이야기를 하고 이해할 수 없다는 표정을 막 짓는 거예요. 그게 왜 관심의 대상이냐고. 그래서 '이 사람만 특별한 건가, 아니면 외국 언론들은 다 그런 건가?' 그런 생각을 한 적도 있어요.

어쨌든 도보 행진 하고 오다가 그런 일방적인 배상안이 딱 발표되면서 갑자기 우리가 지금 영정 안고 오는 게 마치 돈 더 받으려고 싸우는 모습으로 딱 그려, 그려[져]버린 거예요, 모든 언론에서. 그래서 그때 생각을 한 게 '이 단계에선 우리가 아무리 시행령 폐기하라고 얘기해 봐야 이건 [언론에] 안 나간다', 한동안 배상을 놓고 이게 많니 적니, 특혜니 아니니…. 기가 막힌 건 이거 언론에서 얘기한 그 금액 가운데, 아이들이 수학여행 갈 때 단체로 드는 단체 여행자보험 이것도 집어넣고 그다음에 국민 성금도 집어넣었더라구요. 국민 성금이 얼마 모였는지, 그거를 얼마를 우리한테 분배해 줄 건지, 또 분배 대상은 누군지 한 번도 얘기해 본 적이 없고 아는 바도 없거든. 근데 자기들은 알지, 얼마가 모였는지 자기네들은 알 거 아냐. 그걸 자기네들이 마음대로 일방적으로 딱 잘라가지고 이걸 마치 정부에서 주는 배상인 것처럼 거기 덮어씌워버렸어요. 국민 성금이 왜 정부 배상이에요? 그래서 그게 두 배, 세 배로 뻥튀기를 시켜버린 거예요. 근데 내용을 알고 보면 세금이 들어가는 게 아무것도 없어. 정부에서 말하는 그 배·보상은 청해진해운에 구상권 청구하겠다고 이미 처음부터 얘기를 했고, 그래서 청해진해운에서 다 받아가지고 주는 거라고 했고, 국민 성금은 당연히 세금 아니고, 여행자보험은 우리 애들이 수학여행 가면서 우리가 들은 보험이고. 세금이 어디 들어가냐고? 근데 이걸 마치 국민들이 낸 혈세를, 국민 성금도 받아가면서 배상금 막 8억씩 받아가고 이렇게 만들어버린 거예요.

그래서 '이런 분위기에서는 여론도 안 좋아지고 우리가 아무리 시행령 폐기해야 된다고 얘기해 봐야 먹히지도 않는다. 그러면 이 언론이 우리를 찾아와서 우리를 찍어가지고 우리 목소리를 내보내게 할 수 있는 방법은 뭐가 있을까?' 그래서 얘기한 게, 제가 얘기한 게 "삭발하자…. 아무리 소리 높여 외쳐봐야 저 사람들이 [우리를] 찍어주지도 않고 [언론에] 내보내 주지도 않는데 그럼 저 사람들이 원하는 그림을 하나 만들어주자, 우리가. 저 언론들이 원하는 그림 만들어주면 와서 찍을 거 아니냐. 그걸 찍다 보면 거기서 한마디라도 우리 얘기 나갈 거 아니냐?"[였어요]. 그럼 뭐냐…, 그때 무슨 얘기 나왔냐면요, "분신하자"는 얘기도 나왔구요…, "어디 올라가서 투신이라도 해야 되는 거 아니냐…? 누구라고[라도] 하나 죽어야 되는 거 아니냐?" 이런 얘기까지 나왔어요. 그 정도로 상황이, 우리 얘기는 어떤 언론도 취급 안 해주는…, 돈 더 받으려고 싸우는… 시체 팔이 유가족으로만 비쳐지는 이런 분위기에 대한 위기감, 두려움 이런 게 어마어마했던 거죠.

8
특조위의 활동 보장을 요구하며 삭발 농성

예은 아빠   그래서 얘기한 게 뭐냐면 "우리 삭발하자. 근데 삭발을
몇 사람만 하는 게 아니라 우리 다 하자. 광화문에 모여서, 이 한복판
에서, 다 모여서 우리 다 삭발하자 동시에. 이런 그림 본 적 있냐….
그럼 언론들이 '이거 뉴스감이네?' 하고 올 거 아니냐? 거기서 얘기하
자, 그럼. 우리 돈 더 달라고 우리 애들 영정 들고 오는 게 아니고, 시
행령 폐기하라는 거 하라고 온 거다. 우리가 집단으로 삭발까지 하면
서 이거 좀 보도해 달라고 호소하는데 그래도 그중에 언론사 몇 군데
는 그거 써줄 거 아니냐?" 했어요. 그랬더니 하기로 했어요…. 그래서
바로 가족들한테 의견 묻고 "할 사람 나와" 해서 50명 나왔어요, 그 순
식간에. 그래서 그때 그 50명이 이 광화문에서 삭발을 한 거죠. 그게
첫 삭발이었죠.

     그 뒤로, 저는 이제 그 뒤로도 두 번인가 하기도 했었는데, 두 번
인가 세 번인가 기억이 잘 안 나네요. 근데 어쨌든 그것 때문에 집단
적으로 삭발을 했고, 그때 시민들이 보고 좀 충격을 받았던 거 같아
요. '왜 저렇게까지 하지?'라는 생각을 갖게 됐던 거 같고, '아, 저 사람
들이 얘기하는 게 그렇게 단순한, 우리가 알고 있는 그런 게 아니고
다른 뭔가가 있구나'라는 생각을 하게 된 계기가 됐던 거 같고. 특히
처음부터 저희랑 같이했던 시민, 같이 공감을 많이 하고 또 많이 지
원하고 활동을 했던 시민들은 평소 엄마, 아빠들의 모습을 잘 아니까
그런 엄마, 아빠들이 여기 모여서 동시에 삭발하는 걸 보면서 충격을

많이 받고, '이 정도까지 [심각한] 상황이구나. 그러면 좀 더 [지지와 연대를] 쎄게 해야 되겠다'라는 마음을 그때 좀 많이 먹으셨던 것 같고…, 그랬었죠.

그때가 그 처음에 '세금 도둑' 발언 나오고 예산 갖고 문제 삼고 그리고 시행령 때문에 우리가 싸우고, 이 모든 과정이 결국에는, 어쩔 수 없이 특별법은 만들게 해줬지만 보니까 수사권 이런 거는 당연히 없는데도 불구하고 들어와 있는 위원들이나 논의하는 내용을 보니까 만만치 않을 것 같고, 그래서 이제 정부에서 돈으로 그다음에 법으로 아예 손과 발을 꽁꽁 묶으려고 하는 시도들이 처음부터 바로 시작이 됐던 거죠. 근데 시행령은 결국엔… 졌어요. 시행령은 결국에 졌어요. 그래서 정부에서 만든 시행령이 공포가 됐죠. 근데 결국에는 저 정부 시행령이 적용이 될 수밖에 없다는 판단을 한 이후에 "그럼 어떻게 할 거냐, 그럼 어떻게 할 거냐" 해서 찾아낸 방법이 '그래? 정부에서 그렇게 시행령 만들었지? 특별법, 모법인 특별법을 무력화시키는 정부 시행령을 강제로 시행한다, 이거지? 오케이, 그러면 이 정부 시행령을 무력화시키는 위원회 내부 규칙을 만들면 되지' 이렇게 방향을 잡았던 거예요.

"이게 어떻게, 그러면 시행령을 무력화시킨다고 하는 건 이걸 무시하고 새로운 규칙을 만드는 거고, 이게 위치적으로도 하부에 있는 하위법인데 이게 이걸 위배할 경우에 문제가 되지 않겠냐"는 문제 제기가 나왔는데 그건 간단하게 일축시켜 버렸죠. "시행령은 특별법을 무시하고서 이걸 하고 있는데, 아니 똑같은 거 아냐? 그걸 왜 겁내? 쟤네들은 국회에서 만든 법을 정부가 지 맘대로 무력화시키는 시행령을 만들었는데 우리라고 왜 못 해. 까짓거 밀어붙입시다" 해서 그때부터 특조위 내에서 시행령과 관계없이, 또는 시행령이 규제하거나 시행령이 이렇게 가로막고 있는 특별법의 어떤 권한이라든가 조항? 또는 그보다 더 쎈 것들? 이런 것들을 만들기 위한 규칙을 만들기 시작한 거죠. 그리고 실제로 그 이후에 1기 특조위는 시행령보다는 규칙에 의거해서 대부분 운영을 했어요…. 음… 물론 결과는 1기 특조위가 뭐 그렇게 썩… 좋은 성과를 낼 수는 없다고 보고, 실제로 강제해산당하기도 했고, 하여튼 그런 과정들이 있었죠. 그래서 첫 출범하기 전부터 아예 대놓고 특조위를 방해하려고 하는 시도를 굉장히 다각도로… 했었죠, 정부가.

9
1기 특조위 활동에 대한 평가

면담자　　　1기 특조위가 만들어지고 활동을 시작한 이후에도 여러 어려움이 있었을 것 같은데요. 가협 내에도 진상 규명의 방법과 관련된 여러 의견들이 있을 수 있고 또 정부, 정치권도 계속 여러 형태로 개입이 있었을 것 같은데요?

예은 아빠　　　(한숨) 그게 쉽지 않은 문제였어요. 그니까 특별법은 우리가 만든 거예요. 물론 우리가 만든 가족 측 특별법안이 채택된 건 아니지만 어쨌든 특별법을 만들라는 요구를 우리가 했고 또 그것을 만들기 위해서 사상 유례없이 국회 본청 앞에서 장기간 단식 농성을 하면서 강제로 여야 간의 협상을 이끌어냈고. 그러다 보니 그 특별법의 주요 목적은 특조위를 만드는 건데, 그거에 따라서 특조위가 만들어졌고 그 위원을 추천하는 과정에 [가협이] 깊숙이 개입을 했고, 결국에 특별법과 특조위는 우리가 만든 거라고 해도 크게 과언은 아니에요. 응… 그거는 잘한 거 같아요….

그다음 남는 문제는 뭐냐면 그럼 특조위가 활동을 시작한 이후에는 우리는 뭘 할 거냐는 거죠. 사실 아주 처음에 그 얘기도 했었어요, 내부에서는 "저 특조위에 우리가 들어가면 안 돼…?" 저도 그런 생각을 했었고. 그래서 '내가 아니더라도 우리 가족들 중에 그만한 능력이 되거나 그럴 의지가 있거나 조건이 되는 사람들은 특조위에 들어가서 위원을 하건 조사관을 하건 우리가 직접 하는 게 제일 낫지 않나?' 이런 생각도 했어요. 그때도 비슷했지만 지금도 나는 개인적으로 '이런 경우에는 피해자들이 직접 조사에 참여하는 게 맞다'라고 하는 것을 나는 점점 확인해 가는 시간들이었거든요, 지금까지. 앞으로도 아마 계속 그럴 거 같아요, 또 그걸 위한 별도의 싸움도 필요할 거 같고.

근데 이제 그랬을 때 주변에서의 만류나 우려가 굉장히 컸죠, "그러면 특조위의 중립성을 해친다" 이런 얘기를 하면서…. 나는 동의를 안 했어요, 그런 지적에 대해서. "그러면 시비를 걸 거다, 분명히. 언론도 그렇고 국회, 특히 새누리당 이런 데서 시비를 걸 거다, 피해자가 직접 참여하고 뭔가 하고 개입을 하면". 실제로 그 새누리당 쪽이, 세월호 참사 진상 규명을 싫어하는 쪽, 반대하는 쪽의 주요 논리가 뭐였냐면 유가족으로부터 독립적인 특조위를 자꾸 얘기하는 거예요. 내가 자꾸 언론 얘기를 하는데… 언론도 그걸 똑같이 써요…. 특조위의 독립성이라고 하는 게 그게 아닌데. 수사의 독립성, 특조위의 독립성, 이거는 가해자나 범죄자나 책임자나 이런 사람들이 그 수사나 조사에 개입할 수 없도록 만드는 거고, 그런 걸 원천적으로 차단하는 거지, 특히 그 조사 대상이 정부나 권력기관이었을 경우에 얼마든지 그 과정에 개입할 수 있는 능력과 조건들이 갖춰져 있기 때문에 '그런 것들을 어떻게 차단하느냐?'에서 고민이 시작돼서 만들어진 게 독립적인 조사 기구잖아요.

근데 자기네들은⋯ 어떤 모양으로든 이 특조위가 조사를 제대로 하지 못하게 만들려고 수많은 개입과 방해를 일삼으면서, 또 한편으론 피해자 유가족으로부터 독립적인 특조위가 된다고 하는 그 이상한 논리를 하나 갖고와서 우리들이 특조위와 관련해서 뭔가를 이렇게 의견을 제시하거나 뭔가를 하려고 그러면 그것이 독립성이 해쳐지는 것처럼 판단을 해버리는, 그리고 실제로 그런 논리가 특조위 내에 그 당시 새누리당이 추천한 위원들을 통해서 특조위 내에서 그걸 강력하게 주장을 하는, 이런 일들이 계속 반복이 돼왔죠.

어쨌든 처음에도 그런 우려를 자꾸 이야기를 하는 거예요. 나는 당연히 말도 안 되는 소리이고 동의하지 않지만 '일단 이 특조위, 어렵게 법을 만들었고 특조위가 출범을 한다고 하니 이게 좀 원활하게 출범을 하고 활동을 할 수 있도록 도와야 되겠다' 그래서 우리가 직접 들어가는 것들을 안 하게 됐던 거예요. 그것 역시 또 하나 후회되는 것 중에 하나예요. '그때 무슨 논란이 있더라도 어떻게든 들어갈걸⋯' 이라고 하는 생각이 좀 있어요. 지금은 좀 들어요. 그리고 '그때 그런 판단을 했기 때문에 지금 2기 특조위나 사회적 참사 특별조사위원회나 선체조사위[원회]에도 결국에는 우리가 들어갈 수 없는 족쇄를 우리 스스로 채운 것 아닌가?' 사실 이런 후회도 들긴 들어요.

그래서 '그럼 우리가 안 들어가면… 그럼 어떻게 할 거냐? 특조위 만들었으니 그냥 기다리면 되나?' 근데 돌아가는 분위기 보면 그건 아니야, 분명. 내버려 두면 아무것도 못 할 것 같애. 분명히 그 안에 좋은 사람도 있지만 방해하려고 작심하고 들어온 사람들이 뻔히 다 보이는데, 그리고 뒤로 맨날 정보 캐가지고 저 청와대하고 새누리당에 갖다 바치는 파견 공무원들이 있는 걸 아는데, 해수부나 해경에서 전혀 협조하지 않고. 팩스로 "이런 자료 보내주세요"라고 요청을 하면 단 몇 분 내로 보내줄 수 있는 자료를… 1주일, 2주일이 걸려도 안 주는데…. 그래서 심지어는 "세월호에 실렸던 화물 내역, 화물과 양과 그게 누가 보낸 건지, 어디로 가는 건지에 대한 그 화물 내역을 보내달라"고 했는데, 이거 다 갖고 있거든요? 해수부, 해경 다 갖고 있는 자료들이에요, 근데 안 보내줘요. 그러더니 한참 있다가 나중에 보냈는데 그 자료에 다 까맣게 줄 쳐서 지워갖고 보낸 자료들이에요. 의미가 없어진 거야, 그 안에 있는 정보들을 다 가려버렸어.

그런데 공교롭게도 같은 시기에 국회의 어느 의원실이 같은 자료를 요청했는데 거기에는 바로 모든 게 공개된 자료를 그대로 보낸 거지. 특조위에서 그걸 받느라고, 제가 듣기로 한 2주 정도의 시간이 [걸렸대요]. 그거 2주가 아니라 몇 분이면 올 수 있는 자료예요. 그래서 결국엔 특조위에서 그 2주 시간을 허비하고 나서 "그래? 냅둬. 우리가 직접 할게" 그리고 그 이후 한 달 동안 처음부터 다시 화물 내역을 스스로 조사했어요, 특조위가. 이게 뭐 하는 짓이냐구요. 이거 1시간이면 받을 수 있는 자료를 못 받아서 한 달 넘는 시간을 거기 매달린 거예요. 그러니 조사가 돼요? 이런 일들이 비일비재하게 벌어진 걸 알기 때문에, 또 그렇게 벌어질 거라는 걸 알고 있었기 때문에 '우리가 그냥 가만히 기다리는 건 아닌 것 같다'[라고 생각했죠].

시작이 됐어요, 특조위가. 근데 문제가[에] 딱 봉착이 된 거야, 내부적으로. 무슨 문제가 봉착이 됐냐면 특조위에서 조사를 하려면 무엇을 조사할지를 결정을 해야 되잖아요, 그래야 조사가 들어가는 거 아냐(웃음). 그래서 무엇을 조사할지[를 정해야] 조사 계획을 세우고 거기에 따라서 그걸 누가 조사할지도 정해야 되고. 그니까 조사 계획서가 필요한 거 아니냐고. 근데 거기 들어간 조사관들이 자기 마음대로 하는 게 아니잖아요. 조사 계획을 세우면 이게 위원회에 올라가서 위원회에서 검토해 가지고 의결을 내야 돼요. "오케이, 이거 조사하자, 쾅쾅" [그렇게] 도장 찍어줘야 그거 가지고 조사를 시작한단 말이야. 근데 조사 과제를 뭘로 할 거냐, 뭘 조사할 거냐를 결정하는 과정부터 딱 막힌 거예요. 첫 번째, 조사하겠다고 지원해서 들어간 조사관들 사이에 생각의 차이가 커요….

면담자   특조위에 피해자가 참여해야 되는지에 대한 의견들은 어땠어요?

예은 아빠   그니까 '그 특조위에 가족들이 어떻게 참여하고 또는 어떤 역할을 할까?' 많이 고민하던 중에 특조위 내부에서 벌어진 상황이, 우선 첫 번째가 그 조사 과제를 선택해야 하는데 또 의결을 해야 되는데, 첫 번째 벌어진 현상이 조사관들 사이에 의견 일치가 안 돼요…. 그니까, 알고 보니까 조사관들이 세월호 참사를 바라보는 관점들이 다 달라요. 심지어는 그 안에는 '세월호 참사 진상 규명이라고 하는 건 곧 안전 대책을 마련해서 재발 방지하는 것이다'라고 생각하는 사람들도 있었어요. 어떻게 보면 틀린 얘기는 아니죠. 근데 이게 틀린 얘기예요, 사실은. 세월호 참사를 그와 같이, '세월호 참사 같은 일이 다시 안 일어나게 하기 위해서 안전 대책, 법도 바꾸고 매뉴얼도 바꾸고 의식도 바꾸고, 여러 가지 바꿔야 된다. 이번 세월호 참사를 계기로 전반적인, 사회적인 어떤 변화가 있어야 한다' 그 명제로서는 맞는 얘기인데, 이걸 세월호 참사 진상 규명이 되게 하려면 안 맞는 얘기거든.

왜냐면 세월호 참사를… 해상 교통사고라고 생각을 하는 사람이 있어요. 그럼 교통사고 재발 방지책을 만들면 되는 거예요, 그렇죠? 배를 운항을 할 때 무엇을 조심해야 되는지, 운항과 관련된 어떠한 것을 보완을 해야 되는 것인지, 또 규제를 어떻게 해야 되는지 이걸 만들면 되는 거거든요…. 근데 내가 볼 때 세월호 참사는 해상 교통사고가 아니거든요. 그니까 사람들이 자꾸 "세월호가 왜 침몰했냐? 침몰 이유가 뭐냐? 왜 배에 문제가 생겼냐? 왜 배에 이상한 일이, 이상한 현상이 생겼냐?" [하고] 배 자체든, 운항 과정이든 여기에 자꾸 꽂히면, 이게 결국엔 교통사고로 가는 거고, 안전사고로 가는 거고…. 이렇게 가는 경향이 굉장히 짙어요. 그러면 진상 규명은 필요 없죠. 배를 어떻게 관리하고 어떻게 안전하게 운항할 것인가는, 진상 규명[할] 필요 없이 답은 이미 나와 있어요. 우리나라만 배를 운항하는 것도 아니고 전 세계에서 우리보다 훨씬 더 많은 배를 운항하는 나라들이 훨씬 더 많고, 그런 곳에서 우리보다 훨씬 더 안전하게 운항을 하고 있고, 그럼 그거 배워오면 되는 거죠….

근데 세월호 참사는 배가 침몰했기 때문에 일어난 참사가 아니거든요. 설령 배는 침몰했더라도 배가 완전히 침몰하기까지 사람들이 다 탈출할 수 있고 구조될 수 있는 조건이었단 말이에요. 사람들이 충격을 받은 건 '저렇게 큰 배가 침몰을 했네?' 이것보다는… '그 안에 사람들이 갇혀서 다 죽었다'는 거예요. 근데 그게 어쩔 수 없는 죽음이 아니고 살 수 있는데 죽었다는 거거든요. 그리고 그 과정에서 우리가 믿고 있던 구조 세력, 해경을 중심으로 한, 국민의 생명과 안전을 책임져야 할 정부, 이 구조 세력이 아무런 역할도 하지 않았다는 거예요…. 그러다 보니 심지어는 "침몰과 그 사람들의 희생을 조장한 거 아니냐?"라는 얘기까지 막 나온다는 거거든요. 근데 교통사고는 그게 아니잖아요…. 음, 근데 그런 식으로 바라보는 조사관들이 있어요, 그런 위원들도 있고.

근데 또 한편으론 "아니야, 이거는…" 뭐 시민들 중에 그렇게 아주 적나라하게 표현하는 분들도 있고, 그런 표현에 나도 어느 정도 수긍을 하고 공감하지만, "아니다, 이건 살인이고 학살이다" 그리고 더 나아가면 '일부러 침몰시켰다. 일부러 구하지 않았다' 이런 생각을 갖고 있는 사람들도 있어요. 그런 사람들이 모여서 조사를 하는데 조사 과제가 합의가 되겠냐구요…. 조사관들 사이에도 조사 과제를 선정하는 데 있어서 기안을 해서 올려야 되는데 이 문제에 있어서도 의견이 대립이 되는 거예요. 더 결정적인 문제는 어떻게든 과정을 밟아서 조사 과제에 기안을 하더라도 이게 위원회에 올라가면 위원들이 검토를 해서 "이거 조사 과제로 채택합시다, 땅땅땅" 해야 되는데 아무리 봐도 그렇게 원활하게 채택될 거 같지가 않은 거야. 대놓고 반대하는 애들 당연히 있고, 새누리당 추천한 애들, 위원, 그 외의 위원들 사이에도 전반적으론 인식들이 좋은 편이기는 하지만 세부적으로 들어가면 편차가 또 있거든요. 조사 과제를 선정하는 데 있어서 새누리당의 방해가 첫 번째, 그다음에 세월호 참사를 바라보는 관점의 차이…가 또 있고. '그러면 조사 과제를 선정하는 것만 해도 시간도 걸리고 굉장히 소모적이겠다'는 판단들을 하기 시작한 거죠.

그래서 그때 '우리 역할이 뭐냐?' 했을 때 생각을 한 게 '그러면 조사 과제를 우리가 정해주자'[였어요]. 이게 이상한 얘기가 아니고 당연한 절차가 있어요. 특조위에서 조사 과제를 선정하는 방식이 두 가지가 있는데 첫 번째가 직권조사, 아까 지금 제가 얘기한 거, 특조위 자체 내에서 판단해서 조사 과제를 만들어내는 것, 선정하는 것, 이게 직권조사거든요. 근데 그거 말고 신청사건 조사하는 게 있어요. 그게 누가 할 수 있냐면 세월호 참사의 피해당사자들만이 신청사건을 요청을 할 수가 있어요. 그러면 저 직권조사를 최대한 자제하고, 굉장히 소모적일 게 분명하고 방해가 들어올 게 분명하고, 아주 일반적인 평이한 사안들이야 의결이 되겠지만 정말 우리가 핵심적으로 생각하는 사안들… 그 위기 대응 시스템 매뉴얼, 현장에서의 구조를 제대로 하지 않은 해경, 그 해경의 지휘 라인, 올라가다 보면 청와대까지 나오고, 청와대에 실제로 문제가 많이 있었으니까. '그 과정 속에서 왜 구하지 않았는지 그리고 정말 항간의 의혹처럼 침몰이 고의적인 침몰인건지 아니면 또 다른 이유가 있는 건지 밝히려면 그런 부분까지 치고 올라갈 수밖에 없다. 근데 적어도 그런 부분은 의결이 안 될, 의결을 못 할 것이다'라고 판단을 한 거죠.

그래서 "그럼 우리가 신청을 하자, 사건을" 그래서 그때부터 신청사건을 우리가 준비하기 시작한 거예요. 그게 전체적으로는 1기 특조위 때 우리가 했던 역할은 신청사건을 세부적으로 준비해서 그것을 특조위에 제출하는 것, 그러면 특조위에서는 피해자가 신청한 신청사건은 특별한 사유가 없는 한 받아들여서 조사를 할 수밖에 없거든요. 방향을 그리로 잡은 거예요. "우리가 직접 조사는 못 하지만 조사 과제를 우리가 직접 만들어서, 정리해서 그것을 제출을 하고 그것이 위원회에서 피해자의 요구로서 받아들여지도록 하고 그것이 조사에 착수되도록 하자" 한 거죠. 그래서 신청사건을 무수히 많이 넣었어요. 음… 이게 분류하는 기준에 따라 굉장히 다른데… 한 120여 건의 사건을 저희가 신청을 했죠.

근데 이제 그게 원활하게 진행이 됐으면 평가가 있었을 텐데, 잘 알다시피 그 이후에 특조위가 조사에 집중할 수 없는 상황들이 계속 벌어졌죠, 방해 공작이 계속 있었고. 그래서 특조위에서 조사관들도 그렇고 특히 위원들, 위원장은 이 정부의 방해를 차단하고, 차단하기 위한 일에 집중을 할 수밖에 없었던 거예요. 국회 쫓아다니고 정부 쫓아다니고 언론 인터뷰하고, 내부에서 그런 방해가, 영향이 있어서 조사 못 할 경우에 그럼 어떻게 보완할 건지 그 보완책 만들고, 이런 것만 집중을 했는데, 힘에 부쳤죠.

그리곤 결정적으로 "특조위 활동 기한이 언제까지냐?" 이거를 정부에서 불을 붙였죠. 그래서 국회에서 그 당시에 해수부 장관이 했던, 유기준이었던 걸로 기억하는데 국회의 답변에, 국회에서 묻는 답변에 국회에 출석해서 "특조위 특별법이 2015년 1월 1일 날 딱 시행이 됐으니까 그때부터 특조위가 활동한 걸로 봐야 한다"라는 의견을 냈죠. 그때 그러면, 그것도 굉장히 사실은 계획적이었던 거예요. 사실 그때는, 그 얘기를 할 때는 '특조위 활동 기한이 언제까지냐?'가 논란이 될 만한 시기가 아니었어요, 아주 초기였고. 근데 의도적으로 그걸 툭툭 내뱉고 또 뒤에 가서는 "그냥 제 의견일 뿐이지 이거는 다른, 다시 검토해 봐야 되고…" 이렇게 이야기하지만 그걸 딱 시작, 기점으로 해가지고 그 논란을 막 확대를 시켜서, "특조위 활동 기한이 1월 1일이냐? 아니면 위원이 임명된 3월 달이냐? 아니면 예산이 배정이 된 7월이냐, 8월이냐?" 이제 이게 논란이 붙기 시작하면서, 그 당시 정부에서는 1월 1일 날부터 활동을 시작한 것으로 봐야 한다는 것으로 밀어붙이기 시작을 한 거죠.

그렇게 되면 2016년 6월 말이면 활동이 끝나는 거예요. 근데 실제로 예산이 확정이 나고 직원들을 뽑고 실제 조사 활동에 들어갈 수 있는 조건이 마련된 건 8월 달이었거든요. 그러면 실제로 조사하는 기간은 10개월밖에 안 되는 거예요. 말도 안 되는 거잖아요. 이제 그런 논란이 2015년 하반기 정도부터 본격적으로 되기 시작하면서… 이제 거기에 따라서 특조위도 막 우왕좌왕하기 시작을 했죠. 그래서 이제 그런 논란이 되면서 2016년 봄에 와서는 거의 정부에서 입장은 확고하게 됐어요, "6월 말이면 끝이다"[라고]. 6월 말 이후에는 백서 쓰는 것 외에는 예산집행, 뭐 어떠한 것도 할 수 없고, 그래서 그것을 저지하기 위한 고민에 또 들어간 거죠, 우리들의 역할이. 그래서 2016년 봄, 여름에… 특조위도 여기 나와서 단식, 위원장부터 시작해서 하고 저희들도 같이 와서 단식하고…. 그러면서 첫 번째, 첫 번째 요구가

예은 아빠 유경근

"특조위 활동 기한을 보장하라, 그리고 그 기점은 2015년 8월이다. 그때부터 1년 반이어야 한다" 이걸 국회에다가 요구하기 시작했죠. 왜냐면 "국회에서 법을 만들었는데 그 법을 행정부에서 일방적으로 해석해 가지고 이렇게 하니 국회가 해결을 해라. 왜 너희들이 만든 법을 이상하게 해석을 해가지고 저렇게 하고 있는데 가만히 있냐?" 응, 그래서 "너희가 분명하게 활동 기한이 언제까지인지를 정확하게 명시를 하고 이걸 해결을 해라" [하고] 국회에다가 요구하는 농성을, 단식 농성을 그때 시작을 했었죠…. 그게 특조위 활동 기한 동안 우리가 했던 역할이에요.

전체적으로 보면 특조위가 원래 법 취지에 맞게 독립적으로 철저하게 수사, 조사를 할 수 있는 그런 조건을 만들어내는 것, 그리고 어느 누구도 특조위를 방해하지 못하도록 차단시키는 것, 그것이 저희 가족들이 했던 역할. '제대로 했냐?'[라고] 나중에 평가해 보면 참, 결국 해산되었기 때문에 실패했다고 볼 수도 있는데, 어쨌든 그런 역할이 저희 유가족들이 특조위와 관련해서 주로 했던 역할들이구요. 그 1기 특조위 활동 기한 보장 단식 농성할 때, 그것도 이제 제가 처음에 제안을 해서 오히려 같이 가서 단식 농성을 해야 된다고 했는데, 사실은 그것을 제안하고 실행하는 제 목표는 또 다른 목표가 하나 더 있었어요. 당연히 첫 번째 목표는 1기 특조위 활동 기한을 제대로 보장받는 것.

그때 제일 답답했던 건, 특조위 활동 기한을 연장해 달라는 게 아니었거든요. 그 연장해 달라는 건 '6월 말까지 활동 기한이 끝나는 건 맞는데 이게 부족하니 기한을 더 달라'라고 하는 게 연장이잖아요. 근데 우리는 6월 말에 끝난다는 걸 인정을 못 하니까, 아니 그게 틀린 얘기니까…. 언론에서는 "1기 특조위 활동 기한 연장[을] 요구하는 농성"
이라고 자꾸 표현하는데, 자꾸 내가 수정을 하는데[도], 의도적인 건지
무식한 건지 자꾸 그 표현의 차이점을 모르는 건지 참 답답하더라구
요. 우리가 요구한 건 연장이 아니라 보장이었던 거예요. "이거 불법
적으로 강제, 중도에 중간에 강제해산시키는 거다. 그니까 원래, 더
달라는 것도 아니고 원래 특별법의 취지상 맞는 기한을 보장을 해라".
그래 봐야 2017년 봄이에요, 몇 개월 차이도 안 나. 그걸 요구하는 농
성을 시작했는데, 동시에 노렸던 건 뭐냐면 만일 이게 성공을 못 해서
강제해산당할 경우에는 어떻게 할 거냐…, 그때 가서 방법이 없잖아
요. 사람들 다 흩어지고 사무실 다 떼가고 간판 떼고 [하면] 뭘 하고 싶
어도 할 수 있는 게 없잖아요.

그때 제가 가졌던 생각은 '그러면 진상 규명 끝날지도 모른다', 검
찰이 수사할 리도 없고, 그때 박근혜 당시니까. 그나마 희망을 가졌던
특조위도 방해 속에서 그거 제대로 해보지도 못하다가 강제해산당해
서 없어져 버리고…. 그때 딱 드는 생각이 반민특위[반민족행위특별조
사위원회] 생각이 나더라구요. 해방 이후에 가졌던 반민특위가 아주
호기 있게 시작을 했는데, 기대가 많았는데 강제해산당하고 다 체포
당하고 감옥에 갇히고 막 이러면서 끝나버렸잖아요. 그 생각이 딱 들
면서 '여기서 강제해산당하고 나면 진상 규명을 위한 시도가 끝나거
나 아니면 상당히 오랜 기간 동안 중지될 수밖에 없겠다. 그러면 진상
규명을 하기 위한 기회, 시간도 놓칠뿐더러 관련 증거들이라든가, 증
언들이라든가 이런 것들도 다 사라질 수도 있겠다. 어찌 됐건 이 진상
규명은 이어가야 한다'라는 생각을 같이했어요.

그래서 농성을 하면서 1기 특조위 기한 보장을 요구하는 동시에, 사실은 뒤에서는… 2기 특조위 준비를 시작한 거예요. 근데 그거를 표면에 내세울 수는 없죠. 1기 특조위 기한 보장하라고 얘기를 하면서 동시에 2기 특조위 만들으라는 건 말이 안 되잖아요, 그건 1기 특조위 포기한다는 거하고 똑같은 얘기니까. 그래서 일단 그렇게 시작을 하고 실제로 그걸 관철시키려고 노력도 했고, 근데 한편 뒤쪽에서는 그게 안 될 경우를 대비해서 민주당하고 중점적으로 얘기를 하면서 "다음 특조위 준비해야 된다. 여기서 끊어지면 안 된다" 그걸 준비해 달라는 요구를 별도로 했었죠. 그래서… 그… (잠시 침묵) 그래서 2016년 11월 달이었나요? 12월 달이었나? 아, 12월 달. 12월 달에 국회에서 이 4·16 참사 특별법이 패스트트랙으로 지정이 될 수 있었어요, 그때 여름부터 준비를 해갖고.

어쨌든 뭐 그건 뒤의 이야기고 그런, 그렇게 농성을 하면서 매끄럽게 진행을 했구요. 그리고 그와 연계된 흐름 중에 하나는, 패스트트랙으로 지정이 돼서 1년 동안 기다려야 될 거라고는 생각을 못 했었어요. '어쨌든 지금 싸우면서 강제해산당하더라도 동시에 2기 특별, 2기 특조위를 만들기 위한 특별법을 동시에 국회에서 만들어서 바로 이어가야 되겠다, 그 중간에 몇 개월의 공백은 있더라도' 이 생각만 하고 준비했는데 1기 특조[위처럼], 첫 번째 특별법과 마찬가지로 국회에서 딱 부딪힌 게 새누리당인 거죠. 합의가 안 되는 거예요. 그래서 그때 얘기한 게 "아니, 다수결로 해라. 다수결로 하면 이길 수 있는 거 아니냐?" 그랬더니 표로 따지면 당연히 더 많대. 그러면 밀어붙여서 상임위[원회]에서 투표하고, 밀어붙여 가지고, 상임위 구성도 분명 민주당이 한두 명씩 더 많고 야당, 그 당시에 이제 새누리당 말고 야당 쪽에 한두 명 더 많고, "그럼 투표해서 하면 되[지 않느]냐?" 그랬더니, 그러면 좋겠는데 그게 국회법상 안 된다는 거예요. "왜 안 되냐?" 그랬더니 이게 국회선진화법에 의해서 어느 한 당이 숫자를 앞세워서 일방적으로 국회를 운영하는 폐단을 막기 위해 만들었다는 거죠, 그 법을.

그래서 법안을 본회의에 상정을 하려면 표결이 아니라 관련 상임위에서 합의를 봐야 된다는 거예요. 소속한 정당 전체 상임위원들, 상임위 위원들이 합의를 해야만 이게 본회의에 올라갈 수 있다는 거예요. 그래서 처음에는 "그런 개같은 법이 다 있냐"고 그랬어요. 그래서 지금은 국회선진화법이 있어서 어쩔 수가 없대. 옛날에 독재하던 당들이 마음대로 막 그렇게 하던 것 때문에 만든 법인데 이게 꺼꾸로 발목을 잡은 거죠. 그럼 어떻게 하냐고 "쟤네가 합의를 안 해줄 텐데 그럼 영원히 못 올리는 거 아니냐?" 그랬더니, (한숨) 참…, 그것 때문에 막 고민을 하다가 이제 한참 있다가 연락이 왔어요. 주로 박주민 의원하고 많이 연락을 한 거죠. 방법을 하나 찾았다는 거야. "뭐냐?" 그랬더니 패스트트랙이라는 제도가 있대요. [그게] 뭐냐고 그랬더니 정당 간에 합의가 안 되면 [법안을] 영원히 못 올리잖아요. 그거에 대한 보완책으로 만들어놓은 게 신속처리안건 지정하는 방법, 패스트트랙인데 합의를 못 볼 경우엔 다수의 의결에 의해서 이걸 신속처리안건으로 지정을 하면 일정 시간이 지난 이후에 자동으로 본회의에 올라간다는 거예요.

그래서 "아, 그러면 진작에 얘기를 해주지 그걸, 그런 좋은 제도가 있으면. 뭘 그런 걸 새누리당하고 합의 보면서 법안은 누더기 되고, 뭐

괜히 이런저런 요구하고" 그랬더니, "다 무시하고 패스트트랙 갑시다. 그리고 우리가 생각하는 안으로 그냥 밀어붙입시다" 그랬는데, 나는 이제 신속처리안건이라는 제목에 속은 거죠. 이게 말은 신속처리안건 인데 "이게 본회의에 자동으로 상정이 될려면 11개월을 기다려야 됩니다"라는 거야. "아니 그게 무슨 신속처리안건이야. 이름이 그게 무슨 신속이야, 11개월이[면] 1년인데…" 그랬더니 이게 취지가 신속처리안 건으로 지정해 놓고 그럼 이제 합의를 안 해주는 정당이 압박을 받는 다, 이거죠. 그래서 "그 12개월, 11개월, 자동으로 상정되는 11개월 내 에 자기네들이 반대하는 법안이 일방적으로 올라가는 걸 원하지 않으 니까 그런 압박성을 통해서 그 안에 서로 합의안을 만들 수 있지 않느 냐? 그 논의 테이블에 나올 수 있도록 만들지 않느냐?" 그래서 조금씩 양보해 가지고 법안을 만들면 그 11개월 되기 이전에도 합의 보면 올 라갈 수 있게 하는, 일종의 논의를 유도하는 장치로 한 거죠(한숨).

　　그냥 답답해지더라구요. 그래서 고민을 했어요. '이거를, 11개월 을 또 언제 기다리나. 그럼 해산되고 나서 1년이 넘는 시간 동안 또 공백인데, 이것도 진상 규명 끊어지는 건데…' 그러다가 결국 결정을 한 게 "하자. 그럼 신속처리안건으로 하자. 대신 그럼 11개월 뒤에 올 라가는 건 확실하냐?"[라고 물으니] 그거는 법상 확실하다는 거예요. "그래? 그럼 지금 우리가 만든 두 번째 특별법안 이거…[로 가보자" 하 게 되었던 거죠]. [법안 내용을] 굉장히 강화시켜 놨거든요. 이 특별법 안 만드는 과정에 저희들이 다 들어가서 개입을 해갖고 1기 특조위를 겪으면서 발생했던 문제점들을 보완하기 위한 조항들을 다 넣었어요. 수사권[은] 당연히 집어넣고, 그다음에 특조위를 [향한] 방해를 사전에 차단하거나 또한 방해를 했을 경우에 그걸 강제적으로 처벌하기 위한 조항도 넣고, 특검도 자동 빵으로 되도록, 국회에서 또 논의하고 누가 반대하니 이래 갖고 정치 쟁점화되고 이런 거 막기 위해서 국회, 예를 들어서 국회에다가 특검 요청하면 자동으로 본회의에 올라갈 수 있는 장치들도 만들어놓고, 특검 횟수도 무제한으로 해놓고, 하여튼 우리가 생각하는 그 입맛대로 법을 다 만들었어요. "이거 그러면 11개월 뒤에 본회의에 올려서 땅땅땅 두드리십시오. 11개월 기다릴게요" 하고 결정을 했어요.

근데 아까 처음에 고민이 뭐였냐면 1기 특조위 끝나고 2기 특조위 시작될 때까지의 공백, 2기 특조위가 시작될지도 모르는 상황이었잖아요. 그 영원히 이게 공백, 영원히 중단될지 아니면 한동안 중단이 될지 아무도 모르는 상황, 그 고민 때문에 그 농성 시작하면서 막후에서는 2기 특조위에 대한 준비를 같이 시작을 했다고 그랬잖아요. 그런데 예상치 못하게 이게 11개월을 기다려야 되는 거야, 그 논의를 할 때는 11개월이 아니지. 그때는 신속처리안건으로 지정될 때까지 몇 달의 시간이 더 걸렸으니까 거의 1년 반을 기다려야 되는 거예요. 그럼 다시 원점으로 고민이 돌아간 거예요. '1년 뒤에 2017년 말이면 이 법안이 자동으로 통과된다니까 좋긴 한데 그럼 그때까지는 어떻게 할 거냐?'라는 게…. 그때는 아직 박근혜 [정권이] 살아 있을 때잖아요. 그리고 2017년[은] 여전히 박근혜 임기 중, 임기이고. 그래서 그때 다시 제안을 한 게 [4·16세월호참사]국민조사위원회. '그래. 정부 기구, 조사 기구가 공백이 있더라도 진상 규명은 우리 유가족, 피해자들과 국민이 하는 거 아니냐, 결국엔. 그러면 이 1년이 넘는 이 시간 동안의 공백은 우리가 채우자. 국회나 정부에 기대할 게 없으니…' 그래서 제안을, 국민조사위원회를 제안을 한 거죠.

10
국민조사위원회의 출범 과정

예은 아빠　　　그 진상 규명, 1기 특조위에서 활동한 조사관들이 있잖아요. 이 사람들 중엔 떠나간 사람도 있지만 계속 아쉬워하는 사람들[도] 상당수 많았어요. 뭔가 이걸 계속 더 해야 될 거 같은, 그냥은 철수 못 하겠는… 그런 조사관들이 상당히 많았어요. 실제로 그런 조사관들은 강제해산당한 뒤에도 행정법원에 소송을 냈거든요. 어떤 식으로 냈냐면 '원래 법적으로 내가 받아야 할 임금이 있고 활동 기한이 있는데 강제해산당했으니 내가 월급 못 받았다, 월급 내놔라' 이걸로 행정법원에 소송을 냈어요. 그 말은 뭐냐면 활동 기한을, 활동 시작을 언제로 보느냐에 따라서 이 사람들한테 임금을 지급을 하느니 마느니 결정이 나는 거거든요. 결국 특조위 활동 기한과 아주 직접적으로 연관이 되어 있어요. 그렇게 소송을 냈는데, 그래서 그때 소송을 낸 게 이겼죠. 이겨서 행정법원에서 "정부에서 1월 1일[을] 활동 시작 기점으로 본 건 잘못된 거다. 임금[을] 다 지급해라" 여튼 그런 판결이 나왔어요. 그니까 그 소송에 참여한 조사관들은 실제로 돈을, 월급을 받으려고 했던 게 아니라 자기네들이 부당하게 해고당했고 부당하게 해산당했다는 것을 증명하기 위한 수단으로 쓴 거죠. 그 사람들은 다 대부분이 지금도 '진상 규명을 계속하고 싶다' 의지를 갖고 있는 사람들이었어요.

그런 걸 다 확인했기 때문에 "그러면 1기 특조위에서 활동했던 제 대로 된 조사관들과 진상 규명에 관심을 갖고 각지에서 스스로 공부 하면서 연구 활동을 피고[펴고] 있는 일반 시민 연구자들과 그다음에 가족협의회의 우리 가족들과 함께 진상 조사를 위한 별도의 민간 조 사 기구를 만들자"라고 제안을 한 거죠. 그게 국민조사위원회. 그래 서 그걸 전국을 다니면서 설명회를 했어요. 하고 그래서 사람들이 모 이기 시작을 했고 지원을 하기 시작을 했고 그래서 국민조사위원회를 만들었죠. 그게 이제 2017년 1월 달부터 시작을 해서… 2017년 말까 지 거의 1년 동안을 실질적으로 활동을 했고, 거기서 한 주요 활동은 1기 특조위가 잘 못했지만 어쨌든 수집한 자료라든가 조사 과제를 선 정하는 문제라든가 여러 가지 과정을 거쳤잖아요, 그러한 자료들을 다시 정리하는 것. 그다음에 가족협의회가 그동안 가져[온], 해왔던, 수집된 자료들, 증거들, 이게 상당히 양이 많거든요. 1기 특조위 시작 할 때 사실 우리가 다 넘겨줬어요. 그런 자료들도 다시 국민조사위로 가져가고 해서 다시 그걸 분류하고 그걸 다시 목록화하고 그리고 진 상 규명을 하고 싶어 하는 사람들 또는 관심 있는 사람들이 쉽게 관련 된 자료나 증거들을 찾아볼 수 있게 하고 하기 위한 아카이빙 작업을 했죠. 그래서 거기서 이제 그, 그 세월호 아카이브를 거기서 만든 거 예요. 가족협의회, 4·16연대, 국민조사위원회[가] 같이 협력을 해가지 고 그 아카이브를 만들었죠, 그건 지금도 잘 쓰고 있고.

이제 그런 활동을 1년 동안 해왔고 그리고 이제 후반부에 들어와 서는 곧 2기 특조위가 만들어지면 2기 특조위가 1기 특조위와 같은 전철, 즉 조사관들 사이에 뭘 조사해야 하는지 합의가 안 되고 세월호 참사를 바라보는 관점도 통일이 안 되고, 그러면, 그런 상태라고 그러면 2기 특조위가 시작이 돼도 한동안 '세월호 참사가 뭐냐?' 이렇게 공부를 해야 될 거고, 조사 과제를 뭘로 할지 선정하느라고 또 시간 보낼 거고…. "이런 전철을 되풀이하지 말자" 그래서 조사 과제를 다시 정리하는 그런 작업[을] 국민조사위원회에서 했고, 실제로 2기 특조위가 법이 통과되고 준비, 설립 기획단[이] 만들어지고 했을 때 그 국민조사위에서 만든 기초 자료들을 다 전달을 했어요, 그래서 좀 신속하게 조사가 개시될 수 있도록 하는 데 역할이 되기를 기대하면서. 사실은 지금도 활용이 되고 있고 또 1기 조사위와 국민조사, 1기 특조위와 국민조사위원회에 참여했던 조사관들 중에 또 2기 특조위에 들어가게 만든 사람들도 있고, 그렇게 이어지고 있는 상황이죠.

11
가족협의회의 비영리사단법인화 과정과 정부의 탄압

면담자　　조금 앞으로 돌아와서요, 2015년 1월에 가족대책위원회에서 비영리사단법인으로 가족협의회를 만들고, 4월에 창립총회를 했잖아요? 사실 조직을 새로 정비하고 바꾸는 거 자체가 내부에서 어떤 필요성과 방향에 대한 이야기들이 나와서 이루어졌을 텐데, 그와 관련해서는 어떤 논의들이 있으셨나요?

예은 아빠　　사단법인화하는 과정에서…, 우리가 법인이 언제 됐죠? (면담자 : 2015년 1월) 2015년이요? (면담자 : 네) 아니, 2015는 아니죠.

2015년은 그런 건 고민도 못 해봤는데…. 2016년에 법인화가 됐을…, 2016년에 법인화를 추진을 했죠. 실제로 사단법인[이] 될 때까지 시간이 너무나 많이 걸렸어요…. 그때 박근혜 당시에 다 핑퐁, 안산이니까 일단 안산시에 문의를 했는데 안산시는 법인을 그렇게 허가하고 등록하고 관리할 주체가 아니더라구요, 그건 광역단체로 가야 되는 거예요. 그니까 우린 안산이 경기도잖아요. 경기도로 갔는데 경기도에서는 안 받아줬어요…. 그걸 왜 안 받아주냐고, "우리도 안산 시민, 경기 도민이고 주 활동지가 여기고, 우리 세월호 참사 피해자들[이] 다 경기 도민이지 않냐?" 그랬는데 안 받아줬어요. 아마 이거는 자치단체가 아니라 중앙정부 쪽으로 가서 해야 될 거 같다는 얘기를 하고(웃음). 그때 공부 많이 했네. 그래서 안전행정부도 가보고 국무조정실도 가보고 해수부도 얘기하고 그랬는데 아무 데도 안 받아줬어요, 진행도 안 되고….

　그러다가 이제 나온 아이디어가 "서울로 가자(웃음). 거기 박원순 시장 있지 않냐?" 그래서 의사 타진을 했더니 아, 서울시에서는 박원순 시장이 흔쾌히 "여기서 합시다, 딴 데서 안 받아주면" 그래서 이제 우리 주 사무실이나 활동지를 서울로 해가지고 추진을 했던 그런 과정이 있어요. 법인화를 했던, 생각을 했던 이유는 그 전에는 그냥 아무런 법적인 자격이라든가 대표성이라든가 이런 게 없는 일반 시민들의 그냥 자의적인 모임인 거잖아요, 이게. 그게[거기서] 오는 한계들을 좀 느끼기 시작한 거죠. 우리가 하는 일이 정부를 상대해야 되고 국회를 상대해야 되고 또 지자체를 상대해야 되고 이런 건데, 그렇다고 또 가족협의회가 모든 피해자들이 다 들어와 있는 것도 아니고. 그런 어떤 대표성의 문제라든가 이런 문제가 생기고, 실제로 우리는 법을 만들어야 되고 법을 바꿔야 되고 이런 공적인 활동을 해야 될 분야들이 상당히 많은데 그럴 때 그냥 일반적인, 그냥 우리끼리의 모임의 자격을 갖고 진행하는 것이 항상 상대방한테는 제약으로 다가오는 현실들도 있고.

또 하나는⋯ 진상 규명을 진행을 하지만 그와 동시에 병행을 해야 될 게 추모 사업을 해야 되고 그 중심에는 [4·16]생명안전공원이 있고, 그다음에 생명안전공원은 관리주체가, 관리운영주체가 재단으로 되어 있고, 여튼 이런 고리들이 있어요. 이걸 우리가 미리 준비하지 않으면⋯⋯. 추모 사업이요, 돈이 연계된 사업이거든요. 제가 보는 관점은 그래요. 이게 예산이 들어가는 사업이고 규모가 작은 것도 아니고, 돈이 개입된다는 거는 결국 이권이 개입된다는 거예요⋯. 이런 것들을 '우리가 거기, 그런 과정에서 생길 수 있는 문제들을 우리가 사전에 충분히 대비하거나 또는 사전에 차단하거나 이런 것들을 하지 않으면 문제가 되겠다'는 생각도 좀 많이 있었어요. '그런 것도 미리 준비를 해야 되겠다. 그러려면 우리가 법인이 되는 것이 좋겠다'[라고 생각]해서 사단법인으로 가기 위해서 굉장히 내부적으로 논의를 많이 했는데, 사실 이런 고민이 사전에 충분치 않으니까, 개인적으로. 그리고 엄마, 아빠들이 뭐 이런 걸 스스로 만들어본 적도 없고, 그러잖아요. 성격이 도대체 뭔지, 사단법인인지 뭔지, 재단법인이 뭔지도 구분이[을] 잘 못하는 이런 상황이고 그래서⋯. 오랫동안 논의를 했어요.

하여튼 그런 이유로 법인화를 추진했어요. 추진하고 당연히 한두 달이면 끝날 줄 알았는데, 아까 얘기한 대로 뺑뺑이 돌리니까, 서로 안 받아주려고. 아주 부담스러워하는 분위기가 역력했어요, 아주 피곤해질 것 같다는 그런 분위기가 역력했고. 굉장히 부당한 거죠. 그러다 결국 서울시에서 박원순 시장님이 "우리하고 같이합시다" 그래서 준비했던 정관이라든가 이런 것들을 일부 좀 수정을 하고 보완을 해서 서울시하고 진행을 해서 거의 한 1년 가까이 걸려서 법인화를 하게 된 거죠.

면담자　　　2015년이 유가족들과 시민들의 투쟁에 대해서 공권력이 과도하게 진압하는 시기였잖아요. 실제로 참여하시면서 들었던 소회들이 있다면 말씀해 주십시오.

예은 아빠　　　그 우리들을 그 공권력을 동원을 해서 차단하고, 뭐 우리뿐만 아니라 시민들까지 다 아주 무자비하게 했던…. 그리고 그런 과정들이 2015년에 굉장히 집중됐었죠. 그때 느낀 생각은 일종의 확신이었어요, 확신. 만일에 그때 그렇게 안 막았으면…, 어찌 보면 결과적으로 지금쯤 진상 규명에 대한 의지가 더 약해졌을지도 몰라요. 그렇게 막는 걸 보면서 점점 더 확신이 드는 건 '뭔가가 있다' 이거 하나였어요. 그렇게 막는 게 뭐 무섭지도 않았고… 싸우는 게 두렵지도 않았고 연행되어 가는 거 전혀 겁 안 났고, 단식하고 바닥에서 누워 자고 길거리에서 맨날 밤새고 이런 거는 전혀 힘들거나 그러지 않았어요, 저는. 아마 다른 가족들이[도] 다 그랬을 거예요…. 이거 여담이지만 시간이 지나서 지금은 오히려 그때를 그리워도 한다니까, 우리가? 나가서 싸우는 거 자체가 좋은 게 아니라 그렇게 명확하게 우리가 가서 싸울 수 있는 대상이 있고 요구할 수 있는 게 있고, 이거를 시민들과 또 함께하고 그러니까, 거기서 받는 힘과 에너지, 이게 그리운 거지. 지금은 그런 게 많이 없으니까. 여러 가지 이유로 그런 것들을 할 수 없도록 제약하는 것들이 또 지금은 있어요, 어쨌든 그랬어요.

근데 그런 과정을 겪고 나서 점점 확신이 드는 건 '이렇게 진상 규명을 방해하고 우리를 탄압하는 거는 이 세월호 참사에 뭔가가 있기 때문이다. 그러지 않고서야 어떻게 이렇게 집요하게 방해하고 탄압을 할까…. 오히려 보듬어 안는 게 우리를 조용하게 만들 수 있는 방법일 거 같은데 내 생각엔. 그게 아니라 일방적으로, 무력적으로 탄압을 하고 하는 거는 정말 감추고 가려야 할 무언가가 분명히 있는 거다…'. 사실은 그 시기에 제가 세월호 참사 진상 규명이라고 하는 것에 생각이 좀 넓어졌어요. 물론 지금도, 처음부터 지금까지 일관된 건 뭐냐면, 음… '세월호 참사의 본질은… 구조를 하지 않은 것이다' 이건 처음부터 지금까지 일관된 제 입장이고 생각이에요. 따라서 세월호 참사 진상 규명의 핵심은 '왜 해경이 그때 출동을 일찌감치 했음에도 불구하고 선원들만 계획적으로 빼내고 다른 승객들은 죽도록 내버려 뒀을까…. 이것을 밝히는 것이, 그 이유가 무언지 밝히는 것이 진상 규명의 핵심이고 거의 유일한 과제다. 이것을 밝혀내면 거의 대부분 밝혀진 것과 다름, 진배없다' 이게 처음부터 지금까지 갖고 [있는] 일관된 제 생각인데, 2015년에 집중된, 자행이 된 이 탄압을 겪으면서 조금 더 확장이 된 게 뭐냐면, 그 생각은 변함이 없지만, '거기에 세월호의 침몰 원인까지 관련이 있을 가능성도 있겠구나' 그 이전까지는 '세월호가 침몰한 것은, 음… 누가 뭐 일부러 침몰시켰다거나 그럴 가능성은 별로 없을 것이다'라고 생각했고] 더 정확히 말하면 '침몰 원인을 밝히는 것보단 구조를 하지 않은 이유를 밝히는 것이 절대적이고 우선

적이고 한참 앞서 있다' 이 생각을 했는데 그렇게 집요하게 탄압하는 걸 보면서 '혹시 구조를 하지 않은 이유에 세월호 침몰도 관련이 있는 것은 아닐까?' 왜냐면 '그 정도까지의 관련성이 없다고 그러면 굳이 저렇게 진상 규명을 못 하도록 방해하고 탄압할 이유가 있을까?' 아무리 생각해도 납득이 안 되는 거예요….

그래서 그때 이제 조금, 진상 규명에 대한 그 생각이 확장이 됐고 지금까지도 유지가 되고 있고…. 그래서 제가 항상 하는 얘기가 "세월호 참사 진상 규명은, 첫 번째가 왜 구조 시도조차 하지 않았는지 그 이유와 책임을 밝히는 것이고, 두 번째가 세월호가 침몰한 직접적인 원인과 책임을 밝히는 것이고, 세 번째가 그토록 집요하게 방해하고 탄압한 이유와 책임을 밝히는 것". 이걸[방해와 탄압을] 겪으면서 거기 플러스 하나가 더 된 거죠. 이 1, 2, 3번의 과제 사이에 어떠한 연관성이 있는지를 밝히는 것… 이 마지막 4번이 제가, 밑에 추가가 된 거예요, 응. '그 정도까지 서로 연관성이 없다고 그러면 이렇게까지 방해할 일이 아닌데, 이렇게까지 탄압할 일이 아닌데…' 그때 받은 느낌, 생각은 그거였죠, 2015년에.

12
4·16연대 출범 과정

면담자   2015년 6월 28일에 4·16연대가 발족이 되었는데요. 발족 과정에서 가족들의 활동 등이 있었는지, 그다음에 4·16연대와 가족협의회의 관계를 포함해서 활동에 대한 회고, 앞으로의 바람 등에 대해 이어서 말씀 부탁드립니다.

예은 아빠   아, 이건 되게 오래된 얘기라서…, 4·16연대는, [4·16연대에] 대해서는 얘기는 많은데 (면담자 : 마지막에 할까요, 그냥?) 근데 하여튼 출발점을 보면, 그 필요성은 제기가 됐어요. 이 세월호 참사의 매우 특이한 현상 중에 하나는 보통 이런 사회적인 문제가 발생하면, 최근에도 그렇지만, 기존에 그러한 활동이나 운동을 해오고 있는 시민 단체나 운동 그룹이 나서는 거잖아요. 그래서 그 가족들이 그때그때 필요한 연대를 하거나 연대체를 만들거나 해서 투쟁하고 싸우는 게 거의 대부분의 도식화된 현상이었는데, 근데 세월호 참사는 그게 아니었죠. 물론 참사 직후에 기존에 운동을 하고 또 활동을 하던 그런 분들이 찾아오셨죠. 그리고 아주 초기부터 같이 협력을 해왔죠, 아주 초기에는 좀 껄끄럽기도 했지만 어쨌든. 그런 필요성들을 서로 인정을 하고 또 그런 방향이 맞다는 것도 서로 공감을 했으니까 해왔죠. 그러니까 범국민대책위나 이런 것들도 만들어지고 했어요.

근데 그런 흐름과는 전혀 관계없이 전국 각지에서 심지어는 해외에서까지 개인적으로 세월호 참사와 관련된 활동과 의견 개진을 하기 시작을 한 거예요. 근데 그게 누군가 봤더니, 그게 다 엄마들인 거예요. 제가 지난번에도 얘기했지만, 지난 시간에도 얘기했지만 그 2014년 7월 달에 전국으로 서명 투어 다닐 때 가족들의 어떤 경험들을 얘기했잖아요. 거기서 만난 사람들이 기존에 운동을 하거나 시민운동단체 활동을 하던 사람들을 만난 게 아니고 그 동네 사는 주민들을 만난 거였거든요. 그니까 이 경험 자체가 저희 가족들한텐 예상치 못했던 경험들이었던 거예요. 근데 그게 너무나 광범위해요. 사람[가족]들이 가서 만난 사람들이 다 똑같이 하는 얘기가 "저도 엄마예요"예요. "저도 자식을 키우는 엄마, 아빠예요. 다 내 아이 같고 내 아이가 커서 저렇게 될 거 같고 그래서 참을 수 없어서 나왔어요. 참을 수 없어서 내가 서명이라도 받아야 되겠고, 참을 수 없어서 그것 때문에 내가 피켓이라도 들고 있어야 되겠어서 나왔어요". 이게 너무너무 많은 분들이 그러셨는데 그게 일시적인 현상이 아니라 계속 그러는 거예요. 6개월, 50만 [명]이라고 하는 서명을 받은 원동력이 그거였거든요.

활동가들이 나서서 받아 온 서명도 또 상당히 되지만 그것과 관계없이 자기가 스스로 서명을 하고 자기가 스스로 서명 용지를 출력을 해서 자기가 자기 직장, 학교, 동네에서 자기가 서명받아 가지고 연락을, "이걸 받긴 받았는데 얼마 안 되는데요, 몇십 명밖에 안 되긴 하는데 이거 보내드리고 싶은데 어디로 보내야 돼요?" 하는 연락이 무수히 오기 시작하는 거예요. 그때 서명받을 때는 하루에도 집배원이 오토바이에다가 서명 용지[를] 막 이만큼씩 채워가지고 매일같이 가족협의회 사무실로 왔어요, 우편으로 와갖고. 가족협의회 그 대기실에서 가족들이 하는 일이 그날그날 온 서명지를 다 뜯어서 분류하고 어디서 왔는지 다 기록하고, 이걸 몇 시간씩 했다니까, 매일. 그걸 보냈는데 어느 단체에서 보낸 게 아니라 어느 엄마가, 어느 학생이, 어느 대학생이 자기 학교에서, 자기 동네에서, 자기 직장에서, 자기 동창회에서… 받은 걸 한 장, 두 장, 세 장, 어떤 사람은 열 장 보내고. 이걸 2014년에 쭉 경험을 했잖아요, 1년 동안. 근데 그게 사그라들지를 않아요.

그리고 그 사람들이 자기네끼리 공식적인 단체는 아니지만 이름을 붙이기 시작해요, '세월호 참사를 기억하는', 예를 들면 동네 이름, '세월호 참사를 기억하는 무슨 동네 모임' 이런 식으로 그냥 이름 붙여서. 그렇게 세월호 참사로 나왔다가 "어, 너도 세월호? 응, 나도 세월호, 우리 같이합시다" 이렇게 만난 사람들이 자발적으로 두 명, 세 명, 열 명 이렇게 모여서 그 마을별로 그렇게 하는 게 막 모이기 시작하고, "그럼 우리 같이 주기적으로 합시다. 우리 이번에 한번 안산 방문해 볼까? 국회에 있을 텐데 국회 한번 가볼까?" 이걸 1년 동안 경험하고 나니까 고민이 되기 시작하는 거예요, '이걸 어떻게 해야 되지?' 그니까 '이 사람들을 어떻게 조직화해 가지고 어떻게 막 끌어모으지?' 이 고민을 하는 게 아니라 계속 들어오는 질문이 "이제 뭐 해야 돼요? 뭐라고[뭐라도] 하고 싶은데 유가족 여러분들, 뭘 하면 저희들이 뭘 하면 좋겠어요? 알려주세요, 알려주세요. 그냥 서명만 받으면 되나요? 이걸로 약하지 않나요?", "피케팅을 하고 싶은데 피케팅 문구를 뭐라고 쓰면 좋을까요? 이왕이면 가족분들이 가르쳐주시는 거를 써서, 가족분들이 원하시는 대로 만들어가지고 피케팅을 해야 될 거 같은데 뭐를 해야 될까요?", "어떤 활동을 해야 될까요? 또 할 수 있는 일이 뭐가 있을까요? 진상 규명을 위해서 내가 할 수 있는 일이 뭘까요?" 가는 데마다 질문이 들어오는 거예요. 내 페북에도, SNS에도 계속 질문 들어오고 가족들이 간담회 가면 간담회[의] 주된 질문이 그건 거예요.

면담자   워낙 이슈가 다양하니까 그렇게 질문이 나올 거 같아요.

예은 아빠   네, 그니까 그 욕구가, 자기는 뭐라도 해야 되겠는 거야. "세월호 참사 때문에 이걸 안 하면 도저히 못 견디겠다"는 거예요. '근데 뭘 해야 도대체 가족들한테, 유가족한테 도움이 되지? 어떻게 하는 게 맞는 거지?' 혼자 고민하면 안 풀리니까 "그럼 가족들한테 묻자. 가족들이 원하시는 걸로 우리가 해야 되는 거 아니냐" [이렇게 되는 거예요]. 근데 거기에 대해서 처음에는 그냥 가볍게 "열심히 해주세요. 기억해 주세요" 하다가 '아, 이건 아닌 거 같다. 이게 그냥 단순히 잠깐 지나가는 게 아니고 계속 이 사람들은 뭔가 하고 싶어 하는데 어떻게 해야 될까?' 그 고민이 [4·16 참사] 1년을 겪으면서 시작이 된 거죠.

그래서 그때 4·16연대, 그때 이름은 4·16연대는 아니었지만 하여튼 "이런 것들을 묶어놓는 무언가를 만들어야 되지 않냐?" 이렇게 얘기가 들어왔어요. 그런 제안이 같이 대책위 만들어서 하던 시민 그룹, 단체들, 활동가들 이런 분들이[에게서] 제안이 들어왔어요. 거기는[거기에 대해 제가] 수정 제안을 한 거죠. "뭘 하려고 하는 거냐, 이걸로?" 그 얘기를 듣고 제가 수정 제안을 했어요. "뭘 하려고 하는 거냐, 이걸로? 또 시민 단체 하나 만들려고 하는 거냐? 그 목적이 뭐냐?" 그래서 결국 최종 정리를 한 게 뭐였냐면 "이거는 전국을 통일해서 규합하는 중앙집중적인 조직을 만드는 건 아니다. 그런 식으로 접근해서는 안 된다" 내가 요구를 한 건 딱 한 가지였어요. 이게 자발적으로 각 지역에서 해외까지 개인적으로 정말 하고, 뭔가를 하고 싶어서 나왔다가 그때그때 이렇게 이렇게 모여 있는 사람들, 이 사람들은 운동을 하던 사람들도 아니고 시민 단체 활동을 하던 사람도 아니고, 그 가운데 대부분의 사람들의 고백이 "나는 이전에 이런 거 전혀 모르고 신경도 안 쓰고 또 이런, 이렇게 막 나와서 집회하고 이런 거 보면 맨날 욕하던 사람인데 세월호 참사 보면서 내가 바뀌었어요. 가만히 있으면 안 되겠다, 나는 세월호 참사 때문에 여기 나왔어요" 하는 사람들의 고백이

186
•
예은 아빠 유경근

계속 이어지니까….

"이런 사람들을 기존에 운동하던 방식이나 그 틀로 묶으려고 하는 건 불가능하고 맞지도 않다. 그러니 이런 조직을 만들려고 하는 첫 번째 요구하는 목적은 이런 사람들, 자발적으로 모여가지고 활동을 하고 싶어 하는 사람들과 뭔가 의사 표현을 하고 싶어 하고 진상 규명에 대해서 뭔가 하고 싶어 하고 계속 아이들한테 미안[해]하고, 이런 사람들이 자기가 있는 곳에서 무엇을 어떻게 할지를 서로서로 정보를 교환을 하고 배우고 서로 격려할 수 있는, 이 사람들을 네트워킹을 해줄 수 있는… 그게 4·16연대라면 나는 찬성한다…. 이 사람들한테 뭘 하라고, 중앙에서 지방 조직에다가 뭘 하달하고 이런 거 말고, 이 4·16연대가 하는 역할은 이 사람들이 원활하게 서로 의사소통을 하고 서로 정보교환을 하면서 스스로 할 수 있는 것들을 만들어내는 그런 모임들을 스스로 만들어내고, 이것을 원활하게 할 수 있는, 네트워킹을 해줄 수 있는 존재여야 한다. 그 이상 끌고 가려고 하면 안 된다", 이런 요구를 했던 거죠. 그래서 그런 논의를 거치면서 만들어진 게 4·16연대예요. 근데 그 평가 부분에 있어서는 뭐, 조금 여러 가지 평가를 할 수 있긴 하죠. 여튼 그렇게, 그런 류의 수정 제안을 했고 제가, 그래서 그런 것들이 논의를 통해서 이제 [4·16연대가] 만들어졌어요.

면담자   그다음에 세월호 참사 1주기 범국민대회를 주도한 혐의로 2015년 7월 14일 박래군, 김혜진 위원이 구속영장을 받아 구속되기도 했는데요. 이것과 관련해서 기억이 나시는 것이 있다면요?

예은 아빠   그게 1주기 얘기였다구요? (면담자 : 1주기 범국민대회를 주도한 혐의로 구속영장이 발급되고 구속되시고…) 네, 그렇죠…. 좀 미안

한 얘긴데 (잠시 침묵) 별로 이렇게 특별한 감정이 없어요. 일단은 그렇게 범국민대회를 주도한 혐의로 체포하고 구속하고, 그 자체가 일단 잘못된 거죠. 그건 아주 부당한 거고, 그 의도 자체가 세월호 참사를 중심으로 해서 국민들이 모이고 시위하는 것을 차단하기 위해서 강수를 둔 것이고, 또 하나의 의도는 그렇게 함으로써 이 시민 단체, 또 시민활동가 그룹, 운동 단체와 그다음에 우리 가족협의회를 분리시키기 위한…, 그러한 의도도 분명히 들어가 있어요. 그때도 [그 의도를] 읽었고, 지금 봐도 그거 맞는 거, 맞고, 그런 의도는 분명히 있었어요. 그래서 그때 이제 손해배상청구도, 아마 이때 했었나요? 그건 2016년인가? 어쨌든, 아, 그건 2016년이구나, 그건 2016년이고…. 하여튼 끊임없이 시도를 해왔어요, 분리시키기 위한, 유가족을 고립시키기 위한.

그러면서 이제 그 명분을 "가족협의회의 또 유가족들 옆에 좌경, 빨갱이들이 있고 가족들이 거기에 조종당하고 있고, 불쌍한 유가족들[은] 아무것도 모르면서 조종당하고 있다" 뭐 이런 식의 이야기. 그때 이제 이거[구속영장] 나왔을 때 우리끼리는 그렇게, 그 기억은 나요, 농담을 했죠, "주도는 우리가 했는데 왜 당신들이 들어가냐"고(웃음). 그런 농담은 했죠. 근데 분위기가 그랬다고 그래서 그걸 억울해하고 막 창피해하고 이럴 분위기도 아니었고…, 우리는 "잘 다녀와, 우리 잘 지키고 있을게" 뭐 이런 분위기였고(웃음). 그래서 특별히 거기에 대한 감정이나 이런 것보다는 그러한, 그 당시 정부의 그런 조치 자체가 잘못된 것이었구요. 오히려 저는 개인적으로 그런 계기를 통해서, 물론 이제 그 사람들 다 4·16연대 대표였지만 또 별도로 자신들의 활동을 하던 활동가들이잖아요. 오히려 [서로가] 더 끈끈해진 거 같아요. '아, 우리 대신 저기 들어갔네?' 이런 생각도 하고, '갔다 오면 두부라도 큰 거 하나 사드려야 되겠다' 이런 생각도 하고, 이러면서 더 끈끈해진 계기였지 않았나 싶어요, 네.

13
정부의 세월호 인양 선언과 인양 방식의 심각한 문제점

면담자　　2015년 8월 19일부터 '상하이샐비지'가 인양 작업을 시작을 했는데, 인양업체 선정부터 여러 문제점이 드러났잖아요?

예은 아빠　　앞으로 [면담을] 한 두 번은 더 해야 되겠는데요? (면담자 : 그렇네요(웃음)) 이게 간단하게 줄여서 하자니 별로 의미가 없는 거 같고, 자세히 하자니…. 이게 인양업체 선정 과정도 굉장히 정말 얘기 많아요. 아, 좀 몇 군데 안 갈걸…. 다 가가지고 그냥…(한숨) (잠시 침묵). (면담자 : 좀 쉬었다가 할까요?) (잠시 침묵) 인양을 안 하려고 그랬었죠. 2014년 11월 초에 수중 수색 중단했잖아요. 그때 미수습자 가족들도 진도에서 인터뷰하고 인터뷰 끝나자마자 해수부 장관이 수색 중단 선언하고 그랬었죠. 그때 정부에서 조건으로 걸었던 게 있어요. 조건으로 내세웠던 게 수색을 중단을 하면… 그니까 거기서 뭐라고 표현했냐면 "수색 중단을 했다고 해서 다 포기하는 건 아니다. 현재의 방식, 잠수사가 들어가서 수색해서 미수습자를 찾는 거는 이제는 더 이상 크게 의미가 없고, 굉장히 어렵고 조건도 이제 겨울 되니까 잠수하기도 힘들고…, 여튼 겨울에 못 하고 그러니 이 중단을 하게 해주시면, 그러면 그다음은 미수습자 수색 방식을 바꾸는 걸로 보시면 된다. 어떻게? 잠수사가 들어가는 게 아니라 배를 끌어 올려서, 그래서 찾는 걸로 보시면 된다" 이렇게 설명을 했거든. 그래서 "수색 중단에 동의해 주시고 선언을 해주시면 바로 세월호를 인양하겠다" 이 얘기를 했었어요….

근데 안 했죠…. 여전히 그때까지 세월호 인양 방안, 이게 아니라 '세월호처리방안'이라는 제목으로 그 이후에 계속 정부에서 내부 논의를 해요. 그러면서 '인양을 만일에 한다 그러면 어떻게 할 것인가?' 또는 '인양을 해야 될 것인가, 말아야 될 것인가? 인양을 할 때 비용은 얼마나 들 것인가? 기간은 얼마나 걸릴 것인가?' 또 '방식은 어떤 방식으로 해야 될 것인가?' 이런 것들을 내부 연구 TF를 만들어서, 그게 '세월호처리방안TF'였어요, 이름 자체가. 그것도 항의했죠. "왜 처리라고 쓰냐? 같은 말이면 좀 좋은 말로 쓰고, 세월호 인양 방안이라고 해야지" 이렇게 얘기했는데, 계속 그걸 세월호 처리라고 얘기하더라구요. 하여튼 그런 TF를 만들어서 검토를 막 했어요. 저희들이 굉장히 관심을 많이 가졌죠, 그래서 막 쫓아다니고 그 정보를 입수하려고 무슨 얘기를 어떻게 되는지[하는지]…. 굉장히 차단이 많이 됐지만 그래도 쫓아다니면서 계속 관심 갖고 정보 또 수집하고, 막 필요하면 의견을 자꾸, 듣던 안 듣던 막 계속 얘기를 하고 이런 과정이 있었는데 그게 상당히 시간이 많이 걸린 거예요.

11월 달인데, 2014년 11월 초에 [수색을] 중단을 했는데 2015년 4월 달까지 방안을 내놓지 않는 거예요…. 근데 세월호 인양 선언은 언

제 했죠? 세월호 인양 선언을 박근혜가 했잖아요. 그게 2015년 4월이
에요. 그때 우리가 시행령 폐기 싸움할 때, 그 1주기였을 때, 배상안
만, 배·보상안 일방적으로 발표하고 우리는 시행령 폐기하라고 삭발,
도보, 영정 안고 도보 행진하고… 그런 시기…. 그러던 시기에 우리는
그 이전에도 계속 쫓아다니면서 인양 문제[가] 어떻게 됐는지 계속 확
인했는데 답이 안 나오고, '진짜 인양 안 하려나 보다, 안 하려고 하는
구나', 그리고 심지어는 '인양이 아니라 저 상태로 배를 그냥 물속에
서, 바닷속에서 절단 내려고 하는 거구나' 이런 확신들을 점점 가져가
고 있는 그 시기에, 갑자기 어느 날 박근혜가 "인양하겠다"고 딱 선언
하는 거야. 그거 발표하기 몇 주 전까지만 해도 [인양에 대해서] 굉장히
회의적이었어요, 정부의 분위기는. "인양하는 데 돈이 얼마나 들고 시
간이 얼마나 들고…" 그러면서 국회의원들은 그거 갖고 막 루머 퍼뜨
리고 그랬잖아요, 세금이 얼마 들어가니, 그 죽은 사람 몇 사람 찾자
고 혈세를 써야 되니 그러면서. 그때 아마 그랬을걸, [국회의원] 김진태
가 "죽은 자식은 가슴에 묻는 거지, 그렇게 하는 거 아니라"고 막 이런
망언을…. 그때 제가 언론사 카메라 다 있는 데서 "이거 절대 편집하
지 말고 방송에 그대로 내보내라"고 얘기하면서 "김진태 이 개새끼야"
욕을 했는데 "이거 절대 삐 처리하지도 말고 묵음 처리하지도 말고 있
는 그대로 내보내라"고, 대놓고 욕하고 그럴 때도 있었는데….

그렇게 인양을 하면 안 되는 쪽으로 계속 몰아가다가 갑자기 시행
령 싸움 문제가 커지고 1주기 되고 막 분위기 이랬는데 갑자기 "인양
하겠다"고 발표를 딱 하는 거야. 그것도 이게 그렇게 어렵지 않은 것
처럼 박근혜가 그랬잖아요. "기술적으로, 비용적으로 기술적으로 다

검토해 본 결과 충분히 가능하고 기술적으로 크게 어려움이 없다고 하니 바로 인양을 하겠다" 딱 발표를 해버렸잖아요. 이제 그때부터 인양 쇼가 시작이 된 거예요…. 일종의 국면 타개를 위한 선언인 거죠. 그때 우리가 얘기했던 게 "세월호 인양을 정치적으로 악용하지 말아라"는 구호도 있었어요, 저희가. 그니까 이거를 인양을 할 듯 안 할 듯, 할 듯 안 할 듯하면서 분명히 이거 정치적으로 써먹을 거거든, 그때 항상 그래왔고. "인양을, 인양과 미수습자 수습을 정치적으로 악용하지 마라"라는 구호를 그때 우리가 했었는데, 그때 이제 박근혜가 하겠다고 딱 선언을 한 거죠. 그런데 어쨌든 선언했으니까 뭔가는 할 거 아니에요. 그때부터 인양과 관련되어서 가족협의회에서 달라붙기 시작한 거죠, "하려면 제대로 해야 된다"[라고].

여전히 갖고 있는 우려는, 인양한다고 해놓고 인양 실패를 가장해서 인양 안 할 거라는 우려가 상당히 많이 컸어요. 그래서 처음에 파악을 한 게 뭐냐면, 그러면 그 몇 달 동안 [정부가] 내부에서 검토를 했으니 인양을 어떤 방식으로 하려고 하는지가 굉장히 궁금했던 거예요. 그때까지만 해도 분위기가 뭐냐면 저렇게 큰 배를 저 깊은 바다에서 끌어, 그것도 보통, 그때 우리한테 많은 사람이 설명을 했던 게 "그 배를 인양한다는 건 뭐냐면 배를 절단 낸다는 거다. 왜? 그래야 인양이 가능하다. 어떻게 훼손 없이 그 모습 그대로 들어 올리냐. 이거는 비용이나 기술적으로나 굉장히 어려운 문제이고 우리나라에서 해본 적도 없다. 전 세계적으로도 그렇게 해본 경험들이 없다. 그러니 이걸 정말 꺼내고 싶으면 수중에서 다 절단을 해가지고, 조각조각 내서 끌어 올리는 게 인양이다" 이렇게 우리한테 대부분의 전문가들이 이렇

게 얘기했거든. 근데 우리가 원하는 인양은 그게 아니잖아요. "저 그
대로 끌어 올려서 미수습자를 찾아야 되고, 그 자체가 세월호 참사의
증거물이기 때문에 증거물을 훼손하면 안 되니까 그대로 끌어 올려야
된다" 그게 인양을 하는 게 우리 요구였는데 과연 그 기준에 맞게 어
떻게 검토를 하고 있나가 궁금했고, 그걸 이제 파헤치기 시작을 하고
계속 접촉을 하고 했던 거죠(한숨) (잠시 침묵).

그러는 중에 몇 가지 방안이 나왔어요, 몇 가지 방안이 나왔어…
(잠시 침묵). 그러면서 이제 인양업체를 선정하기 위한 절차도 들어가
고 그렇게 했는데 그 인양업체를 선정하는 과정부터 일이 이상하게
흘러간다는 게 보이기 시작을 한 거죠. 왜냐면 그 TF에서 검토한 내
용도 그렇고 우리가 검토한 내용도 그렇고, 아… 그 이름이 뭐더라…,
그 영국 업체가 있어요…. '그 영국 업체에서 제시한 방안이 가장 현
실적으로 타당하다'[네덜란드 인양업체 '스미트']. 아, 왜 자꾸 이름을 까
먹지? 그리고 '당연히 누가 보더라도 이 업체가 기술적으로 가장 안정
적이고 성공 확률도 가장 높고 원형을 가장 그대로 잘 보존을 한 상태
에서 인양을 할 수 있는 방법이다' 다들 그렇게 생각을 했어요. 우리
도 그렇게 생각을 했고. 그리고 해수부의 설명은 항상 "심사, 업체 심
사를 할 때 기술 평가를 90프로를 하겠다"고 그랬어요. "기술 평가에
배점의 90프로를 주고 가격에 10프로를 주겠다. 그니까 가격은 걱정
하지 마라. 가격이 얼마가 됐든 이걸 제대로 원형, 원상, 원형 그대로
인양을 제대로 할 수 있는 그 기술을 중점적으로 보겠다" 그러면 당연
히 그 [네덜란드] 업체가 되어야 되거든요…. 근데 나중에 보니까 상하
이샐비지가 딱 선정이 된 거예요. 그리고 그 업체는 심사 대상도 아닌

거예요.

그리고 나서 또 하나 더 놀랜 건 입찰 가격 정보를 입수해 봤더니 상하이샐비지가 857억 [원]인가? 원래 해수부에서 제시한 금액이 1000억, 기준이 1000억이었거든요. 1000억 미만에서 하는 걸로. 857억인가를 딱 냈는데 근데 그게 제일 적은 금액이에요. 그 밑에 심사했던 그 점수, 점수, 등수들을 쭉 봤더니 금액이 적은 순서대로 1, 2, 3, 4등이 쭉 되어 있는 거예요…. '이 상하이샐비지는 뭐지 이거? 이거 중국 업체인데?' [하고 의아해할 수밖에 없었죠]. 근데 그게 사실은 저희가 접근할 수 있는 정보는 아니었거든요? 뭐 인양 방식이라든가 여러 가지에 대해서…. 그런데 하여튼 입수하려고 무지하게 무던히 애를 썼는데, 나중에 알고 보니까 상하이샐비지가 선택한 방식은 부력을 이용한, 부력과 크레인을 이용한 복합적인 인양 방식을 제시를 했더라구요.

여기서 저희들이 뒤집어진 거죠. 왜냐면 해수부에서 2014년 11월에 수중 수색을 중단한 이후에 TF를 만들었다고 했잖아요, 선체처리 TF. 그 TF에서 기술적으로 쭉 검토한 결과 '어떻게 해야 된다'라고 하는 명확한 결론은 못 내렸지만 그러나 적어도 '이런 방식은 안 된다'가 나온 게 있는데 그게 뭐냐면 "부력을 이용해서 배를 인양하는 방식은 매우 위험하고 불안정하다" 하고 평가를 내렸어요, 해수부 자체 TF에서 국내 연구, 국내 기술진, 연구진들의 그런 자문이나 또 연구를 통해서. 부력이라는 게 뭐냐면 배는 안에, 배 안에 공간이 있으니까 그 안에다가 풍선을 넣는 거예요, 물속이니까. 물속에다가 풍선 같은 거 대한 고무 튜브를 집어넣고 거기다 공기를 주입하는 거죠. 그럼 고무 튜브 안에 공기가 들어가면서 커지잖아요. 그럼 물이 밖으로 밀려 나

예은 아빠 유경근

가잖아. 공기가 있으니까 부력이 생기잖아요, 그렇죠? 그거를 배의 여러 군데에다가 수십 개를 집어넣고 그런 식으로 공기 넣어서 안에 풍선을 만들어서, 풍선처럼 만들어놓고, 그다음에 바닥에다가는 빔을 쭉 깔아서, 그 배 자체를 끌어 올리면 손상이 되니, 그리고 배가 워낙 취약해져 있어 어떤 현상이 벌어날지[벌어질지] 모르니 배를 자체를 걸어서 들어 올리는 게 아니라 배 밑에 배를 들 수 있는 받침대 같은 빔을 쫙 깔아가지고 배하고 딱 부착을 시켜서 이 빔을 들어 올리는 거예요. 이 방식이 상하이샐비지 방식인 거죠.

근데 그 TF에서 이미, 업체를 선정하기 한참 전에 자체 연구 결과 "그런 부력을 이용해서 인양을 하는 건 매우 불안정하고 통제하기 어렵고 힘든 방법이니 이건 피해야 한다"는 결론을 내렸던 거예요. 근데 해수부에서 선정한 업체의 방식이 그 방식인 거야. 이거 말이 안 맞잖아요. 기존의 TF 결과도 완전히 무시한 거고 그런 걸 다 떠나서 누가 보더라도 가장 타당하고 합리적인 그리고 성공 가능성이 높은 방식을 제안한 업체는 아예 순서대로 해서 탈락이 돼버렸어. 왜 그런가 그랬더니 이 업체는 "1000억으로는 못 하겠다, 우린" 그래서 아마 거의 1200억 정도인가를 입찰을 한 건데 해수부 입장에서는 "왜 1000억까지만 한다고 했는데 1200억이야? 니네는 심사 대상 아니야" 이런 거예요. 우리한테 했던 얘기하고 다 안 맞는 거예요. 가격이 문제가 아니라 기술을 우선으로 하겠다고 했는데 이미 그 가격은 현실적으로 [업체들이] 참여하기 어려운 적은 금액으로 책정을 해놓고 그걸 기준 못 맞췄다고 가장 믿을 수 있는 업체의 방식을 짤라버린 결과가 된 거죠….

그 과정을 통해서 상하이샐비지가 선정이 됐고, 그래서 그 상하이 샐비지가 선정한 방식을 놓고 가족들한테 설명을 하겠다고 그래서 가 가지고, 그때 이제 작정을 하고 갔죠, 저 방식에 대한 문제점 뭐 이런 걸 지적하기 위해서. 그래서 이제 가서 브리핑을 쭉 듣고 나서, 들었 는데 그때 그 인양 방식뿐만 아니라 기타 다른 보조 방식, 보조 조치 에 대해 [정부가] 이입한 게 한 게 너무 많이 드러나는 거예요. 예를 들 면 첫 번째, 정부가 세월호를 인양하겠다고 한 이유는 딱 하나였어요. 진상 규명? [정부는] 관심 없구요…. 정부는 박근혜 정부 때까지, 끝날 때까지 우리가 그렇게 집요하게 입장을 물어봤음에도 불구하고 단 한 번도 대답을 안 하거나 또는 다른 말로 표현한 게 뭐냐면 "정부가 세 월호를 인양하려고 하는 목적은 미수습자를 수습하기 위한 것이다", 여기서 끝이에요…. 선체 조사? 진상 규명? 그건 자기네들이 세월호 를 인양하는 목적이 아니라는 거예요…. 그니까 오히려 "미수습자를 끝까지 찾아서 가족들에게 돌려주기 위한 목적으로 우리는 인양을 한 다" 이게 정부의 입장인 거죠.

그러면, 그게 자신들의 입장이라고 그러면, 인양을 할 때 미수습 자를 수습하기, 하는 데 도움이 될 수 있는 방법을 택해야 되고 그러 한 조치들을 해야 되잖아요. 근데 상하이샐비지가 내놓은 방식을 설 명을 하는데 거기에는 미수습자 유실을 방지하기 위한 조치가 매우 미흡해요. 그니까 그것도 말이 안 맞는 거야. "정말 세월호를 미수습 자 수습하기 위해서 우리는 인양하는 거다. 그 목적밖에 없다. 그 목 적으로 인양하는 거다"라고 했으면 그 조치를 취해야지. 근데 인양하 는 걸 보면 우리가 보더라도 인양 과정에서 유해들이 밖으로 쓸려 나갈, 나갈, 쓸려 갈 가능성들이 사방에 보이는데 그 조치가 다 없는 거야. 예를 들면, 빔을 이렇게 설치한다고 그러는데 배가 좌현으로 이렇게 쓰러지면서, 이 바닥에 좌현이 밀착이 되어 있기 때문에 이 좌현의 상태를 우리가 알 수 없잖아요. 근데 분명하게 예상할 수 있는 건 뭐냐면 그 큰 배가 쓱 쓰러지면서 탁 박았으면 좌현 쪽 객실은 다 아작이 났겠죠, 유리는 당연히 깨졌겠죠. 그럼 인양을 하면 물이 밑으로 빠지잖아요. 그럼 배 안에 있던 것들이 지금은 갇혀 있으니까 그 안에 있지만 들어 올리면 물이 빠지면서 배 안에 있던 것들도 [배를] 들면 다 내려갈 거 아니에요. 그 조치가 없는 거예요….

　그다음에 혹시라도 유실이 되면 최소한 그 유실된 유해든 유품이든 뭐든 간에 어디로 도망가지 않게 하는 조치가 필요해요. 그러면 배 주변을, 주변에 배에서 뭐가 이렇게 나오더라도 다른 데로 쓸려 가거나 멀리 가지 않기 위한 펜스나 어떤 방지망 같은 것들을 설치를 해야 되는데 그 계획도 없어요…. 고작 한다는 것이 사람이 밖에서 접근이 가능한 선체 외부에 뚫린 구멍을 철망으로 막는 거예요, 하나씩 하나씩. 근데 그거는 전체에서 막을 수 있는 것 중에, 뭐 한 반? 반이나 되려나? 왜냐면 좌현에 사람이 접근이 안 되면 못 막잖아. 아까 그 조치 없다고 그랬잖아요. "우현 쪽에, 하늘 쪽에 있는 거, 이쪽은 철망으로 막겠다. 철망을 뭐 어떤 재질로…" 이런 것만 설명을 하는 거야. 그래서 그거 가지고 집중적으로 그때 질의를 하고 요청을 했죠, "말이 되는 소리를 해라, 이거 다 빠져나가고 다 잃어버릴 텐데…". 그런 조치가 아예 없으니까, 그런 거 가지고 막 문제 제기를 했고 결과적으로 그 밑에 그거 하려면 "33개의 빔 사이사이를 빔만 설치하는 게 아니라

197
•
2회차

빔 설치하면서 빔과 빔 사이를 철망으로 다 막아서 혹시 나오더라도 유실을 방지하도록 하겠다"라는 조치가 추가가 됐고, "주변에 펜스를, 대형 펜스를 해류에 설치를 해서 [배 안에 있는 것들이] 빠져나오더라도 조류에 의해서 막 흩어지는 것을 막을 수 있는 장치를 하고 인양한 이후에 그 펜스 안을 수색을 해서 유실된 것들을 다 찾아내고 하는 조치를 취하겠다" 이런 거 추가가 됐죠.

근데 이것도 "그렇게 하겠다"고 해놓고 나중에 다 변명이었어요. 거기 수심이 한 45미터 되거든요. 배가 폭이 22미터니까 전체 수심에서 절반 정도가 배가 있잖아요. 그니까 바닥에서, 바닥에서 우현까지가 한 22미터, 찌그러졌다고 그래도 20미터가 넘는 거예요. 이걸 들어 올리는 과정에서 유실되는 것을 막기 위한 유실 방지망, 펜스를 설치하는데… (잠시 침묵) 펜스 높이가 1미터예요, 1미터. 원래 그러지 않았거든요? 훨씬 더 높게, 그 누가 봐도 1미터, 요만한 높이의 펜스 만들어, 해저에 만들어놓고 유실된 거, 이게 다 바닥으로 가라앉아 가지고…, 그때 조류가 세 가지고 위에서 왔다 갔다 하는데 [그렇게 1미터로 해서는] 효과 없다, 당연히 예상하잖아요. [원래 계획은 펜스 높이가] 훨씬 더 높았어요. "그런데 그걸 검토해 보니까 인양하는 데 그 방지 펜스가 방해가 되니 높이를 낮춰야 되겠다…"[라고 해서] 다 낮췄어요. 하여튼 그런 식의 과정을 거쳤고 그랬죠.

그다음에 우리가 할 수 있는 건 뭐냐면 상하이샐비지를 정부에서 공식적으로 채택해 가지고 계약을 맺었는데 이거를 우리가 무효화시킬 수 있는 방법이 없잖아요, 현실적으로. 그래서 그다음에 한 게 "그러면 그 인양 과정을[에] 우리가 참여하는 거다. 저 새끼들이 저 바다 밑에 들어가서 무슨 짓을 하는지 우리가 직접 봐야 되겠다" 하는 싸움이 그때부터 시작이 된 거예요. 그래서 우리가 [진도군] 동거차도를 들어간 거죠. '동거차도 가서 보겠다'가 아니라 원래는 그 인양 바지선을 우리가 같이 타고, 같이 타려고 했어요. "우리도 들어가겠다" [했는데] 완강히 거부를 했죠. 특조위에서 인양 과정을 점검하겠다고 갔는데, 공무원도 아니고 상하이샐비지 중국 사람이 나와서 특조위에서 온 조사관들 위협해서 승선 못 하게 하고, 그 위로 크레인 막 옮겨서 죽일 것처럼… 그 해상에서 막 하고, 우리 못 올라오게 하고, 인양 방해한다고. 무슨, 특조위가 당연한 자신들의 조사 권한을 가지고서 점검을 하러 가는 건데. 거기에 대해서 정부에서는 어떠한 조치도 취하지 않고 오히려 상하이샐비지 앞세워서 못 들어오게 막고…, 유가족들 거기 탑승하는 거 당연히 못 하게 하고.

그래서 결국엔 우리가 어쩔 수 없이 선택한 게 "그럼 동거차도에서 지켜보자, 다 보이니까" 그래서 그때 동거차도 가서 움막 짓고 거기서 또 살기 시작한 거죠. 그때 촬영했던 촬영 기록 보면, 그 작업 기록 이런 것들도 상당히 방대하게 수집이 되어 있고 그때그때 지켜보면서 "아, 지금 무슨 작업한다", "크레인 돌렸다", "뭘 끌어 올리는 거 같다" 그러다가 이상한 게 발견되면 그걸 즉시 안산으로 보고하면 안산에서 인양분과장이나 임원들이 해수부에 연락해서 "지금 이거 뭐냐? 이거 뭐냐?" 확인을 하고 하는데, 근데 그게 한계가 있잖아요. 직접 들어가서 보는 것도 아니고(한숨). 그 과정을 통해서 결과적으로 세월호를 박근혜 정부의 의도대로 수중에서 다 절단을 냈죠. 하여튼 이후에 또 관련이 있어요.

근데 하여튼 뭐 상하이샐비지 선정 과정만 얘기했는데, 선정 과정 자체도, 그 내용 자체도 굉장히 문제가 많았고…. 그래서 지금… 선체 조사위원회에, 지금은 활동 끝났지만, 세월호 인양 과정에 대한 조사를 해달라고 신청도 했었어요. 그런데 선조위는 그걸 못 했죠, 뭐 여력도 안 되고 의지도 없었고. 그래서 이번에 다시 이 세월호 참사 조사위원회[사회적 참사 특별조사위원회]에 다시 냈, 다시 요구를 했어요, "세월호 참사 그 자체에 대한 진상 규명과 함께 세월호 인양 과정에 대해서 조사하는 건 반드시 필요하다". 그래서 그건 별도의 팀이 구성되어서 세월호 인양 과정에 대한 조사를 할 것으로 알고 있구요. 그런 걸 하게 되면 그 당시 정부가 어떤 의도로, 또 어떤 목적으로 상하이샐비지를 선택을 했는지가 드러나겠죠. 분명한 건, 내가 이거 확신 짓고 이야기하는 건… 정부는 인양하려고 상하이샐비지 선택한 게 아니었어요, 아니었어요.

"결과적으로 인양하지 않았냐?" 이렇게 볼 수 있겠죠. [그런데] 상하이샐비지가 제시한 인양 방법 그리고 그 상하이샐비지의 인양 방법을 "이게 가장 경제적이고 가장 시간을 단축할 수 있고 그리고 가장 세월호를 원형 그대로 보존하면서 인양할 수 있는 유일한 방식이다"라고 강조했던 해수부, 결과적으로 인양을 했지만 마지막 인양한 방식은 상하이샐비지가 제시한 방안이 아니었어요. 해수부가 그토록 자신 있게 강조하던 상하이샐비지의 방식으로 인양하지 않았어요. 그 방식은 실패했어요. 결국 그 모든 방식 다 버리고 처음, 우리가 제시했고, 영국[네덜란드] 업체가 제시하려고 했던 그 방식으로 인양했어요…. 그리고 그 방식을 도입하자마자 불과 한 달 만에 인양 성공했어요(잠시 침묵).

이게 모든 걸 증명해 주는 거거든요? 인양한 이후에 선체에서 상하이 샐비지가 그 안에 설치했던 수많은 푼톤[폰툰], 아까 풍선 얘기한 부력, 푼톤인데 그거 끄집어내느라고 고생 많이 했어요(잠시 침묵).

어쨌든 그렇게 인양하고 나니까 배는… 다 절단, 절단 나 있고, 다 절단 나 있었고. 나중에 또 그 질문이 나올 거 같은데 2017년 3월 세월호가 인양됐을 때, [우리는] 계속 거기 가 있었으니까, 세월호가 딱 바지선에 실려가지고 목포 신항에 딱 들어와서 배가 가까이 올 때 처음 드는 생각……. 물론 그 전에 해저 사진도 봤고, 인양 과정도 다 봤고, 인양을 해서 목포 신항까지 오는 과정도 다 봤지만. 그 항구에 서 가지고 딱 들어왔을 때 그 배를 딱 보고 드는 생각……(잠시 침묵). '증거의 가치가 없겠구나…. 이미 세월호 선체는 증거의 가치가 거의 없겠구나. 선체 조사를 통해서 밝혀낼 수 있는 게 거의 없겠구나' 사실 솔직한 제 첫 번째 느낌이었어요. 음… 실제로 그런 거 같아요. 그렇다고 안 할 순 없죠. 또 우리가 모르는 뭔가, 증거라는 건 항상 어디에 어떻게 남아 있고 숨겨져 있을지는 아무도 모르니까, 그리고 실제로 선체조사위원회가 선체 자체 내부에 대한 조사를 제대로 해보지도 않았으니까. 사참위[사회적 참사 특별조사위원회]에서 그걸 해야 될 차례니까 당연히 철저하게 해야죠. 그건 지켜볼 거고 미흡한 거 있으면 제가 가가지고, 우리들이 가가지고 더 하게 만들 거고 확인할 건데, 어쨌든 그때 받은 느낌은 '선체 조사를 통해서 침몰의 원인을 밝혀내는 건 매우 어렵겠구나'가 첫 번째 느낌이었어요. 그 정도로 절단되고 그 정도로 훼손됐어요.

14

동거차도에서의 세월호 인양 감시 활동

면담자   동거차도 얘기가 나왔으니까, 이어서 동거차도에 머무르시면서 들었던 소회나 혹은 현지 주민들과의 만남에 대한 이야기를 부탁드립니다.

예은 아빠   동거차도에 들어간 이유는 아까 간단하게 얘기했죠. 인양 과정을 직접 참여해서 보려고 했는데 그게 다 막혔고, 그런 상황에서 선택할 수 있는 건 '먼 거리에서라도 작업을 지켜보면서 감시해야 되겠다'는 취지였는데 사실은 그 효과에 대해서는 논란이 약간 있었어요, "이게 얼마나 가능할 거냐?" 그리고 동거차도가 가까운 곳이 아니잖아요. 진도까지만 가는 데도 4시간이 넘게 걸리는데 거기서 또 배 타고 1시간 넘게 가고, 거기 가면 고립이 되는 거고, 또… 가족들이 아무리 진상 규명 투쟁을 하더라도 또 가정, 삶이 다 있는데 거기를 계속 상시적으로 지켜야 된다고 했을 때 과연 언제까지 할 수 있을까… 이런 우려들이 있었죠. '그래도 그런 우려 때문에 안 할 수는 없다, 이거라도 우리가 해야지. 인양을 어떻게 하든지 [말든지] 신경 끄고[는] 우리가 살아갈 수 있[는] 것도 아니고…' 그래서 동거차도로 가기로 했죠. 그 위치는 정해져 있어요. 음… 그 위치가 사실은 참사 당일날 그 수많은 언론들이 진을 치고 있던 자리였어요. 터도 꽤 널찍하고 거기서 보면 그 침몰 현장이 한눈에 다 보이고, 그리고 카메라 땡기면 은 바로 옆에서 보는 것처럼 보이고 그래서 그때 언론사들도 거기 다 진을 치고 막 촬영하고 그랬던 그 자리였죠. 그래서 장소는 정해졌어,

거기밖에 없으니까.

　근데 문제는 가서 어떻게 생활할 거냐? 산에 전기가 있는 것도 아
니고 (웃음) 물이 있는 것도 아니고. 그리고 거기가 국립공원 지역이
에요. 그런 데는 마음대로 시설물을 설치할 수가 없죠. 시설물 설치
못 하는데 전기를 설치하겠어요, 뭘 할 수 있겠어요? 그러다 보니까는
그 시기에 정부나 해수부나 아니면 지자체나 협조 요청을 한다고 해
서 원만하게 될 일도 없고, 그니까 모든 게 난관인 거예요, 해결해야
하는 문제. 근데 우리가 하는 방식은… 그냥 하는 거예요… 해야 되니
까…. 그런데 그럴 때마다 항상 할 수 있었던 이유는, 항상 동네 사람
들이 [도와주러] 나와요, 항상…. 일단 동거차도 주민들은 복잡한 생각
들이 있었을 거예요…. 동거차도뿐만 아니라 서거차도라든가 그 주변
에 있는 섬에 있는 어민들이 참사 당시에 다 현장으로 자기 배를 끌고
와서 탈출한 사람들을 끌어 올리는, 태워서 다시 이렇게 섬으로 실어
나르는 그런 일들을 하셨잖아요. 물론 그것도 해경이 못 하게 막아가
지고 얼마 제대로 하지도 못했지만….

　그니까 거기 있는 분들은 해경과 거기 탑승객들 제외하고서는 세
월호 침몰 현장을 처음부터 끝까지 지켜본 사람들이구요. 그 아이들,
승객들을 직접 구조한 사람들이고, 그리고 거기서 사람들이 죽어가는
걸 직접 본 사람들이에요…. 그러면서 그분들이 그때도 그렇고 지금
까지도 이구동성으로 얘기하는 건 "참 말도 안 되는 일이 벌어졌다.
저건 다 죽인 거다"[라는 거예요]. 그분들이 그렇게 얘기를 해요, "말도
안 되는 짓을 정부가 했다". 산증인들인 거죠. 동시에 그걸로 인해서
어마어마하게 피해를 입은 사람들이에요. 일단 [섬의] 이미지가 매우

203
·
2회차

나빠졌죠. 수백 명이 떼죽음을 당한 그 바다에서 양식을 하고 조업을 하는 어민들, 막말로 누가, 좋은 생각이든 나쁜 생각이든 관계없이 그 동네에서 나는 해산물을 누가 먹겠어요? 누가 사 가겠어요, 그걸? 거기에 침몰하면서 나온 기름, 침몰해 있는 동안에 유출된, 기름이 상당히 많이 유출됐거든요. 그다음에 인양 과정 중에 기름 나온다고 유화제 막 뿌려대지. 그걸로 인해서, 거기가 주로 양식하는 게 미역인데 미역 다 망쳤죠. 한동안 미역 농사 못 지었어요. 그니까 생계에 어마어마한 타격을 입었죠.

그런데 정부에서는 이 어민들에 대한 보상이나 지원을 안 해요. 그리고 2014년 11월 달에 진상 규명 특별법[4·16세월호참사진상규명및안전사회건설등을위한특별법] 외에 그 지원 추모 특별법[4·16세월호참사피해구제및지원등을위한특별법] 같이 만들었잖아요. 그 법을 만드는 과정은 사실 잘 알려지지 않았는데, 그 법을 만들 때 그 어민들에 대한 지원, 잠수사들, 자원봉사자들, 잠수사들, 이런 사람들에 대한 피해보상과 지원을 집어넣기 위해서 엄청나게 싸웠어요, 실제로. 특히 어민분들 같은 경우에는 바로 그 동네에 사는 분들이고 챙겨드려야죠, 당연히. 그분들은 이게 자신들의, 자신들의 잘못도 아닌데… 모든 걸 다 생활을 망쳐버렸잖아요. 그니까 그런 것에서 또 한편으로 어민들은 불만을 가질 수밖에 없어요. 그러니까 그분들은 또 우리를 찾아와요, 도와달라고.

사실은 처음에는 그랬을 때 우리가 가진 생각은 '그걸 왜 우리한테 얘기하지?' 솔직히 처음엔 그런 생각을 했어요, 서운하기도 하고. 자식을 잃은 유가족들한테 와서 자신들의 생계가 어려우니, 피해를 입었으니 그 피해보상을 받을 수 있도록 도와달라…, 처음에는 좀 서운했어요, 난 개인적으로. 근데 가만히 생각을 해보니까 그분들도 어쩔 수 없었던 거야, 지자체도 정부도 어디도 아무도 돌아봐 주질 않으니까. 근데 가족협의회 보면은 진상 규명 싸움한다고 막 하고, 힘이 있어 보이고, 또 가족들이야 도와줄 거 같고 그러니까… 올 수밖에 없었던 거죠. 물론 이제 그런 것을 계속 협력적으로 같이 돕고 저희들이 직접 동거차도에 여러 번 내려가서 주민들이 생각하는 문제, 피해 내용 이런 거 저희들이 직접 다 파악도 하고 그거 갖다가 국회에 전달하고 해수부에 전달하고, 그다음에 쫓아가서 거기 얘기 듣게 만들면 막 조정도 하고, 그런 역할들을 계속 물론 했지만, 처음에는 그랬단 얘기에요.

또 한편으로 서운했던 건 뭐냐면 가만히 생각해 보니까 '저분들이 정말 의로운 일을 한 건 맞는데, 정말 박수 쳐드려야 하고, 그런 과정을 통해서 피해를 입었다고 그러면 당연히 배상을 하고 또는 보상을 하고 도와드려야 되고 그분들이 했던 행동들을 기려야 되고, 그건 다 맞는데… 근데… 내 아이는 죽었는데…(잠시 침묵). 저분들이 그렇게 한 결과는… 생존자들인데…', 사실 그 생각도 저는 했어요…. '정말 직접적으로 개인적으로 고마워해야 할 사람들은 생존자들 아닌가?' 실제로 대부분이 그 어민들이 끌어 올려서 육지로 돌아온 거니까. '근데 결국 도와야 될 건 우리 유가족들이네? 그 혜택을 못 받은…' 이런 생각도 막 들더라구요. 근데 그런 거 따지기 시작하면 뭘 어떻게 하겠어요. 그리고 그걸 그렇게 따지기 시작하면 내가 함께할 수 있는 사람은 아무도 없지, 결국 내 아이는 죽었다는 그 결론만 딱 가지고 얘기하면…. 하여튼 그런 뭐 개인적인 감정은 뭐 그 정도 있긴 있었는데, 어쨌든 그런 상황들에 동거차도 주민들이…….

그리고 그런 상황들이 계속 오랫동안 지속이 되면 [섬 주민들이] 우리를 보는 거는 마음이 편하겠냐구요. 실제로 만나보면 그 주민들의 상당수가 그렇게 해요. 자기네들이 그때 가가지고 막 이렇게 해서 사람들을 구하고 했다는 것을 우리 앞에서 얘기 못 해요, 왜냐면 유가족인 걸 아니까. "그때 내가 한 명이라도 더 구했어야 하는데 미안합니다" 오히려 이렇게 이야기를 하지, 많은 주민들이…. 그 얘기를 들으면 또 [아이를 잃은] 생각이 나가지고 그냥 한편으로는 '아쉽다…' 그러면서, 또 한편으론 "그래도 고생하셨습니다. 덕분에 우리 아이들 친구들도 많이 살았잖아요" 얘기 또 이렇게…. 이런 굉장히 복잡한 감정들이 섞여 있는 관계들인 거예요, 주민들하고. 또 한편으론 그런 주민들의 어려움을 우리가 "나는 유가족인데?" 이러고 무시하면 그것이 거꾸로 "아, 그렇지. 그렇게, 당연히 그렇겠지"라고 사람들이 받아들이는 게 아니라 또 이기적인 유가족이 되는 거잖아요, 자기밖에 모르는. 그런 어떤 사회적인 비난과 편견 또 일부 우려가 되는 것도 분명히 있고…. 하여튼 이런 굉장히 복잡한 감정들이 서로 얽혀 있는 관계인 거죠.

그래서 동거차도 들어갈 때 걱정을 많이 했어요, '좋아할까? 혹시 폐 끼쳐가지고, 폐 끼친다고 그래서 거기 가가지고 문제가 되는 건 아닐까? 혹시 주민 가운데 누구라도 하나 반대하고 이러면 참 곤란해지는데…'. 그렇다고 그분들하고 싸울 수 있는 것도 아니고 그런 걱정도 많이 들었고…. 근데 아까 얘기했지만 그런 상황에서 "그래도 우리는

예은 아빠 유경근

해야 될 거 해야 할 거 아니냐? 해야 될 건 해야 되는 거 아니냐? 가자"
그러고 갔는데, 항상 그랬듯이 예기치 않게 도와주는 분들이 생기는
거죠. 〈비공개〉 천막은 원래 못 쳐요, 불법인 거예요. 우리가 천막만
치면 다 불법이더라구요. 근데 어떡해, 거기서 24시간 먹고 자야 되는
데(한숨). 나중엔 '모르겠다, 나중에 해결하자' [하고 천막을 치는데], 근
데 천막을 제대로 된 걸 할 수 없잖아요, 당연히. 또 산 위에 어떻게
그걸 다 들고 올라가. 그래서 하나하나 나른 거예요. 그래서 정식 천
막은 못 하고 그냥 포장, 파란 비닐 있잖아요, 비닐. 그거 잔뜩 끊어가
지고 그거 짊어지고 올라가고, 이제 나무 같은 거 구해가지고 짊어지
고 올라가서 그걸로 설기설기[얼기설기] 짠 거지. 나무 박고 연결하고
못질하고 천막 뒤집어씌우고…. 그러니 완전히 움막인 거지, 천막도
아니고, 움막, 형태도 제대로 없는.

　이제 그거 하고 대신 이제 우리가 그때 카메라를, 고가의 카메라
를 구입을 했어요. 그거 [동거차도에서 침몰 현장까지] 한 1.5킬로[km]
되거든요, 직선거리로. 근데 그걸 찍으려면 그냥 찍는 게 아니라 내용
을 파악해야 되니까 화악 땡겨야 돼요. 그리고 그걸 녹화를 항상 해야
되고 그 녹화한 걸 편집을 해야 되고 보관을 해야 되잖아요. 그니까
그걸 땡길 수 있는 고가의 카메라, 또 바닷가니까, (촬영자를 보며) 카
메라 하시니까 잘 아시겠지만 이런 게 염분, 이 소금기에 취약하고 그
러잖아요. 그런 것도 대비해야 되고 그다음에 메모리카드에, 저장장
치에, 노트북에, 통신… 해가지고 거의 몇백만 원 들어갔네. 그거 장
비 준비해서 그거 설치하고 그다음에 일지 만들어서 어떤 요령으로
감시하고 기록하고 할지, 촬영할지 매뉴얼 만들어서 붙여놓고, 그다

음에 가족들이 일주일 단위로 누가 어떻게 내려갈지 조 편성하고 이런, 이런 것들을 다 준비를 해서 들어간 거죠.

딱 들어갔는데 이제 그게 알려진 거예요. 외부에 알려지니까 그때 또 이제 어느 한 분이 연락이 와서, 우리 활동하고 사진하고 SNS에 올리고 그러니까 딱 봤더니 이게 파란 비닐 천막을 움막처럼 쳐놓고 거기서 쭈그리고 앉아가지고, 이렇게 누가 보더라도 거지꼴인 거지 이게. 씻기를 하겠어요 [뭘 하겠어요]. 거기? 며칠 못 씻고 밥도 맨날 먹어봐야 컵라면 갖고 가서 컵라면 먹고 이러니까…. 그걸 본 거죠, 사람들이. 그랬더니 어느 분이 또 연락이 오셨어요. "너무 힘들어 보인다, 내가 천막을 기증을 해서 설치를 해드리고 싶다" 그래서 이제 나중에 사진 보면 돔으로 된 천막 두 개가 있잖아요? 그게 그 일을 하시는 분이 자기가 설치해 주겠다고 제안이 들어와서, 너무나 감사하죠. 그래서 그분이 직접 사람들 데리고 다 싣고 거기까지 가서, 다 들어 올려 갖고 거기서 다 조립해 가지고 크게 천막 두 동을 크게 탁 지어주신 거예요. 그래서 그 천막은 기거용으로 쓰고 우리가 쳤던 움막은 촬영하는 장소로 계속 활용을 하고 이렇게 해서…….

그거 설치할 때 시민들이 왔어요. 그 소식을 듣고 "그게 보통 일이 아닐 테니 같이 힘을 보태고 싶다" 그래서 그때 시민들이 같이 들어와서 같이 나르고, 저희 가족들도 가고, 같이 설치하고…. 그렇게 [인양이] 끝날 때까지 그게 계속 유지가 될 수 있었죠. 중간중간에 연락이 많이 왔어요, 시민들이. "나도 거기 가서 감시 활동에 같이 참여할 수 있겠느냐?" 연락이 많이 왔어요. 근데 그때 우려가 뭐였냐면, [시민들이 오시면] 좋죠, 뭔가 관심도 되고 알려지기도 하고 그러니까. 근데 그게 자칫 잘못하면 실질적인 감시 활동에 방해가 될 수도 있을 거 같더라구요.

왜냐면 오겠다는 사람 다 받으면, 사람이 오면, 거기는 오면 당일치기로 왔다 못 나가거든요. (면담자 : 그렇죠. 배가 하루에 한 번밖에 없으니까) 응, 무조건 1박 2일이야. 최소한 1박 2일인 거예요. 근데 거기까지 온 사람들이 1박 2일로 안 가요. 그렇게 멀리까지 왔는데 잠깐 오후에 들어와서 하룻밤 자고 그다음 오전에 나가겠냐구요. 그럼 며칠 있을 사람들도 있는 거야, 오겠다는 사람들을 다 받으면… 잘 데도 없지 밥을 해 먹어야 되는데 밥 해 먹을 데도 없지…. 그나마 우리는 이제 가족들이 두세 명씩 가면은 그 밑에 있는 이장님 댁에서, 이장님이 밥 먹으러 오라고 그래서 먹는 김에 숟가락 하나 더 놓고 먹으라고 하면 먹고, 들어가서 먹고, 와서 얼른 씻고 올라가라 그러면 거기 이용해서 잠깐 또 씻기도 하고 이렇게 생활을 하고 있는데, 외부에서 사람들이 막 와버리면 잘 데도 없지 먹을 데도 없지 씻을 데도 없지. 그럼 결국에는 주민들한테 신세를 져야 되고… 이럴 거 아니에요?

그리고 하다 보면 또 막말로 (웃음) 밤에 자는데 그냥 자겠어요? 얘기하고 하다 보면 또 술 한잔하게 될 거지, 또 술 자꾸 먹다 보면 사고 날 거지(웃음). 이런 거예요. 근데 그 신청[이] 너무 많이 들어오는 거지, 우리도 가고 싶다고. 처음에는 [신청을] 안 받았어요. 안 받고 양해를 구하고 이렇게 하다가 너무 [거절만 하기가] 그래 가지고 '데이[Day]'를 만들었죠. 뭐 정기적인 '데이'는 아니었지만 이벤트 같은 것들을 몇 차례 만들었어요. 그래서 그때 오시고 싶으면 오시고, 그때 가족협의회에서 주민들하고 준비해 가지고 학교라든가 마을회관 같

은 걸 좀 하루 빌려서 거기서 자게 하고, 밥 같은 것들은 싸 오게 한다
든가 우리가 공수해서 직접 마당에서 만들어서 먹게 하고, 아니면 햇
반 싸 오면 데워서 먹기도 하고. 하여튼 이런 방법으로 몇 차례 이벤
트성으로 해서 오시게 만들고 그렇게 해서 했고.

　그래서 그렇게 좀 알려지다 보니까 이제 또 시민들이… 진도 팽목
항에서 계속 그랬던 것처럼 동거차도 그쪽에 뭘 보내시더라구요. 해
서 필요한 데 쓰라고 해서 먹는 것도 보내시고 그런 도움도 많이 받
았고. 지금 설치되어 있던 돔은 작년에 다 철거했어요. 한동안 그냥
그대로 뒀었거든요. 그러다가 작년에, 작년… 여름, 가을경이었는데
8월 달이었나? 저도 그때 갔었는데 그 돔을 다 철거하는, 할 때 그것
도 이벤트성으로 해서 시민들 오게 했죠, 실제로 일손도 많이 필요했
고. 그래서 그때 1박 2일로 일정 잡고 시민들이 와서 같이 올라가서
철거하고 파이프하고 천막 다 끌어 내리고, 다 거기 싹 다, 정리 정돈
싹 다하고, 아무것도 없었던 것처럼 싹 해놓고 그걸 갖고 내려와서 그
천막은, 돔 천막은 다시 재활용이 가능하거든요, 조립하면. 그래서 동
거차도 주민들한테 기증을 했어요. 그분이, 설치해 주셨던 분이 마을
주민들이 또 쓸 만한 거고 그러니까 한쪽에다가 설치해 놓으면 여기
가 쓸모가 있고 그러니까, 얘기가 돌고 그래서 "그러면 이거 다시 설
치해야 되겠다"고 그래서, 그분이 또 남아서 동거차도 주민분들 그쪽
에다가 설치 다시 해드려서 주변의 주민들이 또 밑에서 사용을 하고
있죠. 그런 과정들이 있었어요.

15
진상 규명의 한 방법, 민사 손해배상청구소송

면담자　　　2015년 9월 23일에 청해진해운과 정부를 상대로 소송을 하셨는데요. 소송을 하게 된 논의들과 문제의식들, 의견들이 있었다면 말씀해 주십시오.

예은 아빠　　　이게 손해배상청구소송이죠? 민사소송, 손해배상청구소송. 손해배상청구소송의 목적은 돈을 받는 거예요. 그리고 내가 받을 돈을 재판부가 판단을 해서 얼마를 나한테 줘야 되는지를 정해달라는 거잖아요. 그러기 때문에 손해배상청구소송의 주문, 판결문의 주문은 "누구는 누구에서 얼마를 언제까지 지급해라" 이게 주문인 거잖아요. 그래서 사실은 처음에 좀 고민이 많았어요. '우리가 무슨 이야기를 하건 결국 판결은 금액으로 나올 건데…, 과연 이걸 진행하는 우리의 본래 뜻이, 뜻을 사람들이 잘 알아줄까? 결국엔 정부에서 주는 게 모자라니까 더 받겠다고 소송한다는 것으로만 결론이 나고 그렇게만 얘기가 되지 않을까? 언론도 그렇게만 다루지 않을까?' 사실 이 고민이 많이 있었죠.

　　근데 이 고민을 언제 시작을 했냐면… (한숨) 저는 개인적으로, 개인적으로 혼자 고민을 한 건 2015년… [1기] 특조위 시작이 되고, 됐는데 특조위 방해, 시행령 문제 나오고 예산 문제 나오고 그 활동 기한 문제가 나오고, 복합적으로 터지면서 '특조위가 제대로 못 굴러갈 거 같다'는 예감이…, '생각보다 못 굴러갈 거 같다. 원래 생각도 원활하지는 않을 거라고 생각했지만 그것보다 훨씬 더 못 할 거 같다'라고 하는 느낌이 오다가, 2015년 봄, 여름 때… 혼자, 저 혼자 생각이 든 거예요. '이게 이렇게 해서 특조위가 진상 규명을 제대로 못 하면… 못 하고 끝나면 그래서 진상 규명을 못 해내면, 그러면 여론은 어떻게 될까'. 국회에서, 왜냐면 세월호 특별법이 대한민국 역사상 가장 강력한 특별법이었어요. 우리가 볼 때는 너무 문제가 많은데, 한계가 너무 뚜렷하고, 근데 국회에서 들은 얘기는 "이 정도의 강력한 특별법은 만들어본 적이 없다. 세월호니까 만들어진 거다" 이런 얘기까지 했으니까. 나중에 법 비교해 보니까 그 말도 틀린 건 아니더라구요, 틀린 건 아니더라구. '근데 특조위가 진상 규명을 제대로 못 하고 만일에 끝나버리면 저렇게 강력한 특별법을 만들고도 진상 규명을 못 했는데 과연 뭐가 있겠나? 이 정도면 됐지, 그러고 그냥 끝나버리면 어떡하지?' 라는 생각이 든 거죠.

그때는 [특조위] 강제해산 이런 게 가시화되지 않은 그 시점에, '우리가 진상 규명을 할 수 있는 방법이 또 뭐가 있을까…' 검찰이 제대로 수사를 해주면 제일 좋은데 박근혜 당시 검찰한테 그건 기대할 수 없는 거고, 그러니까 우리가 특별법을 선택한 거잖아요. 검찰을 믿을 수 있으면 뭐 하러 특조위를 만들겠어요. 그런데 '만일 특조위까지도 제대로 못 하면 또 무슨 방법이 있을까?' 그러면서 '내가, 우리가 직접 피해[자가], 진상 규명할 수 있는 방법은 무엇이 있을까?' 이렇게 생각이 발전을 한 거죠…. 그 생각도 했어요, '우리끼리 조사하자, 그런 거에 기대지 말고'. 어느 정도까지 할 수 있을 거 같더라고, 어느 정도까지는. 근데 분명히 어느 순간에는 한계가[에] 딱 봉착할 거 같아. 아무리 세월호 유가족이지만 세월호 유가족이 무슨 법적인 권한이 있는 게 아니잖아요. 당연히 강제수사는커녕 조사 수준도 못 미칠 게 뻔한 거고, 그저 우리가 할 수 있는 범위 내에서의 조사일 수밖에 없을 거고. '설령 거기서 뭐가 밝혀지거나 찾아진다고 하더라도 그것을 우리가 발표했을 때 과연 그것이 공신력이 있고 그걸 사람들이 과연 믿고 받아들일까?' 이런 우려도 있었고….

그래서 제가 그때 생각이 들은 게… '법원이 판단하게 만들면 되지 않을까, 우리의 주장을. 우리가 생각한 것, 우리가 조사한 것, 또 우리가 밝혀낸 것을 법원이 판단하게 만들면 되지 않을까?'라는 생각을 하게 된 거고, 그게 이제 민사소송이었던 거예요. 그 소송을 처음에 생각하고 논의를 시작했던 이유는 진상 규명이 제대로 되지 않을 거 같아서, 정부나 특조위를 통해서. 그러면 '이거 하다 안 되면 다음 거, 이거 하다 안 되면 다음 거, 이러기엔 우리가 너무 여유가 없고. 그렇게 잘될지도 모르겠고 그러면 동시다발적으로 우리가 할 수 있는 건 해야 되지 않느냐', 그래서 그러면 어차피 형사소송은 검찰이 해야 되는 건데 믿을 수가 없으니까 (웃음) 진행도 안 될 거고, 박근혜 당시에는, 그건 차치해 놓고 '우리가 직접 할 수 있는 거는 민사다' 그래서 민사소송을 통해서 우리가 그… 민사적으로 고소, 고발을 해서, 대상을 정해놓고 왜 저놈들이 세월호 참사에 책임이 있는지, 책임을 져야 하는지에 대해서 우리가 주장을 하고……, 그럼 저쪽에서 반론을 할 거 아니에요. 그니까 그거 자체가 조사 과정이라고 생각을 했던 거예요. 법원에서 부르면 나오, 주로 나오, 우리가 부를 때보다 훨씬 나올 가능성이 높잖아요. 그리고 민사에서 만일에 우리 쪽에 유리한 판결이 나오면 쟤네들은 금전적인 손해를 보는 거니까 그걸 막기 위해서라도 나와서 뭔가 반론을 피거나[펴거나] 다른 얘기를 할 거 아니에요. '아, 그러면 그렇게라도 불러내서 말을 하게 만들어야 되겠다. 그리고 공적인 자리에서, 그 법정에서 우리 주장을 공식적으로 펴야 되겠다. 이런 것들, 이게 서로 맞부딪치는 자리가 바로 또 다른 차원의 조사 현장이 될 수 있겠다…' 그런 생각을 한 거죠. 그래서 민사 손해배상 청구소송을 선택을 한 거예요.

그리고 또 한편으론…, 그게 제일 큰 목적이고; 앞으로도 2심도 그런 방향으로 진행할 건데, 또 한편으로 갖는 부가적인, 부수적인 목표, 목적…. 정부의 책임, 참사의 책임 이렇게만 가버리면 정작 현장에서 또는 지휘 라인에서 잘못을 한 사람들은 민사적으로 봤을 때 그 사람들은 책임이, 그니까 뭐라고 그래야 되나, 손해를 보는 사람이 없는 거예요, 가해자들은 손해를 보는 사람이 없는 거야. "그래 이건 정부가 잘못했어, 누가 잘못했어" 이렇게만 돼버리면, 설령 거기에 일부 김경일 [목포해경 123]정장처럼 일부 책임을 뒤집어써서, 책임도 분명히 있지만 본인의 책임도 있지만, 어쨌든 전체 해경의 책임을 뒤집어써서 감방을 가든 집행유예를 받든 형사처벌을 받을 거 아니에요. 근데 그 과거의 선례를 보면 그렇게 해서 책임을 지고 총대를 맨 사람들은 [감옥에] 갔다 나오면 또 잘되더라고, 오히려 '조직을 위해서 희생했다'[라는 이유로]. 마피아 조폭도 아니고 말이야. 오히려 승진하고 보장받고… 이러는 거야.

'이러니까 공무원들이 또는 기업이… 잘못을 하는 걸 두려워하지 않는구나'(잠시 침묵). 정부나 상사나 그 조직에 책임을 묻는 것도 중요하지만 동시에 그 개인의 책임, 그 사람들은 항상 변명이 "지시했으니까 나는 지시에 따른 것뿐이다"라고만 하고 다 빠져나가고 법원이 그걸 다 인정하잖아요…. '근데 그 개인의 책임까지 묻게 되면, 형사적으로도 물어야 되지만 민사적으로도 묻게 되면 그걸 더 무서워하지 않을까?' 이 생각을 했어요. '이게, 이런 지시가 내려왔지만 이거 하다가 걸리면 우리 집이 풍비박산이 나겠구나. 내가 돈 엄청나게 깨지겠구나' [하고 생각을 해서] "아우, 저 이거 못 합니다. 이거 보장해 주실 거예요?" 최소한 이렇게 항의라도 하고 뭐 이렇게 할 텐데, 지금은 시키면 시키는 대로 다 하는 거 아니에요. 그래서 원래 처음 목적은, 내가 개인적으로 생각을 했던 건, 우리가 책임이 있다고 생각하는 사람들 개인으로 다 [소송을] 거는 거였어요, 개인으로. 근데 이거는 주변에서 권유가 "너무 힘들다. 그리고 이런 성격에서 공무원들에게 개인의 책임을 묻는 선례가 우리나라에는 없다" 그래서 나중에 결론을 낸 건 정부와 청해진해운을 대상으로 일단 민사소송을 내는 것으로 한 거죠. 저는 개인적으로는 이후에 추가적으로, 혼자서라도 개인에 대한 민사소송을 해야 된다고 봐요, 하여튼 정부의 책임은 입증이 됐으니까, 민사적으로도. '그거 싸움도 의미 있는 싸움이 되지 않을까?' 그런 생각을 가지고 있었고.

그다음에… 그것도, 이게 민사소송 결정한 이유가 그렇게 간단하지가 않아요. 얘기가 길어지니까… 목숨값을 높이고 싶었어요, 사람 목숨값을. 우리나라에서 사람 목숨값이 이렇게 싼지 몰랐어요. 겨우 몇천만 원이더라구요…. 그리고 특히 우리 같은 경우엔 정부에서 책정한 위자료, 이게 목숨값인데… 위자료를 1억을 책정했더라구요, 배상안을 보면. 왜 1억이 나왔나 봤더니 교통사고 사망자에 대한 위자료가 1억이에요, 보통 일반적인, 통상적인 기준이. 그걸 딱 아는 순간에 '아, 역시 애네들은 세월호 참사를 교통사고로 보고 우리나라, 우리 애들을 교통사고 피해자로 보는구나…' 이 생각이 확 들더라구요. '아닌데 그건?' 더더군다나 이게 교통사고가 난 아니라고 생각하기 때문에, 범죄피해자이기 때문에, '범죄피해자들을 이런 기준으로 대우하면 안 되지. 이건 오히려 자기네들이 배상 다했다고 하면서 자신들의 책임을 모면하기 위한 방편인 거지' 이런 생각이 들더라구요. '사람 목숨값을 우리가 대폭 지금 올려놓지 않으면 정부가 됐든 기업이 됐든 아주 양심의 거리낌 없이, 부담 없이 이런 잘못들을 계속 반복하겠구나. 돈이 무서워서라도 사람들이 죽으면, 또 한 명이라도 죽으면 '이거 손해가 엄청나구나'라고 하는 이 생각을 심어놓지 않으면… 아무리 보험을 만들고 무슨 뭐, 뭘 해도 안 지키면 그만인데…' 그래서 그 목숨값 높여놓고… 싶었는데, 1심 판결은 부족합니다, 더 높여야죠.

하여튼 그런 여러 가지 복합적인 요인에 의해서 민사소송을 진행을 했구요. 1심 결과는 매우 불만족스러웠죠. 결과적으로 정부에서 배상하겠다고 했던 것보다 더 많은 금액이 나왔어요…. 근데 우리 목적은 배상 금액을 얼마를 받느냐가 목적이 아니었잖아요. 과연 정부와 청해진해운이 세월호 참사와 관련해서 어떤 법적인 책임을, 어떤 법적인 책임이 있는지, 무슨 잘못을 했는지를 밝히는 게 목적이었잖아요. 근데 판결문에는 훨씬 더 많은 배상 금액을 판시, 판결했지만 그 내용, 그렇게 판결한 근거를 보면, 그 이유를 보면 기존에 매우 불합리하거나 매우 부족한 검찰 수사나 재판의 결과, 기존에 있었던, 그것만 고대로 따다가 인정했어요…. 그 외에 우리가 추가적으로 빠졌다고 생각하는 그 책임은 아무것도 인정이 안 됐어요. 그니까 내용적으로는 아무런 변화가 없는 거야. 오히려 어떤 부분은 후퇴하기까지 했어요. 형사적으로 책임 있다고 했는데, 민사 여기서는 그걸 또 인정안 한 경우도 있어요. 이거는 우리가 생각했던 결과가 아닌 거죠. 그래서… 항소를 하는 거예요…. 금액에 대한 불만, 이게 아니라 판결 내용이 민사적으로 책임을 묻는 그게 너무나 부족하기 때문에, 그래서 지금 항소를 제기해 놓고 이제 특조위와 검찰의 수사 과정을 좀 지켜보면서 추가적으로 책임을 묻기 위한 작업들을 진행을 해야죠.

면담자　어민들에 대한 얘기를 하셨는데, 실제 2015년 10월 29일 날 김한식 청해진해운 대표가 유죄 확정 선고가 나고 (예은 아빠: 그건 세월호 참사 때문에 된 게 아니잖아요) 네, 같은 해 11월 12일 이준석 선장의 유죄가 선언됐는데요. 그 판결에 대해서, 지금 말씀하신 것처럼 판결 났을 때 어떤 생각이 드셨는지요?

예은 아빠　김한식은 우리하고 관련 없는 재판이었잖아요. 밖에서 보면 "그게 왜 관련이 없어?" 이렇게 얘기할 수 있지만 우리 기준으로 보면 김한식 대표는 세월호 참사, 304명의 희생… 죽음에 대한 책임을 진 게 아니에요…. 그래서 그건 논외로 치구요. 그… 선장 이준석, 이준석 맞죠? 무기징역이었죠…. 음… 제가 세월호 [참사]의 본질은 '왜 살 수 있는 사람들이 다 죽었나? 그리고 그 과정에서 어느 누구도 구조 시도조차 하지 않았는가?' 이게 핵심이라고 그랬잖아요. 여기에서 가장 큰 책임을 져야 할 사람들은 첫 번째가 해경이에요, 해경이에요…. 두 번째, 또는 해경 못지않게 중요한 책임을 져야 하는 건 선원들이에요. 선원의 정점에 있는 건 선장이죠, 이준석. 근데 실제로 선장이었는지가 좀 의심스럽긴 해요, 배에서 했던 행태들을 보면. 무슨 선장이 그래? 지시도 안 하고 빤스[팬츠] 바람에 허둥지둥 도망치기 바쁘고…, 도망쳐 나와서는 물에 젖은 돈 세고 앉았고, 펴갖고 말리고 앉았고. 근데 어쨌건 그 당시에는 선장이라고 했으니까 이준석을 포함해서 선원들의 책임이 해경 못지않게 크죠.

첫 번째, 선원들은 탑승객들의 안전을 끝까지 지켜야 할 의무가 있는 사람들이잖아요. 그 의무를 다하지 않았죠. 더 중요한 게 있어요. 이 사람들은 계획적으로 도망을 쳤어요. 그니까 그런 상황에서 '이러고 있다가 나도 죽을 거 같아, 나라도 먼저 살아야지'라고 허둥지둥 도망간 게 아니란 말이에요. 사전에 모의를 했고 그 도주, 사전에 도주하기 위한 모의를 열었어요. 그리고 모의를 실행에 옮겼어요. 그 모의를 실행에 옮기는 가운데 해경과 협조를 했어요. 그니까 이거는 단순히 나, 내가 살아야 되겠다고 도망친 차원을 넘은 거에요. 실제로 증언, 이건 더 조사하고 더 파헤쳐야 될 문제이긴 하지만, 이미 나온 증언들 가운데, 선원들 증언들 가운데 무슨 내용도 있냐면 "왜 승객들을 탈출하라고 지시 안 했느냐? 왜 탈출 명령 안 했느냐? 왜 도망가게, 이렇게 밖으로 나오게 하지 않았느냐? 왜 '가만히 있으라'고 그랬느냐?" 했을 때 이런 질문을 한 사람도 있어요. "그러면, 사람이 그 안에 얼마나 많은데 그렇게 하면 내가 도망을 못 갈 거 같아서 너무 혼란스러워 가지고…" 그런 증언도 있어요. 이건 살인이죠, 네. 그 사람들은 이 상태에서 사람들이 객실 안에 있으면 100프로 죽는다는 것을 이미 알고 있는 사람들이었거든. 이건 살인이죠, 저대로 두면 죽는다는 걸 아는데. 그런데 그걸 그대로 내버려 두고 어떠한 조치도 취하지 않고 모의를 해서, 집단적으로 모의를 해서 해경과 협력해서 도주한 사람들이에요. 사형시켜야죠, 그 선장뿐만 아니라 선원들 모두….

어느 정도로 그 사람들이 계획적이었냐면, 청해진해운 소속 직원들 가운데 희생된 분들도 꽤 있어요…. [반면에] 조타실과 기관실은 다 살았습니다. 그럼 희생된 사람이 누구냐? 객실부, 여객부의 일부 몇 명하고, 기타 종업원들, 식당에서 근무하는 아줌마들…, 여기서 주로 다 죽었어요, 직원들 가운데. 그리고 기관실 선원들이 탈출하려고 싹 위로 올라올 때 식당 아줌마하고 마주쳐요. 그때 식당 아줌마가 "이게 무슨 일이야? 다 어디 가는 거야? 어떻게 된 거야?" 같은 회사 직원이잖아요, 남도 아니고 맨날 그 배 같이 타고 다니는 같은 직원이고. 그럼 그런 상황에서 그러면 "아줌마, 빨리 일로 와. 여기 있으면 안 돼" 이게, 이게 상식적인 행동이잖아요. 근데 그 둘 사이에 원래 전생부터 원수지간이었나? 그렇게 물어보는데 그 아줌마한테 일언반구 한마디도 안 하고 혼자 갔어요, 그 사람들이 쭉 다. 그 아줌마는 영문을 모르는 거지. 그 아줌마는 죽었어요…. 살인이잖아요…. 내가 살고 싶어서 도망간 게 아니고, 내가 살고 싶어서 어쩔 수 없이 막 도바리[도망]친 게 아니고, 자기네들끼리 사전에 모의해서 해경과 협력해서 탈출한 거예요…. 사형을 시켜야죠, 이건 살인죄로 다스려야 되는 거예요, 이준석뿐만 아니고.

그런 부분에서 우리는 선원들, 청해진해운의 책임이 결코 가볍다고 생각하지 않아요. 근데 이것이 청해진해운 선원들의 단독의 판단이고 단독의 행동이었느냐? 그게 아니라고 보는 거거든. 해경과 모의한 거거든. 그러지 않고서는 해경이 조타실과 기관실의 선원들만 정

219

2회차

확하게 콕 집어서 빼내 올 수 있는 가능성이 없어요. 해경이 도착하는 지점에 선원들이 모여 있었고, 선원들이 모여 있는 그 지점에 해경이 도착을 했어요, 매우 비상식적인 위치에. 사전에 모의 없이 불가능한 일인 거죠(잠시 침묵).

16
두 차례의 청문회와 유가족들의 삭발 단식 농성

면담자 해수부가 작성한 특조위 활동 방해에 대한 지침 문건이 2015년 11월 19일에 공개가 되는데요. 혹시 이 지침 문서의 존재 여부를 사전에 짐작을 하셨는지요? 혹은 이게 공개된 다음에 가족협의회에서 나중에는 고발을 하기도 했는데, 이런 반응과 논의들이 있었다면 말씀해 주세요.

예은 아빠 음… 이것도 시간 관계를 조금 다시 한 번 검토를 해봐야 되는데…, 그 해수부에서 작성했다고 하는 문건 있잖아요? 이게 언론에 나왔죠. 그 입수 경위가 제가 듣기로는, 제가 특조위 조사관들한테 직접 들은 건데 입수 경위가 참 재미있어요. 언론사나 아니면 다른 사람들은 또 다른 경로로 입수했을 수도 있지만, 특조위에서 그 얘기를 처음 듣고 그걸 봤을 때 그 입수 경위는… 특조위 복도 바닥에 종이가 떨어져 있더래요. 그래서 조사관이 '뭐지?' 하고 봤는데 그게 그거라는 거야. 그니까 특조위 내에 있던 사람이거나 특조위를 출입하던 사람이 그걸 가지고 있다가 흘린 거지. 의도적으로 흘리지는 않았을, 의도적으로 흘렸을라나? 거기서 제보하기는 힘드니까 몰래 슬쩍 누가 흘리고 갔나? 어쨌든 이유는 모르겠지만 그렇게 특조위 복도 바닥에 [있는 것을] 그 조사관이 주웠대요. 그리고 보니까 그런 거야. '어, 이게 이상하다. 이게 뭐지?' 그래서 사실은 알게 됐어요.

그 내용을 보니까… 음… 희한해, 내용이. 어디서 많이 본 듯한 내용…, 굉장히 낯이 익은 내용들인 거예요. '이게 뭐지?' 그랬더니 가만히 생각해 보니까 최근에 특조위에서 벌어졌던 일들인 거야, 이게. 그때 막 황전원[특조위 위원]이 국회에 와가지고 기자회견 한다 그러고 뭐, 뭐 막 이렇게 했잖아요. 근데 [조사관은] '어, 이거 봐라? 에이 우연이겠지, 설마 이런 식으로까지 하겠어?' 또 한편으로는 이런 생각도 하고 그러면서 이제 막 추적을 하고 막 생각하고 있던 차에 그때 일어난 게, 그 결정적인 사건이 있었던 전원위원회에서 청와대의 대응 적정성 여부 조사 안건을 채택하는 과정, 회의할 때 거기서 계속 싸움이 났죠. 그래서 청와대 대응 적정성 여부를 조사하는 안건을 채택하려고 했을 때 새누리당에 있는 사람들은 거기서 "왜 박근혜의, 왜 '대통령의 7시간'을 살피려고 하냐? 이게 목적 아니냐?" 이쪽에선 "우리가 언제 대통령의 7시간을 조사하겠다고 그랬냐? 참사 당시에 청와대가 어떻게 대응했는지, 적정했는지 이걸 판단하기 위한 조사를 한다고 그랬지". 근데 한쪽에서는 "이게 그 말 아니냐. 결국 목적은 그거 아니냐. 당신네들은 대통령 불러다가 조사하는 게 목적 아니냐?" 이러면서 또 싸우고, 그걸 우리가 다 봤던 거예요, 방청석에 앉아가지고….

근데 한참 그렇게 하다가 거기서 차기환[특조위 위원]도 그렇고, 저기 벌떡 일어나더니 "나 이거 이럴 거 같으면 나 여기 참석 못 한다.

나 여기 계속 못 있겠다. 나 여기 사퇴하겠다". 근데 그게 문건에 있는 내용이야…. 그걸, 그걸 계속 의결하려고 할 경우 기자회견을 하고 그래도 의결이 될 거 같은 경우엔 의결 전에 총사퇴하고, 이런 게 매뉴얼에 쪽 적혀 있는데 보니까 그대로 하고 있는 거예요, 지금 눈앞에서. 고영주[특조위 위원], 차기환…, 그리고 박차고 나가려고 그러더라고. 그래서 가로막았지. 보니까 그게 영상에 어떻게 찍혀가지고 보도가 됐더라구요. 고영주하고 차기환 나가려고 하는데 그 문 앞에 딱 막고서 "당신들 무슨 짓 하는 거냐?"고. 그러고 그때 내가 문건, "이 문건 이거 뭐냐?"고 "당신들 이거대로 하는 거지 지금? 응?" 그렇게 막 항의하고 막 실랑이하고 싸우고 그랬던 적이 있죠. 그때 이제 그 문건 실체를 알고 그 실체를 확인을 하는 과정이었어요.

그래서 "이 문건이 어떻게 작성이 됐고 어느 선에서 만든 거고 어느 선까지 알고 있는 거고 이 사람들이 이 문건대로 다 지시받아서 한 건지에 대해서 확인하는 작업이 필요하다. 조사가 필요하다" 그래서 특조위에다가 그거 조사하라고 요청을 했어요. 근데 그 요청하기 전에 특조위가 알아서 조사해야 해야 될 건이잖아요. 그걸 이미 조사했고, 조사하면서 뭐, 직원들 불러서 뭐 하고 이러는데 조사가 뭐, 제대로 되겠어요? 일부 조금 밝혀지긴 했지만 다 아니라고 그러면 끝이지 뭐, 조사관들한테 강제수사 권한이 있는 것도 아니고 압수수색을 할 수 있는 것도 아니고. 그래서 결국은 고소를 다 하게 됐죠. 그걸 하면서 그때 파견 나왔던 공무원들의 실체를 조금 더 깊숙이 알게 된 거예요. 그 역할을 했던 공무원들이 다 있는 거지. 그때 문건 발견했을 때도 그랬어요. 고게 지금 재판 계속 진행 중이죠, 동부지법[서울동부지 방법원]에서. 그거 때문에 조윤선부터 시작을 해서 그다음에 이병기 [청와대] 비서실장, 그다음에 해수부 장관, 다섯 명인가 여섯 명인가 지금 같이 재판을 받고 있어요.

면담자   2015년 12월 14일부터 16일까지 세월호 참사 특별조사 위원회의 청문회가 개최됐는데, 청문회 개최에 앞서서 가협에서 청문회 대응과 관련된 논의가 있었나요?

예은 아빠   그때 청문회 주제가 뭐였죠…? (잠시 침묵) 청문회를 그 때 두 번 했었는데…(잠시 침묵). 처음에 했던 게 그 YMCA에서 했던 거죠? (면담자 : 네) YMCA에서 했던 청문회. '특조위가 어떤 방법으로 조사를 하고 진실을 밝혀낼 수 있을까?'가 저희들 관심사잖아요. 특조위가 갖고 있는 권한이 조사 권한이라고. 조사 권한이지만 조사 권한 안에 여러 가지 권한들이 세부적으로 있잖아요. 사람을 불러서 직접 대인 심문할 수 있는 권한도 있고, 그다음에 증거자료 제출을 요구하는 권한도 있고, 그다음에 특검을 요청하는 권한도 있고, 그다음에 검찰에 고발, 고발은 뭐 권한이라고 하기까지는 그렇지만, 왜냐면 우리가 고발할 수 있으니까. 그러나 어쨌든 특조위라고 하는 정부 기관이 고발하는 건 차원이 다르니까 고발을 할 수도 있고, 또 하나가 청문회죠, 청문회.

청문회…, 처음에 얘기를 할 때 가장 먼저 들었던 생각은 국정조사였어요. 2014년 6월 달에 있었던 국정조사, 그 국정조사는 파행으로 끝났잖아요. 처음에는 뭣 모르고 기대를 좀 했다가 증인 채택 문제를 갖고 시작도 [하기] 전부터 파행을 겪다가, 저희들이 농성하고 강제로 끌어다가 합의 보게 만들고 해서 억지로 억지로 시작을 하게 만들었는데, 그런 그 국회의원들이 하는… 국정조사도 매우 파행으로 흘러가고, 나오는 대답은 "모른다", "기억 안 난다" 다 부인하고. 그러면 우리 생각 같아선 "모르겠다", "기억 안 난다", "그런 거 아니다" 부인하고…. 그러면 그게 기억이 안 나는 게 아니라는 걸, 그게 모르는 게 아니라는 걸, 그걸 부인하는 게 잘못됐다는 것을, 또 꺼꾸로 국회의원들이 또 입증을 하고 또 물어보고 그걸 찾아봐야 되는데 거기서 본 건 "기억이 안 난다" 그러면 "기억이 안 나세요?" 그러고 넘어가는 거고…, 분명히 우리가 아는 사실을 "아니라"고 그러면 그게 거짓말이라는 것을 입증하려는 노력도 별로 안 보이고, 그냥 물어보고 대답하고, 물어보고 대답하고…. 더 깊이 파헤치려는 노력도 없고 이렇게 흘러가다가 결국엔 나중에 파행까지 돼버리고 끝났죠.

특별조사위원회의 청문회는 조금 다를 줄 알았어요…. 응… 조금 다를 줄 알았어요. 국회의원보다는 조금 약해 보인다 하더라도 조금 더 집요하게 할 줄 알았죠. 그러기 위해서 주문도 많이 했어요. 내용에 대해서도 이런 거, 이런 거도 확인을 해야 되고 이런 것도 같이 더 논의도 하고, 또 우리 의견도 충분히 전달을 하고. 또 청문회 진행되는 가운데 미흡한 게 있으면 메모해서 전달해서 "이런 거 물어봐야 된다, 이런 거 확인해야 된다" 전달도 하기도 하고 그렇게 했는데…, 일부 몇몇 분들은 매우 집요하게 캐묻고 확인하려고 하는 부분도 있었지만 전반적으로 보면 기대했던 수준에 미치지 못했다…. 그리고 기대 수준에 미치지 못한 이유를, 특조위가 가지고 있는 권한의 한계로 스스로 합리화시키는, "이 정도면 최선을 다한 거다. 어쩔 수 없다" 현실적으로 그런 면도 있죠. 사실 청문회에서 물어보는데 끝까지 아니라고 그러면 또 어떻게 하겠어요? 그러나 그럼에도 불구하고 최소한 인정은 못 하게 만들어도 저 사람이 하는 말이 거짓말이라는 것들은 사람들로 하여금 느낄 수 있게는 해줘야…, '저게 거짓말이네?' 이렇게 느낄 수 있게 해줘야 되는데 그런 것도 집요함이 많이 좀 부족했고.

그니까 한마디로 국회의 국정조사는 의지의 문제, 관점의 문제, 그다음에 거기에 하나 더 한다 그러면 국회의원이고 정치인이다 보니까 어떤 정당 간의 이해 문제, 주도권 문제, 이런 것에 치우쳤다 그러면, 특조위 청문회는 의지의 문제가 아니라 좀… 기술적인 문제, 그니까 청문하는 요령, 심문하는 요령, 답을 끌어내는 요령, 사람을 곤경에 빠뜨려서 실토하게 만드는 요령, 이런 기술적인 문제의 부족이 조금 더 심하지 않았나…. 개인적으로는 다 의지가 충만, 출중한데 이걸 도대체 어떻게 풀어나가야 되는지에 대해서 고민도 부족하고 기술적으로도 매우 부족한, 그런 한계를 보여준 그런 청문회였지 않는가, 성과가 아예 없지는 않지만 기대했던 것보다는 그리 크지 않았다….

그게 이제 이번 2기 특조위, 사회적 참사 특조위를 준비하면서 신경을 많이 쓰고 있는 부분이에요. 그니까 청문회뿐만이 아니라 일상적인 조사 과정에서의 스킬…. 실제로 1기 특조위에선 어떻게 했었냐면, 1기 특조위도 사람들 불러다가 조사했잖아요. 그니까 기록을 하고 이렇게 녹취를 남겨놓고 그러잖아요. 이걸 쭉 보다 보면 (웃음) 좀 기가 막히는 것들이 좀 있어요. 뭐냐면, 예를 들면 "당신 그때 이런, 이런, 이렇게, 이렇게 했죠?" 그러면 "아닙니다" 그러면 "아니군요" 이러고 넘어가는 거죠…. 보면 허무해요(웃음). '이렇게 능력이 없었나? 그러면서 이거를 조사 권한의 한계라고만 얘기할 수 있을까?' 근데 그런 부분을 2기 특조위를 준비를 하면서 신경을 많이 썼고 지금도 그 부분을 많이 신경 쓰고 있어요.

면담자　　　6시이기는 한데 괜찮으세요? (예은 아빠 : 네, 네. 지금 더 해요?) 네. 좀 쉬었다 할까요, 아니면 계속 쭉 할까요? 시간이 언제까지 괜찮으세요? (예은 아빠 : 한 7시까지, 정도까지는⋯) 알겠습니다. 2016년 3월 11일에 80시간 동안 세월호 특별법 일부 개정과 특별검사 임명 등을 요구하는 삭발 단식 농성을 (예은 아빠 : 국회에서, 국회 앞에서) 네, 이 농성을 하게 된 배경과 과정을 좀 얘기해 주시죠.

예은 아빠　　　음, 그것도 제가 제안을 했던 거예요. 제가 제안을 했는데, 그때의 고민은 뭐였냐면 당연히 공식적으로, 실질적으로도 그렇고⋯ 그⋯ 그 시점에는 이미 정부의 입장이 정해져 있던 상황이었어요. 그니까 [1기] 특조위가 이제 앞으로 몇 달 뒤이면 끝나는 거예요. 정부가 이제 끝, 그때까지가 끝이라고 선언을 한 상황인 거예요⋯(잠시 침묵). 근데 국회를 보면서 화가 많이 났어요. 이해를 할, 나는 도저히 이해를 할 수가 없는 거야. 국회에서 그 특별법을 만들기 위해서 얼마나 고생을 많이 했어요. 우리가 가서 농성을 하면서 하루에서[에도] 몇 차례씩 협상하고 나오면 우리하고 또 얘기하고 조율하고, 막 이런 걸 한참 동안을 겪고, 또 해오면 우리가 거부하고 "이게 더 보완해야 된다" 하면 또 가서 또 하고. 그니까 아마 국회의원들도 그런 과정은 안 겪어봤겠죠, 그냥 비슷한 법 만들어주면 다들 고맙다고 그러는데 그걸 양보 안 하고서 그냥 농성하고 그러면서 그렇게 압박을 해가지고 힘들게 힘들게 법을 만들고, 그래도 여전히 우리 기준에서는 월등히 성에 안 차지만 그 여러 가지 상황을 고려해서 보완책을 좀 더 집어넣고 해가지고 같이 만들어서, 그 만든 날 같이 고생했다고 하고 "앞으로 잘, 이게 법이 잘 실행이 되어서 진상 규명되도록 같이하자" 으쌰으쌰 이랬는, 그 사람들인데…. 그 법을 박근혜가 완전히 무력화시킨 거 아니에요. 국회에서 만든 법을 행정부가 무력화시킨 거거든. 근데 국회가 가만히 있네? 난 그게 이해가 안 간 거예요….

아니, 새누리당은, 당연히 새누리당이야 좋아라 하겠지만 아니, 민주당에서는 그거 갖고 한마디를 하든가 대통령한테 항의를 하든가, 뭔가 이걸 해야 되는데 아무도 그걸 안 해요…. 도저히 이해가 안 가는 거지, 난. 입법부가 행정부의 그런 만행을, 입법부에 대해서 만행을 저지르고 있는데 입법부는 그냥 가만히 있어…. 그래서 국회로 간 거예요, "쪽팔리지 않냐"고 "당신들 뭐 하는 사람이냐"고. "그렇게 어렵게 법 만들었는데 그 법이 누더기가 되고 시행도 못 하고 죽은 법이 되고, 당신들이 법으로 규정해서 만든 독립 조사 기구가 행정부에 의해서 이렇게 유린당하고 있는데 왜 가만히 있어?" 그래서 국회로 가자고 했던 거고, 그냥 간 게 아니라 평소에 가던 것처럼 의원실 찾아가서 "왜 그래요?" 이렇게 얘기하는 게 아니라 "뭔가 보여줘야 되겠다" 해갖고 [유가족들과] 얘기해서… 뭐 어떡해, 삭발이라도 해야 쳐다보니까(웃음), 단식이라도 해야 그나마 그래도 "아휴, 단식하면 안 돼요" 그러고 쳐다보기라도 하니까. 그래서 국회 문 앞에서 한 거예요, 그거를 했어요.

그러면서 며칠 안 됐지만 그 시간 동안에 그런 의견들을 계속 전달을 했죠. "법 개정해라. 행정부가 그렇게 이 법을 무력화시키면 너희들이 할 수 있는 수단은, 그 법을 제대로, 그런 문제가 없도록 제대로 개선을 해서, 개정을 해서 맞붙는 거 아니냐. 그럴 의지를 보여줘야 우리가 당신네들을 믿고, 국회를 믿고, 민주당을 믿고 할 거 아니냐…. 당신들이 만든 법이 이렇게 개판이 되어가고 있는데 나몰라라 하고 있는 건 아니지 않냐?" 그 얘기를 하고 싶어서 국회로 갔던 거죠.

면담자 그 이후에 이어진 2차, 3차 청문회는 어떻게 보셨나요?

예은 아빠 음…(잠시 침묵). 솔직히 난 개인적으로 인상 깊은 장면이 별로 없어(웃음). 별로 없고, 어쨌든 우리는 [뭔가를] 밝혀내든가 아니면 거짓말이라는 걸 드러내든가 이런 것들이 청문회 자리를 통해서 국민들에게 알려지기를 원했던 거고, 그것이 또다시 진상 규명의 새로운 동력과 힘이 돼서 이렇게 나가는 걸 원했던 건데…, 그런 면에서 상당히, 매우 많이 부족했죠. 많이 부족했는데…, 성과가 없는 건 아니에요. 예를 들면 해경이 검찰에 제출했던 TRS 교신록, 녹취록 같은 것이, 버전이 알고 보니 여러 개가 있더라, 그럴 수 없는 건데…. 그 가운데 일부 편집이나 조작된 흔적이 있더라, 녹음 파일에도 그런 것들이 좀, 흔적들이 보이더라. 이런 문제 제기를 한 것들[은] 의미가 있죠. 왜냐면 참사 당시의 어떤 기록이나 이런 것들을 고의적으로 편집하거나 조작을 했다고 하는 것은, 무언가를 숨기기 위하거나 어떤 사실을 호도하기 위한 것이고 그렇다면 그거는 참사와 직접적으로 연관이 될 가능성이 높기 때문에 상당히 의미가 있는 과정이었죠. 그런데 제가 그럼에도 불구하고 아쉽다고 하는 거는 그게 어느 정도 타당한 문제 제기까지는 됐지만 입증하는 덴 실패했으니까…, 또 증언을 끌어내지도 못했으니까. 그 성과, 결과적인 측면에서는 상당히 많은 한계가 있었, 다른 사안들도 거의 비슷하고 그래요.

17

단원고 4·16기억교실을 둘러싼 학교와 유가족 사이의 갈등

면담자　　이번에는 단원고 교실 문제에 대해 말씀해 주시면 좋겠습니다.

예은 아빠　　그게[희생 학생 제적 사태] 2016년 5월 달이었으니까, 2016년 5월……. 2015년, 2015년부터 교실이 문제가 되기 시작했어요…. 문제가 되는 건 뭐냐면 저 교실을 언제까지 저렇게 둘 거냐는 게 일단 첫 시작이죠…. 그러면서 학교에서 얘기가 나온 게 뭐냐면 "교실이 부족하다…. 교실이 부족하기 때문에 재학생들의 수업의 권리, 수업받을 권리가 침해를 당하고 있다" 그게 저희들한테는 굉장히 아픈 지적이었어요, 굉장히 수세에 몰릴 수밖에 없는 지적이었고(한숨). 처음엔 그런 줄 알았어요. 상식적으로 생각을 해봐도 교무실하고 10개 반, 총 11개의 공간이 학교에, 아주 큰 학교가 아닌데 11개의 공간을 못 쓰고 있는 거잖아요. 상식적으로 생각해 보면 '교실이 모자를 수도 있겠다. 수업 공간이 모자를 수도 있겠다' 이렇게 당연히 판단이 들죠. 그런 줄 알았어요….

　　근데 그게 아닐 수 있다는 얘기가 들려오더라구요. 음… 그래서 확인을 했어요. '현재 교실 상황이 어떻게 되냐? 또 내년도 이후에 신입생을 받고 배정받는 이런 상황들 계획이 어떻게 되냐? 현재 교실 현황이랑 공간 현황이 어떻게 되냐?' 이런 걸 쭉 봤는데 결론적으로 안 모자라더라구요(잠시 침묵). 그러면서 또 한편으로 나오는 얘기는 뭐냐면 "저 교실 저렇게 두면… [재학생] 아이들이 부담이 되어서 어떻게 공부를 하냐"[였어요]. 근데 이게, 그것도 일면 맞아요…. 그 교실이 있는 두 개 층인데 그 앞에서 마음껏 웃을 수나 있겠어요? 또 거기에 보면 온갖 기록물들이 막 붙어 있고 그런데 관리도 해야 되고 또 그런 걸 항상 상시적으로 마주쳐야 되는 아이들의 입장도 있고…. 그런 것들을 거리끼지 않는, 거리껴하지 않는 아이들도 있지만 부담스러워 하는 아이들도 있고…. 그러니까 그게 우리한테 아픈 부분을 갖고 공격을 들어온 거죠.

그래서 고민을 한 게… 음, 이렇게 제안을 했어요. "지금 우리 아이들과 선생님들이 다 돌아오지도 않, 돌아오지도 못한, 찾지도 못했고, 그다음에 한 학교에서 261명이 동시에 희생당한, 대한민국 교육 역사상 유례가 없는 이런 대형 참사를 겪은 단원고에서 이걸 이토록 빨리 없애버리려고 하는 건 아니다. 박근혜도 이렇게 안 한다…. 그러니 이 문제를 어떻게 하면 좋을지에 대해서 논의를 하자…"라고 제안을 했어요. 그러면서 "우리가 방안을 제시하겠다. 그럼 그 방안을 놓고 같이 검토를 해보자" 해서 저희가 방안 마련 착수에 들어갔어요. 그래서 관련된 건축사라든가 설계사라든가 디자이너라든가 불러다가 현장도 좀 돌아보고 방안도 찾고 우리도 고민하고…. 그래서 방안을 하나 만들었죠. 그것이 현재 우리 아이들, 아이들의 교실을 기존 재학생들, 또 앞으로 들어올 신입생들과 격리시키는, 차단시키는 방안이에요. 골자는, 첫 번째가, 그래서 자신의 의지와 관계없이 그 참사의 현장과 마주치는 일을 막는 것, 다만 내가 보고 싶으면 언제든 자기의지에 의해서 가서 볼 수 있도록 하는 것, 그래서 물리적으로 그 교실을 다른 수업 공간과 차단시키는 거예요.

에은 아빠 유경근

어쨌든 그럼 공간이 줄잖아요. "그러면 그건 어떻게 해결할 거냐?", "위에 한 층 증축을 한다. 그래서 다른 공간을 마련을 한다, 증축을 한다. 그리고 그 교실을 두고, 어차피 단원고에서는 [희생자들을] 기억하고 같이 위안, 별도의 시설이라든가 공간이 필요할 테니 그 교실 옆으로 해서 작은 기억 공간, 전시 공간이나 추모 공간을 만들자. 그래서 이 공간, 이 기억 시설과 기억교실을 보고 싶은 사람은 학교 정문이 아닌 별도의 출입문을 통해서 여기를 보고 관람하고 보고 할 수 있도록 동선을 새로 만들고, 수업은 주변의 학교 정문으로 해서 별도의 공간에서 또 이루어지고…" 이런 안을 만들고 설계도까지 그렸어요. 비용까지 뽑았어요. 기술적으로 충분히 가능한, 그다음에 비용도 내가 정확히 기억이 안 나는데 비용이 아마… 한 5, 60억 정도 들어갈 거예요. 그렇게 하게 되면 한 5, 60억 들어가는… 이런 것까지 뽑아가지고 "이게, 우리가 생각하는 방안이 이런 거다. 이렇게 되면 수업 공간도 확보하고 본의 아니게 마주칠 수밖에 없는 그 현장과 아이들을 차단시키면서, 그러나 기억교실과 기억 공간의 의미를 조금은 살릴 수 있는 이런 방안[이 있다]" 하고 내놨는데, [우리가] 그렇게까지 하면 학교나 학부모들이 그걸 보면서 같이 자기 의견도 얘기하고 방안도 같이 찾고, 아니면 싫으면 싫다고 얘기도 하고 이럴 줄 알았던 거죠.

근데 알고 보니까 그 사람들, 그런 얘기를 했던 교장이라든가 일부 학부모, 운영위원회 이런 사람들의 목적은… "교실이 부족하다. 아이들의 수업권을 침해한다. 그런 현장을 자꾸 부딪치게 되면 정서적으로 안 좋다"라고 하는 건 다 핑계였던 거예요. 오로지 목적은 그 교실을 없애는 게 목적이었던 거예요. 그러니까 우리가 그 방안을 내놨을 때 주변에서, 그니까 그 당시의 여론이 안산에서, 외부도 마찬가지고, 특히 안산에서 우리를 굉장히 호의적으로 보고 진상 규명 싸움을 같이해 주고 항상 같이 활동했던 매우 호의적이었던, 적극적으로 호의적이었던 시민들도 이 학교 문제, 교실 문제[가] 딱 나오니까 굉장히 우리한테 비우호적이었거든요. "다른 건 다 공감하지만 요것만큼은 좀 양보하셔야 되는 거 아니냐?" 다 그랬거든. 근데 우리가 그 방안을 만들어서 딱 제시했어요. 그랬더니 "이런 방안이 있었군요…. 정말 이런 방안이면 반대할 이유가 없습니다, 정말 좋은 안을 만들어 오셨습니다. 이거면 충분히 되겠는데요?" 한단 말이죠. 그래서 기대를 걸었어요. '그럼 학교 가서 학부모들, 교장하고 선생님들하고 얘기를 하면 같이 얘기가 되겠구나' [생각했죠].

근데 거들떠도 안 보더라구요. 거기서 파악한 거예요. 이 사람들 목적은, '어떻게 기억하고 어떻게 추모하면서 동시에 어떻게 재학생들한테 제대로 교육을 시키고 또 수업권을 보장하고 할 것인가'[인 줄 알았는데], 근데 그 사람들은 목적이 그게 아니었던 거예요. 교실을 그냥 몰아내는 게 목적이었던 거. 이걸, 방안을 딱 제시하니까 그다음에 또 다른 이유가 붙어요. 왜? "그럼 학교 공사해야 되네? 그럼 공사하는 동안 애들은 공부는 어떻게 하라고…, 시끄럽고 먼지 날리고 위험하고 그럴 거 아니냐? 그러면 나중에 들어오는 애들이야 좋겠지만 지금 당장 다니고 있는 내 아이는 어떻게 해? 그래서 대학 못 가면 책임질 거야?" 또 이렇게 나오기 시작을 하네? 그것도 핑계가, 핑계였던, 말도 안 되는 이유였던 거는 바로 증명이 돼요(잠시 침묵). 교실 빼내고 나서 바로 공사 들어가죠…. 체육관 만드는 대규모 공사가 들어갑니다…(침묵).

그 체육관을 왜 만든 거냐면요, 세월호 참사 일어나고 나서 단원고등학교 지원한다고 새롭게 만든 계획이 체육관 만드는 거였어요. 한마디로 해서 세월호 참사 없었으면 단원고에 체육관 안 생겼어요. 우리 애들 죽은 덕분에 만든 게 체육관이거든…. 이 교실 보존하면서도 수업 공간을 확보하고 수업권을 보장하기 위한 우리의 방안은, 그거 하면 시끄럽고 위험하고 먼지 날려서 안 된다고 하면서, 우리 아이들 덕분에 들어서는 그 체육관은 얼씨구나 환영하고, 대규모 토목공사부터 시작을 해서 공사를 한 학교예요. 그게…, 그거 다 거짓말이었던 거죠…(침묵). 교육청도… 우리가 생각한 그림에 플러스[해서] 길바로 옆에 건물 하나 거기다 세워서 거기다 민주시민교육원을 만들고 이런 계획을 보완을 했더라구요. 교육청에서 어느 강사가 그런 안을 하나 만들어서 제안을 해가지고 "이렇게 보완을 하면 참 좋겠다" 이렇게 했는데 그것도 거부를 당했어요.

처음에 거부했던 이유가 "이거 하는 데 50억 들어가고 얼마 들어가고, 돈 뭐 한 100억 정도 들어가야 되고 비용도 많이 드는 거 같고…" 막 이러잖아. 이거 다 반대를 했어요. 이걸 다 거부하고 우리 애들 교실을 다 내쫓고 나서 지금 비용이 얼마 들어가는지 아세요? 그때가 우리가 제시했던 [것의] 두 배가 넘게 들어가요, 지금 비용이. 우리가 제시했던 방안을 그대로 했으면 지금의 절반도 안 되는 비용을 갖고 이미 모든 게 끝났어요. 근데 그 여파로… 지금 안산교육지원청, 교육청, 안산교육지원청, 그거 교육청 [건물을] 우리한테 내놔야 됐어요. 왜? 교육청이 약속한 게 "단원고에서 교실 빼면 그럼 나중에 이 교실을 영구히, 장소는 다르지만 원형대로 복원할 수 있는 장소와 모든 계획을 다 보장하겠다"[였어요]. 미련하게 그런 약속을 왜 하냐고…, 그냥 단원고에 두면 되는걸. 그러고도 얼마든지 돈을 훨씬 적게 들이면서도 훨씬 편하게 하면서, 그걸 잘했다고 칭찬받을 일이 뻔하게 보이는데, 굳이 [교실을] 빼가지고 교육청을 다 허물고 새로 건물을 지어서……. 거기 교실 복원하는 게 돈이 보통 들어가는 게 아니에요. 그냥 교실이 아니라 우리는 원형 그대로 복원을 하는 게 목표거든요, 그 계획은 이미 다 끝났고. 그것만 해도 비용이 얼만데 왜 그런 미련한 짓을 해서, 해놓고 결국엔 교실 쫓아냈다는 욕까지 먹고….

　　그래서 우리끼리 그런 얘기도 해요. "결국 노난[횡재한] 건 단원고밖에 없네…. 그걸로 엄청나게 예산 지원받고 체육관도 하나 뻔듯하게 새로 생기고…" 아주 짧게 이야기하면 그런, 그런 일들이 있어요. 그러다가 중간에 교실 나가기 전에 2016년 1월 달에 아까 얘기했던 [희생 학생들을] 제적… 하는 일이 일어났죠. 그건 다른 부모님들이 많이 얘기했을 텐데…. 네, 그니까 굳이 자세한 과정은 얘기 안 해도 될 거 같은데, 여튼 그런 걸 겪으면서 결국 명예졸업식까지 이어지는 거죠. 그래서 제적된 상황을 우연치 않게 알게 되고 그것을 원상회복시키고, 그거 가지고 또 얼마 안 있어서 교실 문제가 극렬하게 대립하게 되고, 별 얘기 다 들었잖아요(잠시 침묵). 광화문에, 아니 광화문이랜다, "청와대 앞에 갖다 놔서, 가서 교실 만들어라. 아니, 애들 죽은 데는 진도인데 진도에다가 만들어야지 왜 거기다 만드냐. 진도로 가라" 이런 얘기도 듣고, 별 얘기 다, 하여튼 별 얘기를 다 들었는데, 어쨌든 그런 과정을 겪으면서 교실 빼기로 합의하면서… 했던 게 이제 사회적 협약을 맺은 거죠.

그래서 사회적 협약의 골자는 결국 우리가 교실을 보존하려고 하는 목적은 '이 세월호 참사를, 교육적인 측면에서 세월호 참사를 기억하고 그 교훈을 그 후배 학생들에게 가르치면서 세월호 참사 이전과 이후의 다른 교육을 만들어라'라는…, 이게 또 이재정 교육감의 약속이기도 하고. 그것을 어떻게 실현할 것이냐, 구호로만 하지 말고, 그래서 아주 기초적인 약속을 잡는 거예요. "단원고, 우선 학적 원상 복원하고 그다음에 새로운 학적 관리 시스템을 만들어서 우리 아이들을 공식적으로 명예졸업을 할 수 있도록 해라". 이 의미는 우리 아이들뿐만 아니라 이후에 비슷한 일을 겪는 경우가 또 나오면 그 아이들도 일방적으로 제적 처리당하는 게 아니라 이런, 명예졸업을 할 수 있고 학적 유지를 할 수 있는 이런 시스템을[으로] 바꾼 거죠. 그걸 요구를 한 거예요. "동시에 단원고등학교 내에 세월호 참사를 기억하고 추모할 수 있는 별도의 공간과 시설물을 만들어라". 이제 세 번째가 "교실을 원상태로 복원을 하고 그다음에 그니까 별도의 공간에 다시 원상 복구를 하고, 복원을 하고 그다음에 민주시민교육원을 만들어서 교육의 공간과 교육의 장으로 활용을 해라" 이렇게 요구를 한 거예요.

근데 이제 이런 합의를 하고 교실을 빼면서도 우리가 아이들의 졸업식을 안 했던 이유와 연결이 되는데, 이 합의를 할 때가 2016년 5월이잖아요. 미수습자 수습이 안 끝났었죠. "아직도 선생님 두 분, 아이들 네 명을 찾지 못한 상황인데 이들이 다 돌아올 때까지 어떻게 우리가 먼저 졸업을 하냐…. 올 때까지 기다려야 한다" [이게] 첫 번째 이유였고, 그다음에 두 번째는 "이 협약은 맺었지만 이게 과연 지켜질지 누가 보증을 하느냐? 이게 실제로 실현되는 걸 우리가 확인해야 되겠다" 그랬더니 [명예졸업하는 데] 시간이 3년이 걸린 거죠. 미수습자 수습도 끝났고, 종료가 됐고, 그다음에 작년 연말 11월 달에 단원고에 추모 공간 '노란 고래의 꿈' 조형물 들어서면서 공간 마련이 됐고, 그다음에 교실 복원과 민주시민교육원 건립 계획이 확정이 나서 실행에 지금 들어가고 있고. 이런 것들이 확인이 됐고, 된 거죠. 그래서 그러면 이번에 이제는 명예졸업을 해야 될 시점이겠다, 싶어서 올해 얼마 전에 명예졸업을 한 거죠. 그게 이제 교실 문제부터 쭉 이어진 과정 속에서 이루어진 거예요.

면담자   기억교실을 안산교육지원청으로 임시 이전할 때 부모님들이 직접 아이 자리를 정리하고 옮기고 박스에 넣고 하시는 과정에서 어떤 일이 있었는지 얘기를 다른 구술자분들이 많이 하셨으니까요. 아버님께서는 그때 느끼셨던 소회, 감정이나 뭐 이런 것들에 대해 조금 말씀해 주시면 될 것 같아요.

예은 아빠   제가 그때, 교실을 빼고 하는 그때 여기 없었어요. 그때 유럽에 가 있었어요. 유럽으로 가기 직전까지 제가 단원고 교실 문제, 이걸 가지고 직접 학교하고 내가 대화를 하고 있었어요. 뭐, 좋은 말로 대화지, 엄청나게 싸우고 이랬어요. 그리고 내가 유럽에 교민들이 초청을 해가지고 간담회 가기 직전까지 그거 하면서 그 바로 전주 주말에 마지막으로 학교에 가서 교장 만나고 행정실장 만나고 교감 만나고 그러면서, 그 자리에서 못을 박은 게 있어요. 그때까지 뭐라고 했었냐면 "교실을 복원을 하는데 진짜 뭘 어디서부터 어디까지 어떻게 복원을 해야 되냐? 방식이 뭐냐? 원칙이 뭐냐?" 이걸 가지고 계속 싸우고 그러던 시점이었거든. 그러면서 그 마지막 가가지고 유럽 가기 전에…, 마지막으로 가가지고 딱 한 얘기가 "손댈 생각하지 마라, 당신들이 마음대로 손대려는 생각하지 마라. 결정을 해도 우리가 결정하는 거고 양보를 해도 우리가 양보를 하는 것이지 어떻게 꼼수 부려가지고 뭐 하려고 하지 마라" 이런 것들 다 이야기하고 "내가 유럽 갔다 올 거니까 갔다 와서 더 진행을 하자, 더 논의를 하자"라고 했어요.

그리고 유럽을 딱 갔는데, 가서… 며칠 됐나? 며칠 안 됐어요. 한 이틀 됐나, 3일 됐나, 됐는데 급히 연락이 온 거야, 운영위원장한테. 연락 와가지고 보니까, 얘기 들어보니까 일이 터진 거죠. 이삿짐센터 차가 막 대기하고 있고 그 손, 뭐 재학생 학부모들 와서 막 엄한[애먼] 짓 하려고 하고 있고, 이게 알려져서 [유가족] 부모들이 학교로 다 출동하고 막 대치 벌어지고 막 싸우고(한숨). 확 열이 받는 거죠. 그런 시도와 그런 협박들이 계속 있었어요. 근데 그걸 계속 무마시키고 못하게 하고, 못 하게 하고 필요한 약속들을 하고 "일정들을 잡자" 해가지고 쭉 했는데, 이걸 무시하고서 이제 막 그걸 진행을 하려고 했던 거죠. 근데 이제 그 일이 벌어지는 과정에 제가 그 현장에 없어 가지고…, 그땐 그 얘기 듣고 바로 [한국에] 들어오고 싶더라구요. 뭐 그럴 순 없고…, 거기 유럽의 교민들이 한 1년 넘게 기다려가지고 마련해서 겨우겨우 간 자리라서……, 그랬어요. 근데 그 상황들을 쭉 봤죠, 거기서. 쭉 보면서(한숨) (침묵), '가만히 냅둬도 이제는 다 결정이 나서 우리 스스로 교실을 정리하고 어떻게 할 건지 이런 것들을 다 준비하고 있는데, 왜 이 새끼들은 먼저 나서가지고 이렇게 분란을 일으키고 오해 살 행동을 하고 그럴까. 참 이해… 할 수가 없어', 없었던 게 그게 첫 번째 느낌이었고, 거기서 찍어서 보내온 영상들을 쭉 보면서… [현장에 있던 유가족들에게] 미안하고. 왜냐면 그 일을 맡아서 쭉 진행하고 잘되고 있다고 얘기하고 있었는데 갑자기 그런 일이 딱 벌어지니까 '정말 [내가] 단도리[단속]를 잘 못하고 왔나…' 이런 생각이 들어서 좀 미안하고. 거기서 막 실신하고 쓰러지고 막 이런 엄마들도 나오고 있었으니까, 다 봤으니까. 그랬었죠(침묵).

18
특조위 활동 보장을 요구하며 더불어민주당 당사 점거 투쟁

면담자　　　2016년 8월에 세월호 특별법 개정, 특검 의결, 세월호 특조위 선체 조사 보장을 요구했잖아요? 그때 가협에서의 논의와 더불어민주당 당사를 점거 투쟁했을 때에 대해 기억나시는 대로 말씀해 주시지요.

예은 아빠　　　그때 굉장히 부담스러웠어요. 그… 그 이전까지만 해도 우리가 국회를 상대로 해서 뭔가 요구를 하거나 항의를 할 때, 사실은 그 대상은 새누리당이었거든요. 새누리당이 반대하니까, 새누리당이 많이 방해하고, 우리가 목표로 하는 타깃은 새누리당일 수밖에 없죠, 당연히. 근데 이때 2016년 8월에 단식 농성을 한 이유는… 새누리당 때문이 아니었거든요. 그때 민주당, 그다음에 바른미래당, 아니

저기 무슨 당이지? 바른미래당이 아니고 국민의당, 정의당, 특히 민주당과 국민의당. 그게 우리는 그 두 당이 목표 타깃이었어요. 왜냐면 주장 자체가 '특조위 활동 기한 보장, 특별법 개정'이잖아요. 왜냐면 민주당하고 국민의당이 하겠다고 나서면 할 수 있는 거예요…. 당연히 합의를 해가지고 본회의 올려야 되기 때문에 새누리당이 또 동의를 해줘야 되는 것도 맞지만, 그 당시 상황은 민주당이건 국민의당이건, 그 전에 그 국회 앞에서 80시간 삭발 단식했던 이유하고 똑같이, 아니, 이 와중에 8월 달이면 이미 저 박근혜 정부에서는 특조위 활동 끝났다고 선언한 다음이잖아요.

근데 특조위에서 어떻게 결정을 했냐면 "6월, 걔네들 주장대로, 정부 주장대로 하면 6월 30일까지인데 우리는 활동 기간이 끝나도 3개월 동안 백서를 쓰는 기간이 보장되어 있다. 그런데 우리 위원회에서 직권으로 이 백서를 쓰는 이 3개월 동안 계속 조사하겠다" 이렇게 일방적으로 선언을 하고서 버티고 있는 상황이었거든요. 근데 백서 쓰는 기간에는 모든 직원이 다 있을 수가 없어요. 백서 쓰는 것과 관련된 직원들만 남아 있고 나머지는 다 나가야 되는 거거든요, 있어 봐야 월급도 안 주고. 그런데 "우리는 거기 동의 못 한다. 지금은 조사 기간이다", 나가는 사람도 많지만 월급 못 받을 거 알면서도 남아서 계속 "나는 조사관이야" [하면서] 조사하고 이랬던 사람들도 상당히 많았어요. 근데 그런 상황에서 국회는 계속 답이 없는 거예요. 가서 얘기를 하면 국회의원이라는 사람들이 한다는 얘기가 "아, 그 특조위 활동 기한을 연장하는 문제가…" 이렇게 나와요. 그럴 때마다 "이보세요, 연장이 아니라 보장이라니까. 당신이 만든 법에, 지금 활동 기한이 안 끝났다구요. 박근혜가 일방적으로 강제해산시킨 거라구요. 근데 당신이 연장이라고 얘기하면 되냐고, 지금" 맨날 이것 가지고 싸운다니까, 국회 가면. 그러면 "아, 네, 네. 제가 말실수했네요. 그런 뜻이 아니라…" 그래서 "말을 실수할 게 따로 있지, 당신이 연장이라고 말을 하고 생각을 하는데 누가 이걸 받아들이냐고?" 그러고 보는 사람마다 싸우는 거예요.

그게 불편했나? 답이 없어, 국회에서 답이. 그것도 앞장서야 할 민주당과 국민의당이… 답이 없어, 답이. 그래서 농성을 시작한 게 새누리당이 목표가 아니었어요. 민주당과 국민의당, 더 엄밀히 얘기하면 국민의당이 조금 더 비중이 컸어요. 왜? 민주당이 맨날 하는 핑계가 그거야. "우리는 하려고 그러는데 의석도 모자르고 국민의당이 좀 도와주면, 정의당은 어차피 따라올 거고, 그러면 좀 얘기가 될 거 같은데…" 어쩌고저쩌고 막…. 핑계지, 핑계, 알지. '그래? 그럼 만들어줄게…' 해서 만든 게 이 농성이에요. 새누리당이 타깃이 아니었다고. 근데 이거 하다가 민주당사 점거까지 들어갔죠. 그게 얼마나 부담이 큰 행동이었는데요. 그러니까, 그러면 당연히 예상이 되는 거예요. '그럼 민주당 당원들한테 욕먹겠다' 무슨 욕? "야, 세월호 유가족들 니네 새누리당 당사 점거한 적 있어? 그러면서 왜 그동안 도와준 민주당[을] 점거하고 지랄이야…?" 이 얘기 나올 게 뻔하거든…. "그동안 너네 도와준 게 어느 당인데. 새누리당이야, 민주당이야? 그런데 왜 민주당에 와서 점거를 하고 민주당한테 '똑바로 하라' 얘기하고 왜 민주당한테 그래? 니네가 제정신이야?" 이 얘기 나올 게 뻔하거든…. 엄청나게 부담되는 시간들이었어요, 그때.

실제로 그런 욕 많이 먹었어요, 실제로…. 근데 효과를 봤죠, 그게 (잠시 침묵). 그걸 워낙 강하게, 그것도 타깃을 분명하게 민주당하고 국민의당으로 찍어서 계속 이야기하고 하니까 민주당과 국민의당에서 부담을 갖기 시작한 거예요…. 그래서 광화문 [농성장]에 계속 찾아오고, 국민의당 같은 경우에는 그 지도부가 대거 한번에 찾아와서 같이 그 앞에 앉아서 얘기하고…. 근데 다른 사람들은 그래도 "사진 찍어라, 사진 찍어라. 안 오면 욕먹으니까, 들어줄 것도 아니면서" 이렇게 하지만 우리 입장은, 다른 사람은 그렇게 보일지[볼지] 몰라도 우리 입장은 '어쨌든 여기까지 와줬잖아, 국민의당이. 그럼 거기서 관철시켜야지' 왜? 미우나 고우나 이 사람들이 손들어 줘야 되거든. 안 그러면 국회에서 법 개정이 안 되거든…. 그니까 더 붙잡고 얘기하고 그러는데 그러다 정 안 되니까 "안 되겠다, 세게 나가자" 그래서 "이제 민주당으로 가자" 그래서 간 거죠.

근데 결과적으로 효과를 본 게 법 개정은 못 했지만… 2기 특조위를 위한 특별법을 만드는 작업이 시작이 된 거예요, 그래서. 내부적으론 박주민 의원하고 별도의 법안을 만드는 작업은 이미 시작했었어요. 그거는 6월 달부터 얘기를 해서 "일단 내용을 준비를 하자" 해서 7월 달에 사실은 법안이 나왔었어요. 근데 그거는 국회에서 만든 게 아니라 나하고, 우리하고 박주민 의원하고 몇몇 변호사들하고 해가지고 초안을 만든 거죠. 그거는 해놓고 있었지만 이걸 누가 받아줘야 될 거 아니에요. 근데 그러한 농성, 그다음에 점거, 이걸 통해서 결국엔 이게 민주당 내에서 공식적으로 논의가 시작이 되고, 그다음에 '이 법안을 어떻게 상정할 것인가?'에 대한 고민이 시작이 됐고, 그러면서 결국엔 그것이 패스트트랙이라고 하는 방법으로 정해진 거고, 그래서 과정을 밟게 돼서 그해[2016년]에, 12월 달에, 그해 12월 달에 패스트 트랙으로 지정하는 데까지 성공을 한 거죠. 그니까 '원래 가장 좋은 목적이었던 1기 특조위 특별법의 개정은 실패했지만 그다음, 그다음 단계였던 2기 특조위를 위한 준비는 그 덕분에 시작할 수 있었다' 이렇게 좀 볼 수 있을 거 같아요.

19
박근혜 전 대통령 탄핵에 앞장선 유가족들

면담자　　　벌써 시간이 6시 반이 되었네요. 박근혜 전 대통령 탄핵까지 하고 마칠까요? 아니면 그냥 여기까지 할까요? (예은 아빠 : 탄핵이요?) 네. (예은 아빠 : 탄핵에 대해선 뭘 얘기해야 될까?) 그때 2016년 11월 1일에 가협과 4·16연대가 최순실 게이트와 관련해서 세월호 참사 헌정 파탄에 대한 시국선언 기자회견을 가졌는데요. 당시 시국선언 기자회견의 준비 과정 등에 대해서 말씀해 주시면 됩니다.

예은 아빠　　　그 내용이 다 기억이 안 나서⋯. 그게, 기자회견 내용이 뭐였죠?

면담자　　　잠깐만요. 제가 좀 찾아보겠습니다.

예은 아빠　　　제가 거기 있었나요? 있긴 있었을 거 같은데⋯.

면담자　　　(웃음) 오래전 일이라 저도 잘 기억이 안 나서요.

예은 아빠   기자회견문 했으면, 기자회견 했으면 뭐 이런 거 발표하고 했을 텐데?

면담자   네. 시국선언에서 가장 크게 이야기한 내용은, 참사 당일 대통령의 7시간을 비롯해서 헌정 파탄에 대한 공개 질의였어요. 국정원 관련 의혹도 밝혀야 하고, 증거인멸, 진실 은폐에 대해서 시인하라는 내용이 시국선언 형식으로 발표되었죠. 최순실 게이트, 그 당시에는 처음 게이트로 시작을 한 거였잖아요. 당시 최순실 게이트와 관련한 의혹들에서, 세월호 참사의 진상 규명도 함께 논의되어야 한다는 것도 강하게 제기하고 그랬어요.

예은 아빠   제가 그때 발표한 걸 좀 봐야 될 거 같아요. 그니까 무슨 내용인지 알겠고, 알겠는데 그 준비하는 과정을 얘기하려고 그러면, 제가 그걸 했으면 페북 찾아보면 있긴 있을 거 같은데, 얘기한 게. 왜냐면 그… 그거를… 제가 썼거나 제가 검토, 내용을 검토했거나 그랬을 가능성이 높아요. 그걸 좀 보면 확실하게, 보면 기억이 날 거 같기는 한데…, 추가적으로 보고 얘기할 게 더 있으면 나중에 얘기를 하는데, 분명한 건 그건 있어요.

그게… 시국이 이상하게 돌아가는 거죠. 최순실 게이트… 터졌는데 그거 터지면서 아주 초기에는 무슨 생각을 했었냐면, '이게 우리 진상 규명하는 데 어떤 영향을 줄까?' 이 생각이 드는 거예요. '이게 좋은 영향을 줄까, 나쁜 영향을 줄까?' 근데 좋은 영향은 길게 보면…, 그니까 그때는 실제로 탄핵이 될 거라는 생각을 못 했었거든, '그… 박근혜가 굉장히 궁지에 몰리겠는데?' 이 정도는 생각은 했지만. '근데 박근혜가 궁지에 몰리면 어떤 결과가 올까?' 이게 고민이 됐던 거예요, '궁지에 몰렸는데 갑자기 세월호 참사 진상 규명하겠다고 나설 리는 없고, 오히려 더 강하게 막 탄압하고 그렇게 한다고 그러면 [우리에게] 그렇게 좋은 영향은 없을 것 같다'. 그런데 이제 시간이 갈수록 점점 일이 커지는 거죠, 최순실이 막 나오고. '이건 점점 시국이 이상한 쪽으로 흘러간다'라고 생각을 하는데⋯ 음⋯ 그때 드는 생각이 '이럴 때 분위기 확실히 안 잡으면 우리 진상 규명 큰일 나겠다⋯', 이게 단순히 국정농단 이걸로 확 묻어져서 모든 게 싹 그리로 흘러가 버리면 세월호 참사 진상 규명은 그 가운데 별거 아닌 것으로 관심이 사라지고 묻혀버릴 가능성도 있겠다'라는 걱정을 좀 했던 거 같아요.

'그럼 이런 시국에 우리가 해야 될 건 뭐냐?' 최순실 국정농단 사태와 세월호 참사 진상 규명이 별개거나 또는 '국정농단이 더 중요하고 세월호 참사는 이런 시국에 아무것도 아니야'라고 하는 것⋯ 그래서 '이런 시국 속에서 세월호 참사 진상 규명이 흔들리면 안 되겠다, 이것이 계속 이슈의 중심은 아닐지라도 관심에서 멀어져서는 안 되고 그게 등한시되면 안 되겠다'라는 판단을 했던 건 분명해요. '그러면 뭘 얘기해야 될까?'라고 했을 때, 그 시국[과] 관련해서 세월호 참사의 어떤 면들을 이야기하고 무엇을 밝혀야 되고 또 최순실과 관련을 해가지고 무엇을 연계를 시켜야 되는지에 대해서 판단을 했던 시기가 그때 있었어요. 그게 분명히 하나 있었고, 이후에도 비슷한 고민들을 계속한 거예요.

실제 그, 막 탄핵이 가시화되기 시작하고 촛불이 여기 막 대규모로 광화문광장을 뒤엎고 하는 시점에, 첫 번째 여기 대규모로 모였을 때는 그렇게 많지 않았지만, 나중에 비교해 보면 많지 않았지만 그 당시엔 엄청 많았던 거예요. 모여야 뭐 1, 2000단위, 아무리 많이 모여야 1, 2000단위이고 그렇지…. 근데 그걸 보고 나서 비슷한 고민이었는데 '이거를 [유가족들이] 맨 앞에 서지 않으면 안 되겠다. 그 대열도 맨 앞에 서야 되지만 구호도 맨 앞에 서야 되겠다' 그래서 첫 번째 그거 [촛불집회] 끝나고 두 번째 할 때 그 고민이 딱 들어서, 그래서 논의하면서 생각을 한 게 "우리가 구호를 센 걸로 외치자, 센 걸로 외치자"[라고 한 거죠]. 그때까지 '박근혜 퇴진' 뭐 이렇게 얘기했는데 '박근혜 구속'이라는 얘기는 그때 크게 안 나왔었거든요, 퇴진에 집중되어 있었지. 근데 우리가 두 번째 집회인가부터, 두 번째부터인가 세 번째부터인가 그 초기에 나와서 공식적인 우리 구호, 그때 우리 방송차가[를] 갖고왔으니까, 그래서 방송차가 항상 맨 앞에 대열[을] 끌었거든요. "그 방송차에서 '박근혜 구속'을 외치자"[라고 했던 거죠]. 구속이라는 그 구호가 크게 안 퍼졌을 때였어요, 퇴진이 대부분 뒤덮어, 뒤덮고 있을 때지.

"구속을 외치자, 왜? 구속의 이유는 뭐냐? 세월호 7시간이다. 7시간 동안 국민의 생명을 수장시킨 그 책임이, 박근혜가 퇴진뿐만 아니라 구속까지 해야 될 그런 매우 중대한 사유다. 그래서 '박근혜 구속', '세월호 7시간 박근혜 구속' 이걸 우리가 전면에 내세워서 외치자" 그래서 그때 초기 집회 때 "대열도 우리는 무조건 앞에 가야 된다. 노란 옷 다 입고 와라, 깃발 다 들고. 우리 깃발 들고 우리 방송차 앞세워서 우리 있어야 된다. 세월호 유가족이 이거 앞장서겠다고 그러면 누가 말리겠냐?" 그래서 대규모로 나가서 무조건 앞에 가서 서려고 그랬고 무조건 앞에 앉으려고 그랬고 그리고 방송차도 같이, 원래 본무대 차보다 앞장서서 가려고 했던 거고, 청와대 갈 때도 "우리가 먼저 가겠다, 우리가 처음부터 뚫었던 길 아니냐?" 그래서 앞세워서 간 거고, [이걸 보고 시민들은] "세월호 유가족들 간다. 같이 가자" 그래서 막 따라붙었던 거고, 구호도 [남들은] "퇴진" 외칠 때 우리는 "구속, 사유는 7시간" 이걸 외친 거고. 그게 이제 그다음 집회 때부터 갑자기 급속히 전파가 되더라구요, 그래서 퇴진 구호와 함께 구속 구호가 커지기 시작을 했고.

그때 그 기자회견 했던 것도 그런 같은 연장선인 거예요. 이 혼란한 시국에 세월호 참사 진상 규명이 중심 논의에서 빠지고…, 그게 예상이 됐거든. 박근혜가 정말 퇴진되거나 구속되면 세월호 진상 규명은 다 된 것처럼 생각하는 그런 기류가 나올 게 뻔했거든요. 충분히 예상이 됐으니까. 그래서 그런 과정의 출발점으로 그 기자회견이 준비됐던건 확실해요. 작성 과정, 이런 거는 내가 내용을 좀 봐야 되고….

면담자　　　이후 결국 대통령 탄핵이 국회에서 가결되고 헌법재판소에서 인용되는 과정까지 가게 되는데, 그 과정에서 느끼신 소회나 기억나는 점들이 있으시다면요?

예은 아빠　　　굉장히 힘을 많이 얻었었어요. 그 탄핵 국면, 촛불혁명 국면에, 아시는 대로 우리 가족들이 한 번도 안 빼고 다 참석을 했고 대부분 다 맨 앞에 서서 행진을 했고 청와대까지 갈 때에도 항상 맨 앞에 있었고 우리 방송차 앞세웠고…. 그럴 때마다 시민들이 항상 와서 인사를 했으니까, 우리는, 우리는 빤히 보이잖아요(웃음). 우린 [노란] 옷 입고 누가 봐도 알잖아요 이제는. 그러니까 와가지고 "세월호 엄마, 아빠들 덕분에 우리가 촛불로 모일 수 있었고 청와대까지 가는

길 앞장서시니까…" 하여튼 그런 인사를 많이 받았어요. 고맙다고, 버
텨주셔서 감사하다고, 만약에 세월호 유가족들이 버티지 못하고 광화
문을 나갔으면 그럼 우리가 이렇게 모이는 것도 쉽지 않았을 거라고.
그리고 그중에는… 우리가 초기 때부터 계속 듣던 인사, "저 세월호
때문에 알게 됐어요, 세월호 때문에 관심 갖고 나오게 됐어요. 세월호
집회할 때 저 여러 번 나왔었어요. 그게 그 전에는 그렇게 안 했었는
데…" 이런 인사도 엄청나게 많이 왔고, 그중에 가장 큰 힘이 됐던
건…(잠시 침묵), 그… 촛불 들 때 중고생들 많이 나왔잖아요, 교복 입
고도 많이 나오고…. 그 아이들이 저희들을 많이 찾아왔어요. 그래서
엄마, 아빠한테 하듯이 와서 인사하고 어디 어느 학교 다니는 몇 학년
누구라고 그러고…, 굉장히 해맑게… "언니, 오빠들 기억하고 있다"고
그러고…. 그게 굉장히 저희 엄마, 아빠들한테는 나와서, 나오면 몇
시간씩 있어야, 거기 있어야 되잖아요. 힘든데 또 그때는 주말마다 한
것도 아니잖아요…. 그게 굉장히 저희들한테는 큰 힘이 됐고, '아, 우
리가 지금까지 싸워온 게 잘 싸운 거구나' 이런 용기를 얻는 그런 자
리가 됐었고(한숨).

　뭐니 뭐니 해도 그 과정에서 가장… 저희들을, 그…, 그걸 그 감정
을 뭐라고 표현을 해야 되지? 하여튼 그것도 굉장히 복합적인 감정인
데 가장 눈물을 많이 흘리게 했던 거는 청와대 100미터 앞에까지 갔
던 그날. 가봐야 [청운동] 동사무소 앞에까지, 거기는 우리가 개척해
놨으니까 (웃음) 거기까지는 가는데 거기서 우회전해 가지고 청와대
분수대 앞으로 가는 건 불가능했잖아요. 그런데 그때 법원에서 행진
허가를 냈죠. 그래서 "그 범위, 어디까지 갈 수 있는 권리가 있다" 해

가지고 그 100미터 앞에까지 딱 그려준 거예요. 그 판결을 받아 온 거지. 바로 그날 거기까지 갔잖아요, 그 맨 앞에 우리가 있었잖아요. 그런데 그날은 우리가 "먼저 갈래" 이러고 간 게 아니에요. 그날은 행진하는데, 그 앞에까지 가는데 "가장 앞에는 세월호 유가족들이 있어야 되는 거 아니냐…. 그걸 뚫으려고 몇 년을 싸웠었는데, 그 덕분에 우리가 지금 여기까지 모여서 거기까지 가게 되는 건데 세월호 유가족들이 맨 앞에 있어야 되는 거 아니냐" 다들 그렇게 얘기를 하는 거예요, 물론 안 그래도 앞에 갔겠지만(웃음). 그래서 맨 앞에 섰어요. 가는데, 중간중간에 가는 도중에도 그러는 거예요, "세월호 엄마, 아빠들 가시니까 비키라"고, "가장 먼저 가서야 된다"고. 그래서 우리 방송차 앞세우고 우리가 갔죠.

가는데 여기 걸어서 가가지고 청운동 쭉 올라갈 때까지는 별 느낌 없었어요, 맨날 가던 길이니까. 근데 동사무소 앞에 딱 도착을 해가지고 우회전을 해야 되는데 (웃음) 그 순간에 '이거 진짜야?' [싶은 거예요]. 왜냐면 그 앞에서 항상 막혀서 끌려 나오고 다치고 그것 때문에 고소당하고 우리도 고소하고 재판하고, 항상 그 앞에서 막혔으니까. 거기서 어떤 엄마는 가방 멘 채로 끌려가다가 질식돼 가지고 숨 못 쉬는 거 그거 억지로 끌어내서 숨 쉬게 만들고 응급차 실려 가고 별짓다 당했었는데…, 거기서, 거기서 하다가 어떤 엄마는 집어 던져져 가지고 다치고. 근데 거기에 딱 도달해서 가려고 하니까 아, 갑자기 기분이 막 이상해지더라구요, 두근두근대기도 하고. 이게 무슨 달에 처음 착륙했던 우주인들이 그런 느낌을 가졌을까? 뭔가 첫발을 내딛는 것 같은 막 그런 이상한 감정, 느낌들이 막 오고…. 근데 불과 거기서

예은 아빠 유경근

얼마 안 걸어갔거든요. 실제로 간 게, 거기서부터 간 게 100미터나 됐나? 100미터도 안 돼, 100미터나 됐나? 거기서부터. 거기 들어가 가지고 가는데 너 나 할 거 없이 가족들이 다 눈물이 터진 거예요. 근데 눈물이 기쁜 것보다는… 억울하고 서러운 눈물인 거…. "여기서 우리가 걸어가 봐야 얼마나 더 간다고 이걸 못 가서 그렇게, 우리가 별짓을 다 당했는데 이제서야 여기를 우리가 여기까지 가는구나. 청와대까지 쳐들어가는 것도 아니고 겨우 요만큼 더 가는 거…. 이게 우리가… 이게 3년이 걸렸어요, 이게" 이 얘기하면서… 울고 막… 그랬었죠. 그날이 제일 기억에 남을 수밖에 없죠. 이제 그다음이 안국동 헌재 그 앞에 사거리 거기서 탄핵 선고하는 날, 그다음 기억나는 건 그날이 기억에 남고 그렇죠…(침묵). 여기까지 할까요? 네.

면담자   네, 그러지요. 너무 긴 시간 동안 고생 많으셨습니다. 감사드립니다.

3회차

2019년 3월 2일

1
시작 인사말

면담자   본 구술증언은 4·16 사건에 대한 참여자들의 경험과 기억을 기록으로 남김으로써 이후 진상 규명 및 역사 기술에 기여하고자 합니다. 지금부터 유경근 씨의 증언을 시작하겠습니다. 오늘은 2019년 3월 2일이며, 장소는 안산시 단원구 4·16기억교실 교육관입니다. 면담자는 김향수이며, 촬영자는 강재성입니다.

2
국민조사위원회와 선체조사위원회 구성

면담자   아버님, 안녕하세요. 저희가 지난주 금요일 날 뵙고 8일 만인데 일주일 동안 어떻게 지내셨는지요?

예은 아빠   글쎄, 일주일 [동안] 뭐 했더라…. 사참위, 특조위 왔다 갔다 많이 했구요. 네, 그랬죠.

면담자   네, 그럼 바로 구술증언으로 들어가겠습니다. 2회차에 이어 2017년 얘기로 들어가면요. 2017년 1월 7일 4·16세월호참사국민조사위원회가 발족하고 2월 19일부터 공식 활동을 시작을 했는데, 그 부분에 대해서 좀 이야기를 해주십시오.

예은 아빠   국민조사위원회요? 지난번에 국민조사위원회 전혀 안 했었나요?

면담자   얘기하셨어요. 그 부분도 조금 더 상세히 이야기해 주시
고요. 사회적 참사 특별조사위원회로 넘어가기 전의 사이 기간의 진상
규명과 관련된 구체적인 활동들도 같이 언급해 주시면 좋겠습니다.

예은 아빠   네, 그때 왜 국민조사위 만들었는지 그런 얘기했었죠.
2016년 6월 말로 1기 특조위가 강제해산당하구요, 또 1기 특조위가
거기에 저항하면서 그… 저… 보고서 작성 기간, 기한인 9월 30일까
지, 물론 박근혜 정부의 주장에 따라서 계산된 기간이죠. 그 9월 30일
까지 어떤 저항의 의미로 "조사를 계속하겠다" 하면서 9월 30일까지
채우고 그리고 결국에는 강제해산 됐죠. 특조위 사무실 집기 다 빼고
그다음에 거기 관련된 사무 네트워크도 다 끊고 인터넷, 컴퓨터 사용
다 못 하고. 그러니까 실질적으로 업무를 할 수 없는 상황이 된 거죠.
그래서 강제해산 되었고, 지난번에 말씀드린 대로 그러한 것들이 예
상이 되었기 때문에 2016년… 봄부터 1기 특조위 기한을 보장하라는,
그래서 특별법을 개정을 해서 활동 시한을 명확하게 보장을 하라고
하는 싸움을 시작을 했던 거구요. 그 싸움과 동시에 그것이 안 먹힐
경우에 그냥 일방적으로 [특조위가] 해산이 되고, 되면, 어떤 진상 조사
를 할 수 있는 수단이 완전히 사라지는 것이기 때문에 그 대비책으로
2기 특조위를 만들기 위한 특별법을 만드는, 그러한 과정을 동시에
조용히 진행을 했었죠.
     그래서 결국에는 그것이 국회에서 그 당시 야당들에게 받아들여
져서 그래서 2017년 12월 달에 그 신속처리안건[패스트트랙]으로 이 2
기 특별법, 2기 특조위를 위한 특별법이 신속처리안건으로 지정이 되
었어요. 근데 한 번 얘기했지만, 그 신속처리안건이라고 하는 게 제목

254

예은 아빠 유경근

만 신속처리안건이지 사실 11개월을 기다려야 되는 거예요. 물론 그 전에 여야 간에 합의가 되면 더 빨라질 수 있지만 여야 간의 합의가 안 되니까 신속처리안건으로 지정한 거잖아요, 그리고 그 11개월의 기간 중에 중간에라도 합의될 가능성은 전혀 없는 상황이었고. 그러니까 죽으나 사나 그 11개월, 거의 1년을 기다려야만 특별법이 만들어지고 그 2기 특별법, 2기 특조위를 위한 특별법이 만들어지더라도 또 특조위를 구성하는 데 몇 달의 시간이 걸릴 거구요. 결국에는 1기 특조위가 끝나고 나서 2기 특조위 시작할 때까지 최소한 1년 반 정도의… 공백기를 가질 수밖에 없는 거죠.

그랬을 때 두 가지 문제가 발생하는 거예요. 가장 큰 우려는 진상조사가 중단이 된다는 것. 음… 조사가 중단이 될 경우에는 어차피 시간이 그만큼 흘러가기 때문에, 증거가 사라지거나 또는 증언이 변하거나 또 그 시간 동안에 충분히 은폐… 할 만한 그런 가능성들이 더 높아지는 거구요. 그니까 1년 반 동안 기다렸다가 다시 조사를 개시하면 그만큼 더 조사를 하기가 힘들어지겠죠. 그 첫 번째 우려가 있었고, 그다음 번에 우려가 또 뭐였냐면 세월호 선체 문제였어요…. 그 당시에 1기 특조위가 강제해산당하고 2기 특조위를 위한 특별법을 만드는 그때는 아직 세월호가… 바다 밑에 있었죠. 계속 인양하겠다고, 상하이샐비지를 통해서 인양하겠다고 했지만 그 인양은 계속 실패하고 그러는 동안 선체는 계속 훼손이 되고 있었구요. 그래서 점점 인양의 가능성이 줄어들고 있었죠(잠시 침묵). 만일 이 상태라고 그러면 인양도 기약할 수가 없는 거예요. 그럼 만에 하나 인양을 성공하더라도, 어차피 상하이샐비지가 계약 기간이 있기 때문에, 만일에

255
·
3회차

인양을 한다고 그러면 그 계약기간 내에 해야 되거든요. 그 계약기간이 2016년…, 2017년 초까지는 무조건 끝내야 하는 거예요. 2016년 말까지 끝내야 되는데 아마 그 계약기간을 일부러 연장을 조금, 나중에는 했을 거예요.

그 어쨌든 상하이샐비지가 정말을 인양을 한다고 하더라도 이 세월호 선체를 관리하거나 또는 미수습자 수습을 또 해야 되니까 그 당시 정부가 세월호 선체를 인양하는 유일한 목적은 미수습자 수습이라고 스스로들 그렇게 얘길 했단 말이에요. 그니까 인양을 하면 미수습자 수습도 해야 되고, 근데 우리 입장에서는 미수습자 수습뿐만이 아니고 선체 조사도 해야 된단 말이에요, 침몰 원인을 밝혀야 되니까. 그런데 1기 특조위도 없고 2기 특조위는 아직 한참 남았고, 여전히 2기 특조위 시작할 때까지 박근혜는 대통령이고. 그러면 저 선체는 미수습자 수습을 이유로 해서 인양된 이후에도 더 크게 훼손이 될 게 뻔했고, 그러면 선체 조사는 물 건너가고 선체 조사가 물 건너가면, 즉 증거로서의 가치가 없어져 버리면, 그러면 그 세월호 선체를 보존하거나 관리할 이유가 사라지는 거죠. 결론적으로 그 당시 상황에서 예상되는 건 '세월호 선체가 미수습자 수습을 어느 정도까지 하다가 여러 가지 이유를 붙여서 없애버리겠다…, 아예 선체 자체를 없애버릴 수도 있겠다'라는 것이었어요]. 그래서 그때 당면했던, 시급했던, 아주 다급했던 목표 중에 하나는 세월호 선체를 확보하는 거였어요. '당장 선체 조사는 못 하더라도 일단 선체부터 확보를 해놔야 나중이라도 기약하겠다' 그래서 생각을 한 게 '그럼 어떻게 할 거냐?' 이걸 정부에다가 "세월호 선체를 손대지 말고 잘 보존을 해달라, 너네

256

예은 아빠 유경근

조사 안 해도 좋으니 보존이라도 해달라" 이것도 당연히 먹히지 않는 상황이고…, 그러면 결국 정부가 아닌 또 다른 기관이 이 세월호를 확보해야 되는 거죠.

그때는 심지어 그런 얘기까지 나왔어요, "저거 우리가 돈 주고 사자…" 그때 구체적으로 뭐까지 검토를 했냐면 오하마나호 있잖아요. 세월호하고 쌍둥이 배라고 했던 그 오하마나호가 베트남에 팔렸어요. 누가 얘기를 하더라구요. "오하마나호가 팔린다는데 얘기 들었냐?" 그래서 확인을 해보니까 실제로 매각이 됐더라구요. 근데 매각했던 금액을 보니까 별로 크지가 않아요. "어? 지금 현재 운항 중인 저 오하마나호도 매각 금액이 저 정도면 저 세월호도 우리가 돈 주고 살 수 있는 거 아냐?" 이런 얘기까지 나왔어요. 근데 어쨌든 결론적으로는 '그러면 이 세월호 선체를 확보하고 미수습자 수습도 하고 선체 조사도 하고 그러려면 배를 확보하려는, 확보하기 위한 그러한 기관이 필요하겠다' 그래서 생각을 한 게 선체조사위원회입니다.

근데 왜 선체조사위원회냐? 음…(잠시 침묵). 그니까 어떻게 설명을 해야 되나…. 결론적으로 선체조사위원회라는 이름이, 타이틀이 붙었다고 해서 그렇게 볼 수도 있어요. 왜냐면 이 세월호 참사 관련해서 국회에서 이야기를 하면 그 당시 새누리당은 모든 게 반대예요. 특히 진상 조사와 관련된 건 무조건 반대인 거예요. 1기 특조위도 그 정도[로 말도 안 되게] 그렇게 강제해산시킨 데서, 특조위도 없는데 진상 조사하는 데 협조하겠어요? 그것을 그럼 어떻게 돌파할거냐, 국회에서 이거 법을 만들어야 이 특조위든 조사위든 뭐든 만들 텐데…. 그래서 한 게, "다른 거 다 빼고, 다른 진상 조사는 다 빼고 오직 그 기술적인 선체 조사만 하는 기구를, 그런 위원회를 만들 자"[라는 거였어요]. 실제로 그 당시 여당 또는 청와대가 극명하게 반 대했던 이유가 청와대에 대한 조사, 구조 문제에 대한 조사, 정부에 대한 조사, 이런 거에 굉장히 민감하게 반응을 했었잖아요. 그니까 그걸 다 빼자는 거죠. "그걸 다 빼. 그런 건 아예 다루지 말고 그냥 선체에 대한 기술적, 과학적 조사만을 하는 그런 특조위를 만들자" 그랬는데 새누리당에서 "정말로 정확하게 그거에만 딱 국한시킨다 고 그러면 찬성하겠다"는 거예요…. 이제 그 심보, 그 생각들은 알 죠, 그것들이 어떤 놈들인지….

그렇지만 우리 목적은 선체 조사, 진상 규명 이건 나중에 하더라 도 일단 배부터 확보하자는 거였거든요, 우리 목표는. "그래? 배를 확 보할 수 있으면 하자" 그래서 6개월 플러스 4개월, 기본 6개월 조사에 필요할 경우 4개월 연장, 10개월짜리 위원회인데 택[턱]도 없는 기간 이거든요. 선체 조사를 10개월 내내 해도 못 해요. 그건 누가 봐도 명 확한 거예요. 그런데 선체 조사는 바로 시작도 못 해, 왜냐면 미수습 자 수습을 먼저 해야지 되니까, 당연히. 그럼 그 미수습자 수습이 기 한을 정해놓고 하는 게 아니란 말이에요. 다 찾을 때까지, '아, 더 이 상 찾을 데 없다. 정말 100프로 완벽하게 우리가 다 찾아봤다' 할 때 까지 하는 거거든요. 그니까 그게 한 달이 걸릴지, 6개월이 걸릴지, 아니면 1년이 걸릴지 아무도 모르는 거거든요. 그런 조건 다 알고 있 었어요.

거기다 또 하나 조건을 걸은 게 "이 선체조사위원회의 위원들은 전문가로만 구성해야 된다" 이런 요구가 있었어요. 그것도 받았어요.

저희는 '전문가들로만 구성을 해서 과연 이 조사가 가능할까?'[라는 것에] 굉장히 회의적이었지만…, 그러나 그것도 받았어요. 왜냐면 [우리의 생각은] '선체 조사 할 수 있으면 하면 좋지만 못 하더라도 선체부터 확보하자' 이거였으니까. 그래서 그것 때문에 결국 그런 과정을 거쳐서 만든 게 선체조사위원회입니다….

3
선체조사위원회 조사위원 구성의 태생적 한계와 시간적 제약

예은 아빠 　　　근데 이후에 진행 과정에서 한 1년 정도의 시간 동안 굉장히, 그 선체조사위원회에서 여러 가지 일들이 많이 있었죠. 그 이유 중의 하나는, 거기 들어간 위원들이나 조사관들은 그 사람들 입장에서는 성과를 내야 되잖아요, 아무리 우리의 일차적인 목표가 선체 확보라고 하더라도. 그러나 '선체 확보됐으니까 아무것도 안 해도 되겠네?' 이럴 수는 없잖아요, 그 사람들 입장에서는. 그니까 본인들 입장에선 그 법에 규정된 대로 미수습자 수습을 하고 선체 조사를 하고 선체 보존 계획을 수립하는, 이 세 가지 목적을 모두 달성해야 되는 자신들의 의무가 있는 거죠. 당연히 그걸 하고 싶어 하는 거예요. 우리 입장에서 그것을 제대로 해낸다고 그러면 반대할 이유가 없죠. 당연히 해야죠. 어차피 2기 특조위 만들어져도 선체 조사 해야 되는데 이걸 앞서서 선체 조사의 상당 부분을 해결을 해준다고 그러면 2기 특조위가 가져야 될 부담이라든가 이런 거 상당히 많이 줄어드니까, 당연히 우리도 "그래? 정말 열심히 해서 할 수 있어? 좋다, 우리 반대하지 않고 당연히 적극 지원하고 지지한다" 그렇게 접근했는데, 이제 실제로… 그…, 진행을 하면서는 문제가, 내부적으로 문제가 상당히 많이… 도출이 됐어요.

우선 물리적으로는 선체 자체에 대한 조사를 할 수 있는 시간이 거의 없었죠. 첫 번째 이유는 배를 바로 세우는 데까지 시간이 너무 많이 걸렸어요. 옆으로 누워 있는 상태에서는 조사가 너무 제약이 심했고, 그래서 결국엔 "이걸 바로 세워야 한다"는 결정을 내리기까지 시간이 많이 걸렸어요. 이게 굉장히 아쉽고 답답한 부분이죠. 저희들은 인양할 때 바다 밑에서 바로 세워서 인양하는 방법을 찾아야 한다고 계속 주장을 해왔는데 그게 전혀 받아들여지지 않았고, "그러면 인양을 해서 뭍으로 올린 다음에라도 바로, 바로 세울 수 있어야 한다. 그래야만 수습이건 조사건 원활하게 진행이 될 수 있다" [했는데] 그것도 받아들여지지 않았고…. 그냥 받아들여지지 않은 정도가 아니라 "옆으로 눕혀진 상태에서 미수습자 수습을 위해선 배를 다 잘라내야 한다"는 게 처음에 해수부, 그리고 미수습자 수습을 담당을 했던… 갑자기 업체 이름[코리아샐비지]이 또 기억이 안 나네…. 국내에서 상하이샐비지를 돕고 또 미수습자 수습을 계속 진행했던 그 업체…(한숨). 갑자기 이름이 기억이 안 나네. 하여튼 거기서 처음, 처음에 제시했던 계획이 "배를 세우는 게 아니라 옆으로 누운 상태에서 배를 절단해 가지고, 그래서 수습을 하겠다"는 계획을 내놓을 정도였으니까, 아예 배를 바로 세울 검토조차 제대로 하지 않은 거죠. 그것을 이겨내기까지 시간이 굉장히 많이 걸렸고 결국 선조위에서 배를 바로 세우자고 의결을 하기까지 시간이 굉장히 많이 걸렸어요.

근데 의외로… 직립을 하기로 결정을 하고…, 그리고 한 번에 성공을 했죠…. 물론 지나고 보니까 굉장히 쉬워 보이기는 하는데, 물론 굉장히, 그 과정에서도 어려움은 있었겠지만 어쨌든 한 번에 성공을 했어요. 근데 직립을 했으니까 그때부터 본격적으로 미수습자 수습 못 한 부분을 해야 되잖아요. 그러다가 2017년 말에 미수습자 수습 종결 선언을 했고 미수습자 가족들이 "이제 장례를 치르겠다" 이렇게 했죠. 그리고 나서…, 그리고 나면 [배에] 들어가서 선체 조사를 해야 되잖아요. 근데 그렇게 하고 나니까 선조위 활동 기한이 끝나가는 거예요…. 그니까 실제로 들어가서 선체를 직접 세밀하게 들여다보고 조사할 수 있는 시간 자체가 없었죠. 그니까 선체 조사가 제대로 이루어지지 않은 거예요. 결국 한 것은 거의 대부분의 시간을 미수습자 수습하는 데, 그리고 세월호를 직립하기 위해서 결정하는 데 거의 대부분의 시간을 써버렸고, 그 중간에 한 조사라고 하는 것이 제한적으로 입수할 수 있었던 데이터라든가 정보, 선체에 대한, 그것을 갖고 침몰의 원인을 밝히기 위한, 용역을 통해서도 하고 실험을 통해서도 하고 많이 했는데, 그게 선조위 내부에서 두 패로 갈라진 거예요.

이미 보도에도 많이 나왔지만 '내인설' 그다음에 '열린안', 이렇게 정리가 됐는데, 결국은 '내인설'이라고 하는 건 '세월호 배 자체에 기계적인 결함이 있었기 때문에 그것이 세월호가 침몰하게 된 이유다'라고 하는 것이고, '외인설'이라고 하는 건 '세월호 자체에 기계적인 결함 또는 구조적인 결함 또는 복원력의, 복원력의 정도, 이런 자체의 문제만으로 세월호의 급변침과 침몰을 설명하는 건 굉장히 부족하다. 또 다른 원인이 있는지도 살펴봐야 한다'라고 하는 게 '열린안'. 근데 이 두 가지가 매우 첨예하게… 부딪쳤는데… 결국 그 안에서 저희들은 '해피아[해수부와 마피아를 아울러 가리키는 말]'가 작동을 했다고 봐요. 그래서 제가 처음에도 아까 얘기했지만 '과연 전문가들로만 구성을 해서 이게 되겠느냐', 회의적이라고, 회의적이라고 생각을 한다고 한 이유가, 그냥 '전문가' 그러면 그 단어가 주는 신뢰감은 있지만 '과연 그 전문가가 누구냐…?'를 들여다봤을 때에는 결국 운항이라든가 선박 관리라든가 해양 안전이라든가 이쪽 분야의 전문가들은…(잠시 침묵), 그 사람들은 들으면 기분 나빠하겠지만 사실은 한통속이에요, 그래서 해피아라고 부르는데….

이 사람들은 자기가 속한 회사나 뭐 업체나, 기관이냐 어디냐가 관계없이 일차적으로 학연으로… 서로 연결이 되어 있고, 또 한 축은 정부와 함께 일을, 프로젝트를 하는 사람들, 학계에 있건 업계에 있건 관계없이. 그래서 자기의 어떤 독자적인 주장을 소신 있게 펴기에는 굉장히 힘든 구조…. 이런 걸 알고 있었기 때문에 국내에 그런 전문가들로만 구성을 해서 선체 조사 한다는 것은, 사실 그렇게 따지면, 전문가를 통한 조사라고 그러면 해심원[중앙해양안전심판원]이 하면 돼요…. 거기에는 우리나라 최고의 전문가들이 다 모여 있거든요. 해양 사고, 선박 사고는 거기에서 다 조사하게 되어 있잖아요. 정말 우리가 그쪽 분야의 전문가들을 신뢰한다고 그러면 선체조사위가 뭐 필요 있겠어요, 해심원이 조사하면 되지. 그런데 이미 그 해심원이 조사한 결과가 2014년에 검찰하고 같이 조사하고 수사해서 발표한 건데… 그게 거짓말이거든요…. 선조위에도 해심원에서 근무하거나 근무했거나 또는 근무하는 사람들[이] 전문가라고 해서 다 들어와 있었어요. 자

예은 아빠 유경근

기들이 이미 몇 년 전에 결론 내린 것들을 이 선체조사위원회의 위원이나 조사관이 됐다고 해서 그걸 원점에서 다시 검토하겠어요? 그 사람들이? 결국 그 사람들이 하는, [선조위에] 들어온 목적은 '자기네 해심원이 결론 내린 것들이 맞다'는 것을 증명하기 위해서 들어온 사람들밖에 안 되는 거예요. 그러니 밖에서 볼 때는 전문가로 보이지만 우리가 볼 때에는 해피아인 거죠.

하여튼 그런 것 때문에 문제가 굉장히 심했는데, 선체 보존 문제 같은 경우에도 굉장히 선조위에서 욕심을 많이 냈죠. 침몰 원인을 명확히 밝히지 못하고 그래서 2기 특조위에 그 과제를 넘길 수밖에 없는 상황이라고 하더라도, 그런데 선조위가 욕을 안 먹으려면… 그 선조위법[세월호선체조사위원회의설치및운영에관한특별법]에 규정이 된 목적 가운데, 과제 가운데 뭐 하나라도 해야 될 거 아니에요. 안 그러면 욕먹을 거 같거든, 또 돈만 썼니, 세금만 썼니, 뭐… 그러니까. 그래서 이제 선체 보존에 대해서 신경들을 굉장히 많이 썼죠, 이 사람들이…. 근데 그것도 못 하게 했어요, 그것도…(잠시 침묵). 그건, 거기까지 얘기하려면 길어지는데…, 어쨌든 결론적으로 선체조사위원회에서 한 것은 미수습자 수습을 종결하고 선체를 직립시켰다, 사실 이거 외에는 내놓을 만한 성과는 없다고 평가를 하구요. 다만 여기에 플러스, 하나만 더 한다 그러면 세월호 침몰의 원인을 그 당시에 정부가 발표했던 대로 세월호 자체의 기계적, 구조적 결함 플러스, 선원의 실수라고 단정 지었던 것을 깼다, 또 다른 침몰의 원인이 있을 수 있다는 가능성을 공식적으로 보고서에 담았다, 이 정도가 아마 이 선체조사위원회의 성과라고 볼 수 있을 거 같아요.

4
선체조사위원회의 합의되지 않은 관점과 조사 목적

면담자　　선체조사위원회의 위원이 국회가 추천한 다섯 명, 희생자 가족대표가 추천한 세 명으로 구성됐잖아요. 희생자 가족대표가 어떤 어떤 분들을 위원으로 추천하게 되었는지 그 과정에 대해 듣고 싶습니다.

예은 아빠　　음… 이 과정에 대해서 누가 얘기한 사람이 있나요?

면담자　　잘 모르겠네요(웃음).

예은 아빠　　사실 이 위원 선정 과정을 좀 자세하게 우리가 되짚어보면, 이후에 이런 유사한 위원회를 구성을 할 때 어떻게 위원을 추천하고 위촉하고 할지에 대한, 어떤 반면교사가 될 수도 있을 거 같은데…. 결론적으로 이번에 위원 선정은 실패했습니다, 선체조사위원회는 결론적으로. 그 대표적인 역할을 맡은 게 김창준 위원장인 거죠…. "세월호 참사를 진상 규명을 해야 된다. 침몰 원인이 됐건 구조를 안 한 이유가 됐건 뭐가 됐건 세월호 참사의 진상 규명을 위해서 특별조사위원회를 만들어야 한다"라고 했을 땐 분명히 전제되는 게 하나 있어요. 이 세상에 일어난 모든 사건을 우리가 특별조사위원회를 만들어서 조사하는 게 아니잖아요. 정말 특별하니까, 특별한 경우니까 이 특조위를 만드는 거잖아요, 법을 따로 만들어가면서까지…. 그 전제가 뭐냐면… 기존의 정부의 수사 결과…(잠시 침묵), 기존 정부의 수사 결과를 믿지 못하기 때문인 거예요. 그리고 "[정부가 수사한 결과만으로

264
●
예은 아빠 유경근

는 그것이 상당히 부족하다. 그리고 공정하지 못한, 제대로 한 수사가 아니다"라는 전제가 있기 때문에 특별조사위원회를 하는 거죠. 만일 기존 검찰이 수사한 결과를 우리가 믿을 수 있거나, 또는 부족하기는 하지만 조금 보완을 할 수 있거나 이런다면 특조위까지 만들 필요는 없는 거예요….

결국 그 말은 뭐냐면 특별조사위원회에서 진상 규명을 하려고 하는 사람들은 기존의 정부의 수사 결과를 바탕으로 시작하는 사람들이 아니어야 한다는 얘기예요…. 검토는 필요해요, '과연 어떻게 수사했느냐, 검찰이?' 또 '해심원이 어떻게 조사하고 판정 내렸느냐?' 그 과정과 내용을 들여다보고 검토할 필요는 있어요, '무엇이 잘못됐는가?'를 또 지적할 필요가 있으니까. 그러나 그것이 맞다는 것을 전제로 그것을 증명하기 위해서 특조위에 들어오면 안 되는 거죠. 특조위를 만든, 처음 그 근본적인 취지가 위배가 되는 거예요. 그럴려면, 그럴려면 세월호 참사를… 해양 교통사고가, 해상 교통사고라고 보지 말아야 되는 거예요…. 기존 정부의 입장은 '세월호 참사는 세월호 침몰 사고로 이것은 해상 교통사고, 안타깝게도 사람들이 많이 죽은…, 큰배가 침몰한 해상 교통사고'라고 생각하고 있거든요. 그렇게 수사 결과를 발표를 한 거죠…. 우리가 진상 규명을 요구하는 이유는 해상 교통사고가 아니기 때문이거든요…. 그러면 결국 이 세월호 참사를 바라보는 시각과 관점이 달라야 돼요. 똑같이 '이건 해상 교통사고야'라고 생각하는 사람이 들어오면 진상 조사를 못 해요….

선체조사위원회 위원 선정 과정에서 그것을 검증하고 검증할 수 있는 시간적인 여유나 또는 검증할 수단 자체가 없었어요. '과연 각각 추천하는 저 사람들이 세월호 참사를 어떤 시각으로 바라보고 있는가?', '세월호 참사 진상 규명을 도대체 왜 해야 한다고 생각을 하는가?', '과연 이 피해자들이, 유가족들이 선체조사위원회를 만들어야 한다고 요구하는 이유가 무엇인지 아는가? 거기에 동의하고 있는가?' 이것들을 검증할 수 있는 시간도 없었고 수단도 없었어요. 다만… 국회와 가족들이 추천하는 사람들…, 그니까 나눠 먹기 한 거예요. 1기 특조위도 마찬가지였지만, 여당에서 몇 명, 야당에서 몇 명 [이런 식이었던 거죠]. 1기 특조위 때는 안 그랬지만, 이거, 1기 특조위 때도 우리 가족들이 추천한 위원들이 있고 선체조사위에도 추천한 사람들이 있고 [그런데], 1기 특조위하고 조금 다르다고 그러면, 1기 때보다는 조금 원활하게 야당과 통으로 묶어서 같이 협의했다는 것, 누구를 추천할 것인지, 통으로 풀[pool]을 확보를 하고 그 가운데 가장 했으면 좋겠다는 사람들이 나오면 그 사람들을 어느 당에서 추천을 할지, 또는 가족이 추천할지를 이걸 협의하는 과정이 있었다는 거. 이게 이제 1기 특조위하고 조금 다르죠….

근데 거기서 선택의 여지가 없었던 게 애초에 조건이 전문가, 이렇게 규정이 되어 있는 거예요, 관련 전문가(한숨). 그래서 이제 결국에는, 결론적으로 그 당시 민주당에서 추천을 했던, 강력하게 요구했던 김창준 변호사가 위원장으로 추천이 된 거죠. 물론 위원장으로 추천은 아니에요, 그냥 위원으로 추천하면 위원들끼리 호선을 해서 위원장 정하고 이렇게 상임위원, 이렇게 소위원장 정하고 그런 거지만 사실은 내막은 사전에 그런 것들이 이미 다 합의가 된 상태에서 들어가서 호선을 하는 거죠. 그러니까 똑같은 위원으로 추천이 되긴 했지만 그 내막을 보면 김창준 변호사가 위원장으로 이렇게 된 거고, 나머지 권영빈 위원이라든가 이런 사람들이 이제 됐고, 그다음에 그 당시 새누리당에서 추천을 한 사람이 뭐, 부위원장 이렇게 갈라 먹기를 한 거예요. 1기 특조위, 2기 특조위, 그다음에 선체조사위 이 세 번을 만들면서… 제가 배운 건 '절대로 특조위 만들지 말아야 되겠다, 앞으로' 이 생각을 지금 하게 됐어요. '이런 방식으로 만드는 특조위는 더 이상 하면 안 되겠다', 즉 '국회에서 각 정당들이 배분을 해가지고 추천을 하는 방식, 위원을 추천을 하는 방식, 이 방식으로 특조위 만들면 이거는 아무것도 할 수 없다'는, 이걸 하면서 좀 많이 느꼈어요.

그래 가지고 2기 특조위는 이제 시작 단계니까 거기까지 얘기하면 조금 섣부르다고 할 수 있는데, 근데 조금 예상되는 바가 있어요, 어쨌든. 그런 걸 막아보려고 여기저기 뛰어다니고 하고는 있지만, 근데 어쨌든 정말 '특히 국회가 특별조사위원회를 만들 때의 방식은 정당이 막 추천하고 이런 것들, 나눠 먹기식으로 추천하는 것들, 이런 방식은 이제는 하면 안 되겠다'[라고 생각했습니다]. 실제로 우리 세월호 특조위뿐만이 아니라 지금 여러 가지 특별조사위원회가 또 많이 있고, 또 많이 있었지만 제대로 성과 낸 경우는 거의 없잖아요. 근본적인 이유가 그거라고 봐요. '국회에서 독립적인, 법을 만들고 그 법에 따라서 독립적인 조사 기구를 만들면서 거기에 위원들을 각 정당이 자기 입맛에 맞는 사람으로 나눠 먹기식으로 추천을 하는 것, 이 방식은 좀 아닌 것 같다'는 생각이 결론적으로 들어요.

그래서 어쨌든 선체조사위는 그런 여러 가지, 지나고 나니까 그런 한계들이 있었는데 어쨌든 이렇게 위원들이 추천이 됐죠. 그… 대부

267
•
3회차

분이 국회에서 이 풀을 갖다준 사람, 만들어준 거예요, "이런 사람들, 이런 사람들 정도면 아마 좀 이렇게 과학적으로 조사가 가능하지 않겠냐?" [하고요]. 우리는 신뢰는 하지 않았지만 어쨌든, 선체를 확보하는 게 일차적인 목표였기 때문에 그렇게 서로 협의하는 형식을 거쳐서 그렇게 추천을 했었죠. 공교롭게 저희 쪽에서 강력하게 밀어붙였던 분이 결국에는 선체조사 소위원회의 위원장이 되셨고 그리고 그분과 뜻을 같이하는 몇몇 분들이 노력을 하셔서 소위 '열린안'이라고 하는 것이 공식적으로 보고서에 채택이 된 거구요. 저희 쪽에서 강력하게 추천을 한 분 외에 대다수의 분들은, 결국엔 지나고 보니까 그냥 해상 교통사고로만 보는 이런 사람들이었다는 거.

5
세월호 인양 과정과 선체의 심각한 훼손

면담자 2017년 그렇게 '선박을 확보하는 것이 되게 중요하다'라고 생각하셨다면, '선체가 훼손될 수 있다'는 우려가 되게 클 수밖에 없었겠네요. 그래서 봄에 세월호가 인양되어 올라오는 과정에서 가족들이 진도에 직접 내려가서서 모니터링하려고 하셨잖아요? 그 과정들에 대해서 이야기해 주세요.

예은 아빠 세월호 선체 인양 과정에 대해서는 매우 깊게 조사가 들어가야 돼요. 아마 수사까지 들어가야 될 거예요. 그니까… 분명히 얘기하지만 박근혜 정부는 인양 안 하려고 그랬어요. 박근혜가 2016년

3월 달인가? 그때 인양하겠다고 발표했죠… (잠시 침묵) 2016년? [아니] 2015년. 네, 2015년, 2015년 3월 달인가 인양하겠다고 갑자기 발표를 했죠. 그때 그랬어요 우리는, "인양을 해봐야 인양하는 줄 알지, 실제로 인양이 되어야 인양이 되는 거지". 그렇지만 어쨌든 대통령이 발표 했으니까 그때부터 한 거는 뭐냐면 어떤 기준으로 업체를 선정을 하고, 그리고 어떤 기술로 언제까지 어떻게 인양을 할 것인지, 그다음에 그 인양 과정 중에서 미수습자나, 미수습자 유실이나 또는 유류품 유실을 어떻게 방지할 것인지, 그다음에 이후에 선체 조사를 해야 되기 때문에 얼마나 선체 훼손을 적게 하면서 인양을 할 것인지…, 여기에 저희들이 굉장히 관심을 많이 갖고, 계속 개입하려고, 그것을 확인하고 의견을 전달하려고 했었죠.

상하이샐비지가 선택이 됐을 때에도 저희들이 반발이 굉장히 심했고…. 왜냐면 "저 상하이샐비지가 선택한 방식으로 인양을 할 수가 없는데…"라는 게 저희 판단이었고, 결과적으로 그게 맞았죠. 근데 그럴 때마다 해수부에서, 그 당시 해수부에서는 "가장 뛰어난 기술이고 가장 빨리 할 수 있는 기술이고, 가장 선체 훼손을 적게 할 수 있는 기술이기 때문에 이 업체를 선택했다"는 걸, 항상 우리한테 근거도 제시 못 하면서 항상 그렇기 때문에 믿으라고만 강요를 해왔고…. 그래서 "그래? 그러면 그거 우리가 직접 보겠다. 직접 작업을 우리가 직접 지켜보겠다, 그렇게 하는지" [했지만] 다 거부당했고, 그래서 저희들이 동거차도에 천막 치고 감시하고, 조그만 낚싯배 하나 사다가 개조해 가지고 그 옆에 가서 보기도 하고, 방해 무지 많이 했지만…. 이런 걸 거쳤죠.

그러면서 느낀 건… 2016년 여름… 이제는 인양이 되어야 할 시기예요…. 계획에 따르면 이제는 인양을 성공을 해야 될 시기야, 여름, 가을, 2016년 가을까지는 해야 된다고, 할 수 있다고 그랬으니까. 왜냐면 2016년 가을 지나서 겨울 되면 더 이상 작업하기 힘들고 춥고 겨울이고 조류도 힘들어지고…. 가을까지 무조건 하겠다고, 여름까지 하겠다고 그랬다가 연장해서 가을까지 또 가고 그랬죠. 그때 일들이 몇 개가 일어났죠. 배가 절단된다든가, 예를 들면 선수 들기 하려고 와이어를 걸었다가 와이어가 배의 선체를 파고 먹어 들어가면서 들다가 놓쳤죠, 파고 들어가서 쭉 가라앉고. 사진 찍어보니까 엄청나게 많이 찢어, 지금도 그게 그대로 남아 있으니까(한숨). 그 선체를 사방을 다 뚫어서 구멍을 만들고… 그 안에다가 폰툰, 그니까 공기 주머니죠, 그걸 집어넣어서 공기를 넣어가지고 부력을 이용을 해서 들어 올리겠다는 상하이샐비지의 계획이 계속 실패로… 갔어요. 그러면서 그때 '아, 인양을 안 하려고 그러는구나' 또는 '인양하는 시늉을 하면서 배를 완전히 작살을 내버리려고 하는구나. 그래서 미수습자 수습은 물론이고 증거로서의 가치도 완전히 없애버리려고 하는 거구나'라는 걸 계속 의심을 하면서도, 그렇게 안 가도록 우리가 지켜보고 막 이렇게 개입은 하려고 했지만 '결과적으로 그쪽으로 가고 있구나'라는 걸 느꼈던 거죠.

　　저는…, 만일에 박근혜 탄핵이 없었으면… 인양 안 했을 겁니다…(침묵). 세월호가 인양되어서 뭍으로 돌아온 게 박근혜가 구속된 날이었잖아요…. 실제로 '인양을 해야 되겠다'라고 마음먹은 건 아마 이 공무원들이, 해수부의 공무원 이 사람들이 '야, 이거 박근혜 곧 사라지겠구나. 그랬다간 우리가 이거 다 뒤집어쓰겠구나. 빨리 끌어 올려야 되겠다'라고 판단을 했을 거예요. 그래서 결국 상하이샐비지가 "할 수 있다, 자기네 방법으로 할 수 있다" 그걸로 고집을 피우고 계속 가다가 막판에 어느 순간에 그 방법 다 버리고 새로운 방법을 도입해서, 도입하자마자 바로 들어 올렸잖아요. 그게 국정농단 사태가 일어난 다음이에요…. 그래서 인양된 거예요. 탄핵이 없었으면 인양 아마 지금도 안 됐을 수도 있어요…. 그래서 이 세월호 선체 인양 과정…에 대해서는 아주 깊숙한 조사가 필요합니다…, 업체 선정 과정부터 시작을 해서…(침묵).

그니까… 결국 이 세월호 선체 인양도 우리 애들이 한 거예요. 많은 분들이 그러잖아요, 국정농단 사태가 물론 일어났지만 그런 것들이 광화문에 촛불로 모이기 시작한 것, 그것이, 많은 사람들이 "우리 아이들 덕분이었고 또 그 진상 규명 포기하지 않고 광장을 지켜온 유가족들 덕분에 이렇게 시작이 될 수 있었다"라고 평가를 하잖아요. 그래서 탄핵이 된 거고, 그래서 인양이 된 거잖아요. 결국 세월호 인양도 우리 애들이 한 거다…, 그래서 앞으로 진상 규명도 저는… 반드시 우리 애들이 해낼 것 같아요. 거기에 우리 엄마, 아빠들이 얼만큼 부응하느냐, 그런 아이들의 어떤 그 간절한 바람을 어떻게 실현해 내느냐, 그걸 좀 더 당기고 조금 더 빨리하고 이런 것들은 오히려 엄마, 아빠들[이] 얼만큼 더 열심히 하느냐……. 그럴 거라고 봐요.

면담자   지난번에, 목포 신항에 배가 들어올 때 처음 받았던 느낌이 '아, 증거로서 가치가 없겠구나'였다고 하셨는데 구체적으로 어떤 이유에서였는지 얘기해 주세요.

예은 아빠　　　　일단 외관이… 그냥 성한 데가 없으니까, '아, 그냥 저게 배였구나'라는 느낌만 들지. 실제로 배에서 중요한 부위, 우리가 확인하고 싶은 부위들은 이미 다 사라져버렸어요…. 제가 아까 그랬잖아요, 선체조사위원회가 선체를 직접 들여다보고 만져가면서 조사할 수 있는 시간이 거의 없었다고. 실제로 어떤 일이 벌어졌냐면 선체조사위의 기간이, 기한이, 활동 기한이, 얼마 채 한 두 달도 남지 않은 상황에서 처음 배에 들어가 본 거예요…. 그러니 뭘 할 수가 있겠어요, 거기서. 그러다가 불과 활동 기한 얼마 안 남은 상태에서 들어가서 딱 봤더니 이상한 게 하나 발견된 거죠. 그게 뭐냐면 이 스태빌라이저[배의 균형을 잡아주는 장치] 쪽이, 이미 그건 잘려져, 잘려져 나갔어요, 밖에. 이 스태빌라이저 날개처럼 이렇게 쭉 나와 있는 게 이미 바다 밑에 있을 때 잘랐어요, 해수부가. 다 잘라놓고 우리한테 얘기한 거예요. 그것도 잘라놓고, 우리한테 먼저 얘기한 게 아니라 우리가 물어봤어요. "뭘 들고 나오는 거 같은데 저게 뭐냐? 뭐 자른 거 같은데?" 그랬더니 그때 마지못해 얘기해 준 게 스태빌라이저 잘랐다는 거예요. "아니, 그걸 왜 자르냐?" 그거 굉장히 중요한 부위거든요. 근데 "그건 인양에 방해가 되니까 자른 거다. 저것 때문에 인양 못 한다" 이거거든요.

근데 그건 밖에서 봤을 땐 잘려져 나갔는데, 이제 처음[으로] 안에 들어가 본 거잖아요. 그리고 그 스태빌라이저, 잘린 스태빌라이저 쪽에 가서 안쪽을 이렇게 보니까 이상한 흔적들이 있는 거죠. 지금 뭐라고 단정은 지을 수 없지만 외부에서의 충격이 아니면 생길 수 없을 거 같은 흔적들, 그런 걸로 추정되는 흔적들이 육안으로 처음 확인이 된 거예요. 물론 그것도 진짜 외부의 충격으로 된 건지는 몰라요, 근데 상식적으로 보면 '그럴 가능성이 제일 높네?'라고 하는⋯. 그러면서 스태빌라이저 조사를 해봤더니 그 스태빌라이저도 꺾여 있는 부분, 돌아가 있는 부분이 정상적인 상황에서는 그렇게 꺾거나 휘어질 수 없는데 그렇게 손상이 된 부분이 나와요. 이것이 침몰하는 과정에서 생긴 변형인지, 아니면 침몰 이전에 충격을 받아서 생긴 변형인지도 모르죠. 만일 그게 선체에 붙어 있었더라면, 보존이 되어 있었더라면 훨씬 더 조사하기 수월했겠죠. 그런 게 지금 다 사라져버린 거예요. 이게 스태빌라이저만 그런 게 아니라 그러한 조사가 필요한 부위의 거의 대부분이 사라져버렸어요.

면담자   상식적인 수준에서라면, 이게 잘리기 전에 영상 촬영을 하거나 했어야 하는데, 그런 것도 없었던 거죠?

예은 아빠   저희가 항상 요구한 게, 수중에서 작업할 때 영상으로 찍고 그 영상을 제공해 달라는 거는 아주 처음부터 계속 요구했던 거고, 그걸 무지하게 싸워서 조금씩, 찔끔찔끔 이렇게 받아왔어요. 지금도 그 당시에 해수부가 촬영한, 실제로는 상하이샐비지가 촬영한 거죠, 상하이샐비지가 촬영한 모든 영상을 우리가 다 받았는지는 아무도 몰라요⋯. 그것도 특조위에서 체크를 해봐야 되는데, 근데 그게⋯ 그런 것 때문에 우리가 2015년, 2016년, 2016년 여름에 "우리가 직접 들어가서 촬영하겠다"고 얘기를 했었어요. 왜냐면 보는 관점에 따라서 어딜 찍어야 될지는 다 다르잖아요, 그렇죠? 걔네들이 찍은 영상을 줬다고 그래서 거기에 우리가 보고 싶은 게 다 있는 건 아니에요. 그래서 우리가 2016년 여름, 여름, 2016년 여름에 "우리가 우리 돈 들여서 우리가 전문가, 그 기술자, 전문가, 잠수사, 촬영하는 사람들을 우리가 다 섭외해서 우리가 직접 촬영을 하겠다…"라고 굉장히 강력하게 요구를 했는데 다 거부당했죠….

그나마 상하이샐비지나 해수부가 아닌 데서 찍은 게, JTBC라든가 이런 데서 이제 들어가서 한번 촬영은 좀 한 것들이 있는데, 어쨌든 그… 침몰 이후에 해저에 있을 때 그 상태에 대한 것들은, 그래서 그 모든 영상들을 모아서 비교 분석을 해야죠, 일부 또 하기도 했고. 근데 거기서 그걸로만으로는 굉장히 부족해요, 조명도 없고… 굉장히 오랜, 오랜 시간 동안 분석해야 되고. 근데 그 훼손을 하지 않았다라고 그러면 인양하고 나서 그냥 바로 볼 수 있는 것들…, 그런 거죠. 실제로 언제 절단했는지도 불분명한 것들이 많아요…. 그니까 그런 상태로 배가 딱 왔으니까 그걸 보고서 '아, 저게 배였구나'라는 느낌만 들지, '과연 저 배로 우리가 뭘 할 수 있을까?' [하는 생각이 들었던 거죠]. "그래도 진실은 어디에서든 드러난다"라고 하는 격언이 있는 것처럼 '그래도 조사는 해봐야지, 할 수 있는 데까지 해봐야지. 어딘가에, 무언가 우리에게 이야기를 해주고 싶은 무언가가 거기 아마 어딘가에는 있겠지…', 네, 또 없지는 않았어요, 사실. 없진 않았고 여러 가지 증거들이 나오긴… 했는데 그래도 여전히 많이 아쉽죠. 그래서 그런 것 때문에 (한숨) 참 허탈했어요. 처음에 딱 인양되어서 목포 신항으로 저기서 이렇게 오는데… 보고, (한숨) '저 세월호를 지키겠다고, 저 세월호를 확보하겠다고 그렇게 아등바등했는데 결국 저 상태가 됐구나…' 많이 허탈했죠.

6
기만적이고 형식적인 유해 수습 과정

면담자   처음에는 유가족들이 목포 신항에 들어가서 보는 것 자체를 막았잖아요. (예은 아빠 : 그렇죠) 상식적인 수준에서 생각해 볼 때 조사하는 모습을 볼 수 있는 권리가 사실 있잖아요, 피해당사자한테. 그런 것들을 막은 데 대해 어떻게 생각하시는지요?

예은 아빠   해수부는, 그 당시 해수부는 우리 유가족들을… 그니까 뭐라고 해야 되나? 우리 유가족들은 이미 아이들의 시신을 다 찾은 사람들이잖아요. 그러니까 세월호 인양의 당사자가 아니라고 했었어요, 해수부는. 왜? 해수부가 스스로… "세월호를 인양하는 목적은 미수습자 수습을 위한 겁니다. 그것 외에는 우리는 세월호를 인양하는 목적이 없습니다"를 공공연하게 이야기를 했고, 아예 대놓고 이야기했다구요. 하도 답답해서 다 녹음해 놨어. 그러다가 "그러면 우리는 저 인양의 당사자가 아니라는 이야기네요?" 그랬더니 "[당사자가] 아니라"는 거야. 그러니 우리가 그 세월호 수습하고 또 조사하는 데 우리가 들어가는 걸 그 사람들이 인정을 하겠냐구요, 세월호 인양과 유가족은 관계가 없다고 생각하는 사람들인데.

그걸 깨기 위해서 인양 이후에 목포 신항에 상주하면서 싸웠죠, 굉장히 많이 싸웠죠. 그래서 결국 조금씩 조금씩 조금씩 들어, 들어가길 시작하고, 제한적으로 들어가기 시작하고 인원수도 제한적으로 들어가기 시작하고…, "일단 트자… 일단 트자" [하면서]. 그 당시에 전문적으로 거기에 대해서 싸움을 드러내놓고 하지 못했던 이유는 미수습자 수습 중이었기 때문에 그래요…. 그것이 실제로 미수습자 수습에 영향을 분명히 미칠 수 있었고, 또 그 영향을 아무리 최소화 시킨다 하더라도 해수부에서 할 얘긴 뻔하거든. "유가족들 때문에 미수습자 수습 못 한다, 이거 지연되고 있다" 걔네들은 그렇게 써먹는 애들이거든.

면담자　　　유가족들이 조사하는 모습을 본다고 방해가 되는 건 아니잖아요, 사실.

예은 아빠　　방해가 된대요. 왜냐면 "위험한 현장에 유가족들이 와 있으면 작업자들이 불안해지고 혹시라도 안전사고 하나라도 발생되면 다 멈춰야 되고…. 또 자기네들이 책임져야 되고…" 이런 얘기들을 하는 거죠.

면담자　　　그때 배 안에 들어가거나 이러지 않고 그냥 밖에서, (예은 아빠 : 밖에서 지켜보는 건데) 멀리서 지켜보신 거잖아요?

예은 아빠　　네, 별 얘기 다 했어요. 뻘[펄] 이렇게 세척하고 [미수습자] 찾고 이런 거 시간도 많이 걸리고 작업 조건도 힘들고… 막 이런다고 해서, "[그럼] 우리를 작업자로 써라, 돈 안 받겠다. 일당 안 받을 테니까 우리를 작업자로 써라" 그랬더니 "유가족들이 어떻게 험한 일을…. 뻘 [수습]하다 보면 이렇게 유해가 나올 수도 있고 어떻게 그런 것들을 하시겠냐?"고 해서 "아니, 이보세요. 그 뼛조각 보고, 다른 사람들은 놀래도 우리는 뼛조각 보고 웃을 수 있는 사람들이에요, 우리는. 그런 걸 우리한테 험한 일이라고, '어떻게 유족, 유가족들한테 그런 일을 하시겠어요?' [하지만 거꾸로] 우리니까 할 수 있는 겁니다". 우리 시켜달라고 그런 얘기까지 다 했다니까.

물론 나중에 뻘 수습 이런 거, 그다음에 이런 건 못 했지만 유류품을 직접 수습하고 세척하고 관리하는 일들은 [우리가] 들어가서… 했는데 그게 그런 이유 때문에, 미수습자 수습을 방해한다고 해수부에서 써먹을 게 분명하고 그걸로 미수습자 가족들과 유가족들을 또 분열을 시키고 자꾸 싸움을 일으킬 소지를 만들어낼 게 분명했기 때문에, 그런 것들을 우리가 전문적으로 내세워서 싸울 수는 없는 상황이었어요. 그런 것들을 최대한 조심하면서 하나씩 하나씩 더 따먹기 시작하는……. 그래서 일정 정도 시간이 지나면 전면적으로 저희들이 들어가서 보고 또 관여하고, 특히 선체조사위원회 활동이 본격화된, 조사 개시하고 본격화가 된 시점부터는 의도적으로 선체조사위원회와, 실제로 선체조사위원회가 세월호를 관리할 모든 책임과 의무를 지고 있으니까, 그때부터는 선체조사위원회와 이야기하면서 거기서 우리가 할 수 있는 영역들을 대폭 넓혀간 거죠.

면담자　　　보도 자료나 성명서들을 보면, 해수부가 발굴한 유해를 숨겼던 것에 대해서 규탄했던 내용들이 있던데, 그거에 대해서 어떻게 처음에 알게 되셨어요?

예은 아빠　　　숨겼다는 게 언제, 언제 숨긴 걸 얘기하는 거죠? (면담자 : 언제냐면, 잠깐만요) 그게 [미수습자] 장례 치른 다음에 얘기하는 거 아니에요? (면담자 : 네, 장례 치른 다음) 그 전에는 어떤, 어땠냐면… [선체 조사를] 하다 보면 이렇게 사람 뼈로 추정되는 게 나와요…. 근데 사실은 세월호에서 뼛조각은 수만 점이 나왔어요. 근데 다 사람 뼈가 아니었죠. 다 돼지 뼈, 닭 뼈였죠…. 근데 어쨌든 간에 보통 사람들은 잘 모르고 아무리 내가 볼 때, 족발을 많이 먹은 사람이 '아, 이건 돼지 뼈 같아' 이렇게 생각이 들더라도 마음대로 버리거나 이럴 수는 없는 거잖아요, 세월호에서 나온 거니까. 그니까 하여튼 무조건 뼈가 나오면 다 수습을 해놓고, 현장에 그 유해 감식을 전문적으로 하는 전문가가 상주하고 있으니까 나오면 판독 요청을 한 거죠. 그 사람도 보면 아니까, 사람 뼈의 모양, 조그마한 뼛조각이 나오더라도 이게 어디에 있는 뼈 이런 것들 다 알고 있는 사람들이니까, 보고 그 자리에서 바로바로 판독 가능한 것 다 판독하고, '이건 조금 더 전문적인 방법으로 감식을 해봐야 되겠다' 싶은 건 별도로 빼서 국과수[국립과학수사연구원]라든가 다른 걸 통해서 확인을 하기도 하고, 그래서 감식 들어갔다가 "이거 사람 뼈가 아니다" 이런 적도 있었고. 왜냐면 뼈가 온전한 형태로 나온 것만 있는 건 아니니까, 부스러지거나 이런 것도 있으니까…. 근데 대부분, 육안으로 감식한 것들이 거의 대부분 사람 뼈로 판정이 되는 거죠.

근데 그랬을 때… 처음에 생겼던 문제는 뭐냐면…(침묵), 이걸 알려야 되잖아요…, 미수습자 가족들이 거기에 있기도 하고. 근데 도대체 이 뼈가 누구 뼈인지는 알 수가 없잖아요…. 그니까 처음에 그것 때문에 잠깐 혼란이 있었어요. 그니까 '그렇게 유해가 수습이 될 경우에, 또 유해로 상당히 믿을 만한 그런 유해가, 그니까 사람의 뼈로 상당히 믿을 만한 가능성이 있는 유해가 나왔을 경우 이걸 어떻게 처리해야 될 것인가?'에 대해서 처음에 제대로 매뉴얼도 갖추어지지 않았어요. 그래서 초기에 조금 혼란이 있었지만 바로 정리를 했죠. 그러면 이제 일차적으로 [유해가] 나왔다는 것을 미수습자 가족들에게 알

예은 아빠 유경근

리고 이것을 국과수로 보내서, 국과수에서 "이건 유전자 분석을 해봐야 한다", 왜냐면 뼈 가운데 DNA 분석을 할 수 있는 게 있고 할 수 없는 게 있었잖아요. 모든 뼈를 다, 물론 하려면 다 할 수 있지만, 심지어 좀 부피가 있는 것들은 일부 채취를 해서 분석을 하면 DNA 결과 나오지만, 작게 나온 뼈들은 DNA 분석을 하면 그 뼈는 사라지는 거예요, 결과만 남고. 이런 딜레마들이 있는 거죠. 여러 가지 경우가 있는데 그런 거에 대해서 매뉴얼이 없다가 그런 것들 매뉴얼을 정해서 진행을 했죠. 그거는 이제 처음부터 시작된 과정이었고….

판독이 되면, 그때 장례는 아니지만 우리가 그 진도에서 아이들 유해를 찾으면, 어떻게 찾아서 올라와서 확인하고 또 이렇게, 염도 하고 닦기도 하고 이렇게 하고 하는 예를 갖추잖아요. 그래서 그런 예를 또 어떻게 갖출 건지 하는 것도 해서, [유해가] 나오면 전체 작업자들이 작업 중지하고 도열을 하고 거기에 정해진 예를 갖출 수 있는 함에다가 넣어서 이렇게 모시고 나가는, 이런 것도 다 정해서 하고…. 처음엔 그런 거 다 없었어요. 했는데, 그러다가 어느 정도 시간이 지난 다음에 이제 '더 이상 수색을 하는 것이 의미가 없겠다'라는 판단이 들기 시작했고, 그래서 결국 미수습자 가족들도 그런 현실을 받아들이고 장례를 치르겠다고 발표를 했죠…. 장례를 치르기로 발표, 정하고 한 그 시점에, 실제로 장례는 치르기 전이에요…. 그런데 거기서 뼈가 나온 거죠, 유해가 나온 거죠…. 근데 이거를 [해수부가] 얘기를 안 한 거예요…(잠시 침묵). 그래서 장례는 치렀죠. 치르고 나니까 장례 치르기 불과 며칠 전에 유해가 발견됐다는 게 드러났어요…. 그래서 뒤집어진 거죠.

미수습자 가족들은 더 이상 더 수색을 하는 것이 부담스럽고, 더 하고 싶지만 부담스럽고 여러 가지 눈치도 보이고 그런 상황에서 어렵게, 어렵게 결정을 했잖아요. 이게 '그래, 할 만큼 다 했으니까 더 할 필요가 없어'가 아니었거든. '아직도 해야 될 게 남아 있지만 그래도 이 정도에서 우리가 양보를… 할 수밖에 없지 않냐?'는 굉장히 어려운 결단을 내린 거였는데…. 해수부는… 계속 그랬잖아요. "세월호 인양을 하는 유일한 목적은 미수습자 수습을 위한 것이다. 그거 아니면 자기네들은 인양할 이유를 모르겠다" 그랬던, 그런 사람들이잖아요. 근데 유해가 나왔는데도 알리질 않았어요. "왜 그랬냐"고 그랬더니 그때 하는 얘기가 "그러면 장례 일정에 지장을 줄 거 같고 혼란이 있을, 일 거 같아서…" [그랬다는 거예요]. 거꾸로 입장을 바꿔놓고 생각을 해보면 '아니, 그 순간에도 그렇게 유해가 나오고 있는데 그러면 장례를 치르지 말아야지…'(잠시 침묵). 그렇게 생각할 수밖에 없잖아요. 그런데 그거를 의도적으로 숨긴 거죠.

그니까 걔네들이 했던 거는 처음부터 다 거짓말인 거예요. "미수습자 수습을 위해서 우리는 인양을 한다. 인양의 목적은 유일하게 그거 하나다, 끝까지 다 하겠다" 해놓고, [유해가] 나오는데도 숨기고 장례 치르게 만들고, 그렇게 몰아가고 막……. 그래서 이것 때문에 이제 고소, 고발도 했고, 이게 정부 내에서, 그때는 이제 문재인 정부 때였으니까, 굉장히 심각하게 문제가 되고 그래서 그거 관련된 단장, 부단장 이런 사람들이 조사 들어가고 고발도 당하고 내부 징계도 당하고 다 보직 해임되고… 이런 일이 있었죠.

면담자   배와 관련해서 혹시 좀 빠진 이야기들이 있을까요? (예

은 아빠 : 선체 관련해서요?) 네.

예은 아빠   글쎄요, 뭘 해야 되나? (잠시 침묵) 일단 선체 인양한 이후에… 안에 들어가기는 힘들었지만 이제는 외부, 바깥 부분은 그래도 볼 수 있잖아요, 그렇죠? 위에도 올라갈 수 있게 장치해 가지고 올라가고, 배 밑에도 다 안 보이기는 하지만 이렇게 기어들어 가서 그 상태에서 보기도 하고 그러는데, 그때 '역시 이놈들 예상대로였구나'라고 했던 게, 저희가 인양 과정에서 중점적으로 저희들이 확인하려고 했던 것이, 했던 것 중에 하나가 미수습자와 유류품의 유실 방지 대책, 이거였거든요. 근데 그것이 얼마나 허술했는지, 자기네들은 정말 철저하게 다 했다고 공언을 했음에도 불구하고 보면 얼마나 허술했는지, 인양한 이후에 저희도 봤죠. 정말, 이것들 엉뚱하게 정말, 말만 그렇게 했지…. 그리고 그것을 극명하게 드러내준 게 뭐냐면 인양한 이후에 그 침몰 해역에서 고창석 선생님의 정강이뼈가 나온 거…. [유해가] 밖으로 흘러 나간 거잖아요…(침묵). 그렇게 우리 유가족들하고 미수습자 가족들이 강조했던 게 "그렇게 유실되지 않도록 조치를 하고 인양을 해달라", 그리고 실제로 해수부가 계속 강조한 게 "미수습자 수습을 위해서 우린 인양한다" 했는데 그런 식으로 유해가 마음대로 빠져나가도록 해놓으면서 인양, 그런 상태로 인양하면서 "우리는 미수습자 수습하려고 인양을 하는 거다"라는 얘기를 어떻게 하냐고….

지난번에도 한 번 얘기했지만 처음에 상하이샐비지를 선택을 하고 어떤 방식으로 인양을 할 것인지를 우리한테 브리핑하는 자리에서 우리가 가장 먼저 지적을 한 게 바로 그 부분이었거든요, 유실 방지

대책. 그게 없었어요, 상하이샐비지가 처음에 할 때에는. 아주 지극히 그 형식적인, 예를 들면 이렇게 우현이 위쪽으로 해서 옆으로 누워 있잖아요. 그러면 유실이 되는 건 우현이 아니라 좌현이에요. 바닥에 깔려 있는 부분, 당연히 여긴 충격받으면서 다 깨졌을 거고 먹어 들어갔을 거고 틈이 생겼을 거고. 인양을 하려고 들어 올리면 당연히 밑으로 빠질 거 아니에요…. 이 위에 창문이라든가 문이라든가 이런 쪽을 통해서 뭔가가 빠져나갈 가능성은 그렇게 많지는 않아요, 이 밑에[와] 비교하면, 인양하는 과정에서. 그런데 상하이샐비지가 내놓은 유실 방지책은 이런 쪽은 하나도 검토가 안 되어 있고 사람이 가서 쉽게 작업할 수 있는 곳에 이렇게 철망 씌우겠다는 거거든요, 철망 씌우겠다…. 이게 유실 방지책인 거야…. 그러니까 얼마나 형식적이에요. 그래서 이 바닥면에 대한 유실 방지 대책, 그래도 아무리 그렇게 해도 유실 가능성이 있으니 유실된 것이 그 한정적인 공간 내에 머무를 수 있도록 펜스를 치는 것들, 이게 다 우리가 얘기해 가지고 받아들여지게 만든 거거든요.

근데 인양해 놓고 나니까 자기네들은 그렇게 가족들 요구대로 다 보완을 다했다고 하지만, 그것 때문에 예산을 더 책정받아서 더 투입해 가지고 상하이샐비지한테 돈을 더 주고 해가지고 했다고 하지만, 결과를 보면 그건 다 장난이었다[는 거죠]. 그리고 해역에 펜스도 매우 형식적으로……. 모르겠어요, 진짜 쳐 있는지 안 쳐 있는지, 내가 안 들어가 봐서, 웬만하면 믿어야 되는데(웃음). 그것도 '정말 [펜스를] 제대로 쳤나?' 그것도 좀 의심스럽고…. 그래서 하여튼 결정적으로 고창석 선생님의 유해 일부가… 침몰 해역에서 유실된 채로 발견된 것, 이것이 그 당시 박근혜 정부[의] 해수부가 인양을 어떤 식으로 접근하고 또 추진하고 또 실제로 인양을 했는지를 보여주는 분명한 사례라고 볼 수 있을 것 같아요.

7
세월호 참사를 해상 교통사고로 인식하는 태도들

면담자　　　탄핵 정국이랑 세월호 인양 전후로 해서 유가족과 가족 협의회를 향해 언론을 비롯해 국회의원, 지식인, 정부 기관, 시민들의 태도 변화가 있었다고 생각하시는지요?

예은 아빠　　　있죠…. 지금 우리가 제일 넘기 힘든 것 중에 하나가, 특히 정권이 바뀐 이후에, 인양이 되고 그다음에 인양된 직후에 선거를 치러서 정권이 바뀌고 그랬잖아요. 그 이후에 아주 큰 변화 중의 하나가 뭐냐면 '이제 세월호 참사 진상 규명은 다 됐다'라고 하는 인식이 퍼지기 시작을 하는 거예요. '어, 이상하다. 왜 그러지?' 그랬더니 이유는 다른 게 아니라 '박근혜가 감옥 갔으니까…, 박근혜가 구속됐으니까, 감옥 갔으니까. 박근혜뿐만이 아니라 그 외의 그 쪼무래기들 여러 명도, 최순실도 마찬가지이고 감옥 갔고 재판받고 처벌받고 실형받고… 하고 있으니까. 그니까 세월호 참사는 다 해결이 됐다' 이렇게 생각을 하는 거예요. 근데 답답한 건 그중에 어느 단 한 명도 세월호 참사 때문에 기소된 사람은 없어요…. 그렇죠? 박근혜가 세월호 참사 때문에 탄핵된 거 아니죠. 탄핵 사유에서 인용 안 됐잖아요, 소

수 의견으로 조금 들어갔을 뿐. 박근혜가 아니라 그 어느 누구라도 세월호 참사, 세월호의 침몰과 또 정부의 구조의, 구조 행위, 여기에 대한 책임을 지고 기소된 사람은 단 한 명도 없어요…. 근데 많은 사람들이 "아이들 덕분에, 유가족 엄마, 아빠들 덕분에 박근혜를 탄핵할 수 있었다. 촛불 들 수 있었다" 다 이렇게 얘기하면서, 결국 그렇게 얘기하면서, 결과적으론 어느 누구도 세월호 때문에 기소되지도 않고 그 벌을 받고 있지 않은데, 대통령을 바꿨다는 이유로, 정부를 바꿨다는 이유로 마치 세월호 참사가 해결이 된 것처럼……. 착시현상이라고 그래야 되나? 아니면 그렇게 믿고 싶은 건가? 그런 발언들이 많고 그게 국회의원, 현 정부 내에서도 공무원들도 그런 생각을 많이 하는 거 같아요…. 약간 '박근혜 감옥 보냈으면 됐지, 뭘 더 해야 되나?'라고 하는 생각이 있는 것 같아요.

이게 사실은 '지금 진상 규명을 더 철저하게 시작을 해야 되는 것을 가로막고 있는 이유 중의 하나다…'[라고 생각해요]. 그다음에 박근혜를 탄핵하고 구속까지 했는데… 여전히 박근혜가 뿌려놓은…, 박근혜가 만들어놓은 프레임은 그대로 인정을 하고 살아가는 것 같아, 사람들이…. 예를 들면, 내가 항상 반복해서 얘기하지만, 박근혜는 세월호 참사를 해상 교통사고로 규정을 해버렸거든요, 단일 사고예요. '세월호가 문제가 있었던 거야. 우리나라에 문제는 없어. 해경의 문제도 아니고 더더군다나 청와대의 문제도 아니고… 그냥 세월호가 문제가 있었던 거야, 그 배 자체가' 이걸로 국한시킨 거거든요, 박근혜는. 그니까 '해상 교통사고인 거야. 거기서 먼저 도망간 선원들이 승객들을 죽인 거지', 이걸로만 딱 국한을 시킨 거거든요. 근데 그렇게 밀어붙

에은 아빠 유경근

였던 그 박근혜에 맞서서 박근혜를 탄핵하고 구속을 하고 감옥에 가두고 재판, 실형을 살게 하고 있는데, 근데 지금 그 박근혜가 뿌려놓은, 만들어놓은 그 프레임이 여전히 작동을 하고 있는 것 같아. 그래서 많은 사람들이 '세월호 참사는 해상 교통사고'라고 생각하는 것 같아요.

이렇게 물어보면 자기는 아니라고 그래요, 다. 다 아니라고, 열이면 아홉은 "난 그렇게 생각 안 한다"고 "아휴, 그거는 단순히 해상 교통사고로 보면 안 돼요. 그런 문제 아닌데, 세월호 참사는. 난 그렇게 생각 안 합니다" 열이면 아홉 다 그렇게 대답을 해. 그런데 다른 면을 보면 자기도 알게 모르게 그렇게 생각하고 있는 거예요. 왜? (한숨) 그게 어디서 증명이 되냐면… (한숨) "세월호 참사의 대책이 뭐냐? 세월호 참사와 같은 이런 참사를 반복하지 않도록 하기 위해서 대책을 세우고 그 대책을 실현해 나가서 안전한 사회로 나가야 되는데 그 대책이 뭐냐?"라고 했을 때 모두가 한결같이 얘기하는 게… "선박 안전관리, 운항 안전관리…", 그다음에 "해경의 구조 병력 보완", "안전 의식 고취, 불감증, 안전불감증 타파" 다 이거 얘기해요…, 다…. "그렇지. 과적 못 하게 해야지…. 선장, 선원은 그 배의 안전을 책임지기 위해서 정말 규정을 다 준수해야지. 감독관들은, 관리 감독기관은 그 배를 제대로 관리하고 있는지, 운항하고 있는지 철저하게 감독하고 그다음에 그 안전 수칙을 지키지 않고 규정을 위배하면 철저히 벌을 줘야지" 이게 대책인 거예요, 지금.

모든 사람이 이게 대책이라고 이야기를 해요, 그러면서 "나는 세월호 참사를 해상 교통사고라고 보지 않아요, 단순히 그런 게 아니에요"라고 얘기한다고. 굉장히 이율배반적인 거예요…(잠시 침묵). 이게 박근혜가 뿌려놓은 프레임이거든요, 만들어놓은. 자기는 말로는 아니라고 그러면서 정작 생각하는 건 그런 수칙, 안전 수칙, 매뉴얼, 법, 제도 개정, 강화, 처벌 강화, 뭐 국민들의 안전 의식 고취, 불감증 타파, 그다음에 해경, 구조 세력의 구조 능력 보완, 훈련도 더 많이 하고 장비도 더 많이 도입하고……. 이런 거를 하면 세월호 참사와 같은 일이 반복되는 걸 막을 수 있다고 이야기를 하면서, 근데 "세월호는 해상 교통사고가 아니다, 안전사고가 아니다" 이렇게 얘기하면 이율배반적인 거죠. 그거는, 지금 얘기했던 그 수많은 대책들 가운데 어느 것 하나도 세월호 참사의 대책이 아니에요. 그냥 안전한 대한민국, 특히 해상에서 선박 관련된 또 다른 사고가 일어나지 않도록 막는 일반적인 안전 대책인 거지, 세월호 참사로 비롯되어서 만들어진 안전 대책은 아니에요.

그리고 또 하나. 정말 우리 사회가 '이것만 하면 되겠다'고 생각한다면 그러면 세월호 참사는 진상 규명할 필요가 없는 거예요. 세월호 참사 진상 규명 안 해도 이 대책은 다 만들 수 있어요…. 이건 다른, 우리나라에서 일어났던 다른 선박 사고, 해양 사고 분석 안 해도 이 대책은 이미 나와 있고, 이런 사고분석 조사 없이 이 대책은 얼마든지 좋게 만들 수 있어요…. 그렇지 않아요? 근데 지금 이렇게 이게 지금 양립을 하고 있다구요. 그래서 지금 특조위에서 제가, 저는 안전소위, 안전사회 소위원회[에서] 이런 거 하는데 나는 별로 마음에 안 들거든. 거기 가서 들어보면 하는 얘기가 맨날 운항 안전관리, 선박 안전관리, 뭐 무슨 법령, 제도 바꾸고 안전한 사회를 위해서 뭘 할 것인가…. 세

예은 아빠 유경근

월호 참사의 원인이 밝혀지지도 않았는데, 세월호 참사의 교훈이 뭔지도 밝혀지지 않았는데 거기서 대책이 어떻게 나오냐구. [그런 대책들은] 전혀 상관없는 거거든, 세월호하고. 이게 지금 진상 규명을 가로막고 있는, 현재 세월호 참사 진상 규명을 막고 있는 장애물들인 거예요, 우리 스스로 안고 있는….

면담자   그 이후에 국군기무사령부 문건도 나오고 했는데, 그런 부분들이 좀 묻힌다는 느낌이 들었어요….

예은 아빠   그니까… 자기도 알게 모르게 해상 교통사고로 생각하고 있는 사람들이, "국정원이나 기무사 조사를 해야 된다"고 그러면 "뭔 소리야?" 이러고 신경 안 쓰는 거죠. 그냥 "유가족이니까, 세월호 유가족들은 좀 특별하니까, 세월호 유가족들은 저런 말 할 수 있지, 뭐 에이…" 그러고 지나가는 거예요 그냥(잠시 침묵), 실제로 문제의식을 못 느끼니까…(잠시 침묵). 우리가 세월호 참사 진상 규명을 검찰이 나서서 수사[단]을 만들어서 해야 된다고 하는 이유는, 특조위가 수사 권한이 없고 한계가 있고 다 맞는 얘기이긴 하지만, 그런 걸 다 떠나서 근본적인 이유는 뭐냐면, 세월호 참사는 범죄니까 그런 거예요. 범죄 수사는 검찰이 하는 거잖아요….

그러면 "세월호 참사가 왜 범죄냐?" 이렇게 묻는 사람들이 있는데요…. 사람이 304명이 죽었어요…. 그렇죠? 304명이 죽었는데… (잠시 침묵) 어느 누구도 살인죄로 기소가 안 돼…. 세월호 참사로 인해서 진행된 수사와 기소와 재판이 굉장히 많아요. 이 가운데 해경이나 선원, 이 두 가지 재판 빼놓고 나머지 재판은 사람들의 죽음과는 관련이 없는 재판들이에요, 다…. 침몰과 구조를 하지 않은 그 책임을 묻는 재판은 딱 두 개밖에 없어요. 나머지 수십 개의 재판은 전혀 세월호 참사와 관련 없지만, 직접적으로 관련이 없는 재판인데 세월호 재판으로 알려져 있을 뿐이에요…. 아니, 304명이 그렇게 수장을 당하고 죽임을 당했는데 도대체 왜 우리 사회에서는 사람이 죽은 사건을, 다른 무슨 뇌물죄로 기소하고 무슨 이상한 걸로, 뭐 이름도 생소한 이런 걸로 기소하지, 전혀 사람이 죽은 거에 대한 책임을 묻는 수사와 재판이 이루어지지 않고 있다구요. 나는 이게 상식적으로 납득이 안 되는 거예요.

정의라고 하는 건 단순한 거거든요, 복잡한 게 아니라. '사람이 죽었어. [그러면] 왜 죽었을까? 그 죽은, 그 죽음의 책임은 누구에게 있을까'[를] 밝히는 게 정의예요. 근데 자꾸 딴짓들만 하고 있잖아. 세월호 참사는 사람이 304명이나 죽은 살인 범죄거든요, 그러면 검찰이 수사를 해야죠. 범죄는 검찰이 수사하게 되어 있어요. 그래서 우리는 검찰이 수사해야 된다고 얘길 하는 거예요. 박근혜 때는… 도저히 믿을 수 없는 검찰이니까 특조위를 한다고 했지만 이제 정부가 바뀌었으면 검찰도 바뀌어서 검찰의 본연의 자신들이 해야 할 일들을 해야죠. 그래서 우리는 검찰에 수사를 요구하는 거예요. 특조위가 권한이 부족하고, 수사 권한이 없고, 뭐가 어쩌고저쩌고, 복잡한 얘기할 거 없이, 범죄 수사는 검찰이 하는 거다…. 근데 그 세월호 참사를 범죄라고 생각을 안 하니까 우리가 아무리 기무사, 국정원 얘기한다 해도 사람들이 그걸 듣냐구요. '교통사고, 교통사고 났는데 국정원을 왜 가지?' 이렇게 생각하는 거 같아. 이건 시민들 얘기가 아니라 공무원들, 국회의원들 얘긴 거예요, 검사들 얘기이고…. 현 정부하에서.

8

4·16생명안전공원 건립을 위한 지원추모위원회 구성

면담자 추모공원 이야기로 넘어갈게요. 4·16생명안전공원 선정 논의를 하며 입지 선정 등을 둘러싸고 진행된 당시 논의들 중에 좀 인상 깊었던 것들, 혹은 기록으로 남기고 싶으신 것들이 있다면요?

예은 아빠 이 생명안전공원도 그 전에 한 번, 얘기 한 번 했었죠? (면담자 : 네) 네, 많이. 출발[이] 어떻게 시작했는지 이런 건 얘기했었죠?

면담자 아버님은 지금 처음 얘기하시는 거고요. (예은 아빠 : 아, 저는? 아, 그래요?) 네, 다른 분들이 하시긴 했지만요.

예은 아빠 그 2015년도 얘기하면서 공원, 추모공원 얘기 안 했었나요, 제가? (면담자 : 아, 그때…) 했었나, 안 했었나? 안 했으면 다시 해야 되고…. (면담자 : 안 했던 거 같아요) 안 했던 거 같아요? 얼마 전에 생명안전공원 설립 기본 계획이 확정이 났죠, 정부에 의해서. 작년에…, 작년 연말인가? 1월 말인가? 그때 안산시에서 정부에 제출을 했고, 그리고 2월 말일 날, 아니 2월 말일 날 정부에서 확정이 났고 재단도 선정이 됐고 그랬죠. 그니까 2015년부터 6, 7, 8, 한 3년 반… 3년 반, 3년 반이 조금 넘었구나, 3년 7, 8개월 정도 시간이 걸린 거예요, 처음에 그렇게 착수 들어가고 나서. 우리가 이 생명안전공원에 대해서 관심을 갖기 시작한 게 2015년 여름부터예요, 세월호 참사 일어나고 한 1년쯤 지나고 나서부터. 그 전까지는… 생명안전공원이 아니었고 '우리 아이들을 어디로 어떻게 언제 모아야 되나?' 전국으로 임시로 흩어져 있던 거니까. 사실 우리는 그때 2014년에 [세월호 참사가] 일어났으니까 2014년 말쯤 되면 우리 아이들이 한데 모일 공간이라든가 이런 것들이 준비가 되는 걸로 알고 있었어요. 그냥 '당연히 그렇게 되지 않겠어?'라고 생각을 했는데 시간이 지나고 보니까 그게 아니란 걸 알게 됐죠. 그래서 관심이 처음에는 '우리 아이들을 어떻게 이렇게 흩어놓으면 안 되는데…, 좀 한군데로 잘 모아야 되는데…' 이게 엄마, 아빠 입장에서 우리가 관심을 가질 수밖에 없죠, 그 차원에서만 생각을 했었어요.

음…, 그런데 이제 2015년 들어가니까 이제 1기 특조위가, 법이 만들어지면서 그 준비 들어가고 태동 들어가면서 동시에 조사 방해가 시작이 되고, '예산 도둑', 뭐 이런 거 얘기 나오고, 그 시행령 나오면서 조사 방해할 게 뻔히 다 보이고, 그다음에 배·보상 일방적으로 발표하면서 진상 규명 요구가 마치 돈을 더 달라는 요구인 것처럼 비춰지게 만들고, 그리고 배·보상을 강행하면서 가족들을 분열시키려고 혈안이 되고…, 이게 2015년 상반기에 쭉 벌어지는 거예요, 일시에 좍. 그러면서 한 가지 더 나온 게 뭐냐면 추모공원 문제예요. 1기 특조위를 만들기 위한 '진상 규명 특별법'을 만들면서 동시에 만들어진 또 하나의 특별법이 있잖아요. '지원 추모 특별법[세월호피해지원법]' 이렇게 약칭으로 얘기하는데, 거기에 보면 피해자에 대한 어떤 지원이라든가 이런 것과 함께 추모 사업을 어떻게 할 것인가도 규정이 되어 있어요. 그래서 거기에 보면 "안산에 봉안시설을 포함한 추모공원을 만들고 그리고 재단을 설립을 해서 그 재단이 이 추모 사업, 안전공원 관리 이런 거를 맡아서 진행을 하고 그 예산을 국가가 지원을 한

290

예은 아빠 유경근

다" 이게 기본적인 골자로 되어 있는 거죠.

그 법이 만들어졌다는 이유로 이 추모공원을 만들기 위한 착수가 정부에서 들어가는 거예요. 그러면서, 그 사람들은 당연히 근거가 있지, 법이 있으니까, 그니까 국무조정실, 국무총리 산하 국무조정실 내에 이 관련된 위원회를 만드는 거예요…. 지원추모위원회[4·16세월호참사 피해자 지원 및 희생자 추모위원회]를 만들고 또 그 위원회에서 결정한 것들을 진행하기 위한 추진단을 만들고, 공무원들로 구성된…. 봤더니, 2015년 여름이 좀 안 되어서 추모공원에 대해서, 관련되어서 전문가들도 위촉을 해서, 민간 전문가들도 위촉을 하고 뭐 하고 이 일을 진행을 하고 있더라고, 정부에서…. 그래서 저희도 생각을 한 게 저거 그대로 놔두면 자기들 마음대로 후딱후딱 해서 그냥 공원 하나 만들어가지고 '야, 추모공원 다 만들었으니까 다 됐어, 끝' 이럴 거 같은 거죠.

그 전까지는 애들을 한데 모으고 추모공원도 그렇게 만들고 추모비도 세우고 이렇게 해야 된다는 생각을 갖고 있지만, 그때 막 특별법 싸움을 하고 있는 중에 그런 얘기가 공론화가 되면 진상 규명에 방해가 될 거 같았던 거예요, 우리는. "조금만 더 기다리고 참자. 진상 규명이 우선 아니냐? 이것부터 해야 될 거 아니냐? 진상 규명, 진상 조사에 방해되는 모든 것들은 우리 일단 스톱을 하자…. 진상 규명만 되면 얼마든지 할 수 있는 거 아니냐?" 이래 가면서, 아쉬운 마음을 접어가면서 그 험한 싸움을 하고 있었는데, 근데 정부에서 가만히 그냥 이 상태로 냅두면 얼렁뚱땅 추모공원 만들어가지고 추모비 하나 뭐 하나 반듯한 거 세워가지고 "이제 다했어", 추모공원까지 만들고 배·보상은 이미 강제적으로 막 시행하고 있으니까 "배상도 다 끝났어, 오케이", "배상 안 받아? 안 받으면 니가 싫은 거니까 넌 안 주면 되고", 이게 정부, 그 당시 정부의 모습이었거든요. '이거 이대로 두면… 추모공원 지들 멋대로 만들어서 모든 게 끝났다고 또 장난질 치겠구나' 이런 거죠. 그래서 2015년 여름에 '본격적으로 우리가 달려들자'라고 생각을 바꾼 거예요.

그러면 "이거를 쟤네들이 하고 싶은 대로 냅두지 말고 우리가 원하는 대로 끌고 가자. 그래서 이 추모 사업이, 추모공원을 만들고 또 그걸 중심으로, 또 추모 사업을 하는 게 세월호 참사가 끝났다는 게 아니라 이제 시작이라는 것을 보여주는 어떤 새로운 선례로 우리가 삼자, 만들자…" 그렇게 얘길 한 거죠. 그래서 그때부터 부랴부랴 우리가 '그러면 이 추모공원은 어떤 성격이어야 하고 또 방향이 어떤 거여야 하고…' 이것들을 고민을 한 거예요. 그래서 그때 나온 기본적인 얼개가 지금 결정된 추모공원의 성격이 된 겁니다. 그때 처음에 생각을 했던 것들이 "추모공원은 애도와 슬픔을 강요하는 공간이 되어서는 안 된다, 사람들에게…. 음… 가족들, 어린아이들과 가족들을 아주 부담 없이 데리고 함께 와서 도시락 까먹고 뛰어놀고 그러면서 이 화랑유원지에서 오랫동안 함께 뛰어놀았던 우리 아이들의 그 숨결…을, 자연스럽게 함께 숨을 쉬면서 세월호 참사의 의미와 교훈을 서로가 공감하고 교감할 수 있는 이런 공간이 되어야 하고, 특히 대다수의 피해자를 차지하고 있는 우리 아이들이 청소년이었기 때문에, 꿈을… 피워보지도 못하고 쓰러져 버린 꽃들이기 때문에 그 동생들, 청소년들이 여기서 마음껏 자기 꿈을 꾸고 그 꿈을 이뤄내기 위한 어떤 교류와 공감들을 함께 만들어나갈 수 있는 그런 공간을 만들어야 되겠다. 그것이 진정한 추모이고 진정으로 세월호 참사의 교훈을 우리 아이들, 후배들한테 전해주는 것이다"[라고] 그때 그 개념을 정립을 했어요. 그래서 엄숙하되 슬프지 않고 오히려 부담 없이 마음껏 뛰어놀고, 특히 청소년들이 항상 '이곳에, 여기 가면, 여기는 우리의 공간이야' 느낄 수 있는…. 그걸 이제 2015년에 우리가 개념을 정립을 했고 서툴지만 그거와 관련된 개념과 그림을 그렸어요.

그리고 국무조정실에서 만든, 지원추모위원회 민간위원들이 있는 자리에서 저희들이 그걸 발표를 했죠(한숨). 제가 한 20분 프레젠테이션을 했어요, 가서. 끝나고 나서 거기에 와 있는 민간위원들이… 굉장히 의아해하더라구요, 다 듣고 나서. 첫 질문이 딱 생각이 나요. "질문을 할 게 있는데" 그래서 "하시라"고 그랬더니 처음 나왔던 질문들이 "이 프레젠테이션 자료는 누가 만드신 겁니까?" 그러더라구. 그래서 "저희가 만들었습니다" 그랬더니 "아, 유가족들이, 유족들이 직접 만드신 겁니까?", "네, 저희들이 직접 만든 건데요", "누가 만들어주신 거 아니구요?" 그래서 "아, 아닙니다. 우리가 직접 만든 겁니다. 여기 있는 개념, 서툴지만 그림, 다 우리가 직접 한 겁니다" 그랬더니 "아, 그러세요?" 그러더니 그 얘기했던 분이… 뭐라고 얘기하냐면 "상당히 의외입니다" 그러더라구. "왜 그러시냐?"고 그랬더니 사실 오늘 정부에서 이런 연락을 받고 "유가족들이 추모공원 관련해서 프레젠테이션하고 브리핑하고 의견 전달을 하는데 민간 전문위원들이 와서 좀 들으셔야 된다" 이렇게 연락이 왔길래 귀찮게 생각을 했다는 거예요, 유가족들이 얘기를 해봐야… 뭐 납골당, 봉안시설 크게, 멋지게, 추모비 좀 멋지게, 당연히 이런 얘기할 거니까. 근데 자기 전문가 입장에서는 '이제 우리나라에서도 추모공원이 그렇게만 만들어지면 안 되는데, 유족들이 얘기하는데 또 싸울 수도 없고…' [그래서] 귀찮게 생각을 했다는 거죠. 근데 "어쨌든 위원으로 되어 있으니까 와서 들었는데, 이런 내용으로, 세월호 유족들이 이런 내용으로 추모공원의 개념을 잡고 프레젠테이션을 할 줄은 상상도 못 했다"는 거예요. 그래서 [우리에게] "고맙습니다" 그러더라구요….

난 굉장히 놀랐어요, 저도. 왜냐면 그걸 얘기하면서 '과연 여기에 대해서 사람들이 어떻게 생각을 할까? 유가족들이 쓸데없는 얘기 한다고 그러지 않을까? 저 공무원들이 [우리에게] 저 무슨 이상한 짓들을 하고 있어, 또 이상한 얘기들을 하고 이러지는 않을까? 이건 또 어떻게 설득을 해야 되나?' 이러고 갔었는데 대뜸 그 전문가들이 이구동성으로 다들 놀랐다는 듯이 "이렇게 추모공원을 만들어야 한다고 유가족들이 직접 제안을 해주셔서 너무나 감사합니다. 우리도 마찬가지로 추모공원은 이렇게 만들어져야 한다고 우리도 생각을 하는데, 한국 사회에서 그렇게 하기가 너무나 힘듭니다" 그런 고백들을 막 하기 시작하는 거예요. 그래서 그때 굉장히 희망을 많이 가졌죠. '우리가 이걸 잘만 준비를 하면, 그러면 정부도 방해를 못 할 굉장히 의미 있는, 우리나라에서 선례가 없는 굉장히 의미 있는, 새로운 추모 사업의 전형을 하나 만들 수 있겠구나…' 그때 희망을 얻고, 첫 프레젠테이션을 하면서 가지게 됐죠. 그러고 나서부터 지금까지 진행이 되어온 거예요(한숨).

근데 난관은 이거죠, 어디다 할 거냐, 어디다 할 거냐…. 저희가 사실은 그러한 개념을 만들어내고 그림을 그려내게 된 전제는 이미 화랑유원지를 생각하고 있었던 거예요, 응. 우리 아이들이 항상 뛰어 놀던, 예은이도 거긴 나하고 숱하게 갔었으니까. 눈 오면 눈 온다고 가고, 가을에는 또 시원하다고 가고, 거기 가서 운동기구 많으니까 운동도 하고, 자전거 끌고 가서 자전거 하고[타고], 도시락 까먹고 앉아서 치킨도 시켜다, 배달시켜다가 치킨도 먹고 숱하게 갔으니까. 또 우리가 사는 동네고 학교 바로 앞이고, 또 안산의 중앙이기도 하고…. 그래서 우린 별문제 없을 줄 알았어요. 왜냐면 세월호 참사 그러면 모든 사람들이 "아, 세월호 참사, 아주 특별한 참사. 모든 어른들이 잘못했다, 반성해야 된다. 세월호 참사 이전과 이후에는 달라져야 한다" 모두가 그렇게 얘길 하고 있으니까 (웃음) 아무 문제없을 줄 알았어요. 그 화랑유원지를 전제로 하고 얘기를 했죠. 근데 이제 이건 우리 바람이었던 거죠. 실제로 이것을 결정을 해야 될 안산시라든가 이쪽에선… 답을 안 주는 거예요. 아마 돌이켜 보면 그 사람들도 당장 우리가 그렇게 얘기했다고 답을 줄 순 없겠지. 그니까 그냥 시장이 정한다고 될 문제는 아니니까.

그래서 이제 그때부터 그 과정, 절차를 밟아나가기 시작을 이제 하는 거예요. 음…, 저는 개인적으로 한편은 이런 걱정도 했어요. '이게 너무 빨리 진행이 되면 어떡하지?' 사실 개인적으로 이게 너무 빨리 진행이 되면, 우선 첫 번째는 우리가 아무리 좋은 의미의 추모공원을 만들더라도 어쨌든 이게 잘 만들어지면 '현재 추모공원까지 만들어지고 봉안시설까지 다 완성해서 다 모으고 그랬으면 이제 유가족들은 뭐 한 풀었겠네, 할 수 있는 거 이제 거의 다한 거네' 이렇게 생각해

295

3회차

서 또 진상 규명이 안 될까 봐 걱정이 되는 측면이 하나 있고, 또 하나 측면은 뭐냐면 이게 생명안전공원 만드는 게 사실은 우리 가족들 입장에서 숙원 사업 중에 하나잖아요. 첫 번째 목적은 그런 좋은 의미의 추모공원을 만드는 것도 당연히 중요하지만 가장 핵심은 우리 아이들을 모으는, 한데 모으는 거예요. 딴 데 가서 곁방살이하지 않고 다 제대로 된 곳에 제대로 이렇게 한데 모으는 거. 만일 그게 빨리 진행이 돼서 딱 되어버리면 혹시 우리 가족들 중에도 '아, 이제 할 거 다했네…' 이러고서 이제 또 진상 규명에 대한 열의나, 또 우리 오랫동안 한참 이렇게 모여 있었는데 이게 좀 느슨해지거나 사실 이럴까 봐 또 걱정이 되더라구요. 음… 아마 더 반대의 현상도 나올 수 있지만 그땐 그런 걱정을 좀 했었어요. 그래서 개인적으로는 '이게 너무 빨리 진행되면 어떡하지?' 이런 걱정은 좀 있었는데, 모르겠어요. 빨리 진행은 안 되더라구요.

하여튼 그런 과정으로 왔는데 최근에 와서, 특히 작년 초, 작년 초 정도부터 해서 문제가 심각해지기 시작을 했죠. [안산 시민들] 내부에서 화랑유원지에 생명안전공원 만드는 것을 '납골당 결사반대' 이런 걸 갖고 나오기 시작하면서 시끄러워지기 시작을 했고, 그 정점을 이룬 게 작년 4월에 있었던 지방선거. 지방선거에서 안산에 자유한국당, 바른미래당 이 두 당의 시의원, 도의원, 시장 후보들 이런 사람들이 전면에 이걸 내걸었죠. 그래서 지금도 그때 그 지방선거에 안산시의원, 안산시장 이 사람들의 공약, 공보집을 보면 다른 얘기는 없어요 (웃음). '납골당 반대'로 도배가 되어 있어. 이 사람들은 앞으로 안산시를 어떻게 이끌어갈지에 대한 청사진, 계획 이런 것들은 거의 안 보이고, 심지어 어떤 시의원은 [선거공보의] 네 페이지가 모두 세월호 납골당이야, 납골당 반대, 반대, 반대…. 어떤 사람은 유세할 때 대놓고 자기가 시의원 나온 이유는 "저 납골당 유치를 저지하기 위한 목적 하나로 나왔다"고 아예 대놓고 얘기하고, 공보집에도 그것밖에 안 들어가 있어요. 그래서 그때 그 지방[선거 때] 정치인들이 이 문제를 아주 크게 만들어버리고 그걸로 인해서 마치 안산의 여론이 굉장히 양분되어 있는 듯한 이런 인상을 주도록 만들었죠. 근데 결과적으로 참패했죠, 그 사람들이. 당연히 시장도 당선 안 됐을 뿐더러 시의원도 두 명인가 빼고 나머지는 다 민주당이나 또 기타 다른 야당… 쪽에서 다 했고, 자유한국당은 거의 전멸하다시피 했고, 뭐 도의회도 마찬가지고. 그 이후에도 그러한 주장들을 굽히지 않고 계속하는 사람들이 있는데 그때 그 사람들로 계속 이어지고 있는 거예요.

음…, 저희가 그런 과정에서 드러내놓고 대응을 잘 안 했죠. 예를 들면, 납골당 유치 반대하는 집회를 한다고 그러면 우리도 거기 가서 맞불집회를 한다든가 아니면 뭐 SNS든 신문 기사든 거기에 대응하는 광고를 싣거나 아니면 의견을 내거나 기자회견을 하거나, 이런 거 안 했잖아요. 철저하게 그거 안 하고 갔거든요. 왜 그랬냐면 첫 번째는 안산 시민과 유가족의 싸움의 모습으로 밖에 드러나는 거를 극도로 경계를 했어요. "그것이 결국 우리에게 마이너스다. 그리고 그 모습을 악용하는 사람들이 여전히 있다. 언론이건 또 다른 정치인들이건 이런 사람들이 이걸 유가족과 안산 시민 간의, 어떤 민-민 갈등, 싸움 이런 것들을 막 그렇게 부각시키려고 하는 이런 세력들이 분명히 있기 때문에 절대로 맞서지 말고 맞대응을 하지 말자" [가족협의회의 방침이] 그런 것이었고, 그럼 어떻게 할 거냐, 그렇게 안 하면… "우리가 갈 길을 가면 된다. 우리는 아무 근거도 없는 것을 우리가 떼를 써서 만들어내는 게 아니고 이미 법에 충분한 근거가 마련이, 오래전부터 마련이 되어 있고, 그 법령에 따라서, 그 근거에 따라서 일을 추진하는 거다. 그러니 이대로, 그냥 법에 정한 대로 일이 추진이 되도록 우리가 관리만 하면 된다. 그리고 그 과정에서 다른 핑계를 대면서 이 과정에 소극적으로 나오거나 부정적으로 나오는 시장이나 공무원이나 또는 의원들이나 이런 사람들을 설득하고 적극적으로 나서도록 돕고 힘을 실어주는 역할만 하면 된다. 결국은 이건 법에 의해서 정부, 국책사업으로 진행되는 거기 때문에, 국책사업으로 결정이 되어서 추진이 될 수 있도록만, 그렇게 가도록만 우리가 계속 지원하고 견인해 내면, 그러면 되겠다"[라고 판단해서] 그래서 이제 철저하게 무대응을 하면서, 그 안으로는 그 법에 따른 절차가 원활히 진행이 되도록 계속 그것을 끌고 나가는 역할만 하는 것이고, 이제 그게 결국엔… 이번에 그, 기본 계획 발표로 이어지게 된 거죠.

9
4·16생명안전공원 건립을 둘러싼 안산 지역에서의 활동 경험과 상처

예은 아빠   이 과정에서 꼭 하나 짚어야 될 건 뭐냐면… (잠시 침묵) 생각보다 우리 가족들이, 특히 이제 그 반대 여론이 조직적으로 나오기 시작한 그 시점부터… 우리 가족들이 받은 상처가 생각보다 커요…. 특히 우리 추모분과를 중심으로 해서 이 생명안전공원, 결국 안산시에서 일차적으로 결정을 해야 되고 또 안산시에서 실행이 되어야 될 사업이다 보니까, 아무리 법에 의해서 진행을 하는 거라 하더라도 이 주변 주민들, 시민들의 의견을 완전히 무시할 순 없잖아요. 그냥 완전히 그냥 개무시하듯 무시하고 가버리면 만들어진 다음에도 계속 문제들이 일어날 거고, 그래서 그렇게 하되 반대하는 사람들하고 맞서 싸우는 방법이 아니라 아예 주변에 있는 시민들, 주민들 그 안으로 들어가서 간접적으로 그 사람들의 마음을 얻는, 이 일을 병행을 한 거죠. 그것이 이제 엄마공방, 아빠공방을 통해서 하는, '엄마랑 함께하장'이라든가 그다음에 그런 걸 통해서 나온 수익금을 주변의 노인들이나 불우청소년들에게 기부한다든가, 철마다 이렇게 김치나 음식 같은 거 해서 나눈다거나 뭐 봉사활동을 한다든가 또는 그 마을에서 하는, 마을을 살리기 위한 여러 가지 프로젝트나 사업에 우리 가족들도 같이 가서 참여해서 그런 마을을 위한 여러 프로젝트를 같이한다든가, 이 일을 우리 가족들이 하기 시작한 거예요.

그렇게 부딪치다 보면 세월호 유가족인 걸 알잖아요. 우리가 숨기고 갈 거면 갈 이유가 없잖아요. 그니까 알게 되면 나오는 질문들이 항상 있는 거죠. 그런 것들을 다 감내해야 되는 거예요. 어떤 분들은, 대부분은 잘, 좋게 하지만 어떤 분들은 굉장히 악의적으로, 또는 힘들게 이야기하는 사람들도 있고, 특히 이 생명안전공원 문제, 이걸 놓고서 굉장히 항의를 하시는 분들도 있는데 그런 분들을 다 일일이 일대일로 다 설명하고 또 설득하고, 이거를 오랫동안, 오랜 시간 동안 직접 돌면서 가족들이 한 거예요…. 그러니 그 과정이 얼마나 힘들었겠어요. 그렇게 얘기해 가지고 모든 게 다 좋게 풀리면 괜찮은데 안 그런 경우엔, 그렇다고 싸울 순 없는 거야. 정말 말도 안 되는 소리를 나한테 하더라도 여기에 대해서 뭐라고 싫은 소리, 싫은 내색도 못 하는 거예요. 싫은 내색을 했다간 '저 세월호 유가족들 건방지게 뭐…' 이렇게 나올 거고 또 다른 나쁜 얘기가 돌 테니까, 다 그걸 웃어야 되는 거야. 웃고 넘겨야 되는 거야. 그런 사람들 위해서 목도리 짜가지고 씌워줘야 되는 거고, 그런 사람들을 위해서 쌀 짊어지고 가서 같이 드시자고 나눠야 되는 거고.

　이제 그렇게 하고 하면… 그다음은 이제 집에 돌아와서가 문제인 거죠…. 그 일정을 다 마치고 집에 돌아오면, 엄마들이 그렇게 동네에서 그렇게 주민들 만나면, 어떤 엄마들이 한결같이 집에 들어가면 그다음 날 나가기 싫은 거죠…. 가장 많이 하는 생각이 '내가 왜 이러고 있지? 내가 내 새끼 잃고… 내가 왜 이렇게 억지로 웃어가면서, 저 사람들 비위를 맞춰가면서, 말도 안 되는 소리를 들어가면서, 돈 얼마 받았느니 이런 얘기 들어가면서, 그런데도 내가 한마디 못 하고 웃어가면서…, 그냥 우리 아이들 한데 모아야지, 이 생각 갖고 [있을 뿐인데]… 내가 왜 이래야 되지?' 그럼 매일같이 막 분통이 터지고 이제 눈물이 쏟아지는 거죠…. 그리고 다음 날 일어나면 (한숨) '내 새끼 보고 가야지. 내가 내 새끼보다 더 억울하겠냐, 아무리 그래도' 그리고 또 동네로 나가는 거예요. 이거를 한 2년 동안을 하는 거예요, 계속…. 그래서 속은 속대로 병들고…, 이거는 꼭 얘기하고 싶어요. 그런 게 없었으면, [4·16생명안전공원 조성은] 단순히 그냥 시장이 결정하고 국무총리실에서 도장 찍고 해소된 문제가 아니다, 이건. 그렇게 된 문제가 아니다. 그 정도의 정말 처절한 노력을, 가족들이 오랜 시간 동안

예은 아빠 유경근

동네에서 파고들어 가서 했기 때문에 결국 이런 시간까지 올 수 있다는 거. 그래서 그렇게 했던 엄마들을 보면 눈물 나요, 눈물 나.

면담자　　　잠깐 쉬었다가 할까요? (예은 아빠 : 잠깐 쉬죠) 네.

(잠시 중단)

10
가족협의회 임원으로서 활동하며 겪은 개인적 고충들

면담자　　　아버님께서 가족협의회 대변인으로도 활동하시고 집행위원장으로 활동하시면서 상황별로 얘기해 주셨는데요. 임원으로 활동하면서 들었던 생각과 힘들었던 점은 어떤 게 있었나요? 예를 들어서 여러 의견을 조율하거나 합의를 이끌어내는 것이 사실 어려운 부분들이 있었을 텐데 기억에 남는 일이라든지, 아니면 그런 활동들을 하시면서 '나는 이런 원칙으로 활동을 하겠다' 이런 부분들도 있으셨을 거 같은데 그런 부분을 좀 여쭤보고 싶어요.

예은 아빠　　　이후에 질문이 몇 개 더 남았죠?

면담자　　　이거랑 다른 하나는 대변인으로서 논평 쓴 부분이랑 팟캐스트 '세상끝의 사랑', 또 나머지 하나는 이제 지난 5년 동안……, 한 네, 다섯 개 정도….

예은 아빠　　　어휴, 아직도 많이 남았네(웃음).

면담자　　　많이 남았죠(웃음). 아버님께서 활동하신 게 많아서 불가피한 것 같아요. 그래도 질문을 많이 뺀 겁니다.

예은 아빠   음…, 근데 처음에 팽목항에서부터 이렇게 앞에 나서서 했던 거랑 얘길 다 했으니까 그런, 그다음에 안산에… 예은이 데리고 올라와서부터 대변인 [활동했던] 그 얘기도 했었고. 그리고서 지금까지 쭉… 왔었는데(잠시 침묵), 어려운 점이 있었죠, 당연히. 당연히 있었는데… 그중에 하나는, 아주 처음부터 그 언론을 많이 상대를 하다 보니까 많이 알려지게 된 거…(잠시 침묵), 그게 생각보단 그렇게 쉽진 않더라구요…. 그때도 그렇고 지금도 그렇고 [길을] 다니면 전혀 모르는 사람이 와서 아는 척 하는 경우가 심심치 않게 있으니까…. 그것도 아직까지는 사실은 굉장히 어색하고… 그래서 어떤 행동의 제약 같은 것도 많이 있죠. 그래서 어떤 공식적인 일정이나 이런 거 아니면 사실은 밖에 잘 안 나가려고 해요…. 혹시라도 밖에 막 이렇게 다니다가 무슨 실수라도 하게 되면 또, 그것이 또 문제가 될 수 있으니까 그런 거에 대한 어떤 막연한 두려움? 그런 게 좀 있고.

그다음에 또 하나는 제가 하는 말 자체가 그게 마치 가족협의회를 대변하고 또 모든 가족들의 생각을 대변하는 것처럼 많은 사람들이 받아들이죠. 그러니까 말을 할 때… 시원하게 내가 하고 싶은 말들을 못 하는 경우들이 많아요. 그리고 분명한 원칙은 뭐 대변인이 됐건 집행위원장이 됐건…, 제가 하는 말이나 표현이 본의 아니게 그런 뜻으로 얘기 안 하더라도, 받아들이는 사람은 가족들의 생각인 것처럼 받아들이려고 하니까… 말할 때 조심스럽게 얘기할 수밖에 없죠. 같은 표현이라도 가능한 한 좀 드라이하게…, 원색적이거나 직접적이지 않게 그렇게 표현하려고 계속 머리를 굴려야 되고, 이게 굉장히 피곤하죠. 그리고 제가 항상 이야기를 할 때에는… 밖에 다른 사람들한테 보통 이야기를 많이 하지만, 그것 중에 상당수는 사실은 우리 가족들한테 하는 이야기인 경우가 많아요. 그니까 제가 아무리 집행위원장이라고 하더라도 가족들한테 이래라저래라 할 수 있는 건 아니에요. 아무리 투표로, 압도적인 득표율로 해서 집행위원장이 됐다고 해서, 우리가 무슨 기업이나 사기업이나, 무슨, 무슨 일반적인, 정치적인 단체거나 노조거나 이런, 이런 단체가 아니잖아요. 말 그대로 모두가 다 똑같이 자기 자식을 잃은 부모들인 거예요. 매우 특수한 입장들에 다 처해 있는 거죠.

그니까 아무리 가족협의회라고 하는 공식적인 단체에 대표적인 역할을 맡고 있다고 하더라도 이걸 내 마음대로 끌고 갈 수 있는 건 아니에요. 그리고 가족들에게 무엇을 가르치고 훈계하듯이 얘기할 수 있는 것도 아니에요, 그래서도 안 되고…, 그러다 보니까 가족들한테 얘기할 때도 조심스러울 수밖에 없고. 설령 '이런 방향으로 가면 안 되는데…' 하는 게 있더라도 다수의 가족들이 그렇게 원하면 그렇게 가야 되는 거예요…. 또 근데 그 책임은 또 대표를 맡고 있는 사람들이, 저뿐만이 아니라 대표를 맡고 있는 사람들이 공동으로 져야 되는 문제이고. 이제 그런 상황에서 예은이 아빠로서의 갖고 있는 생각이나 마음도 표현을 해야 되는 동시에 또 가족협의회의 입장도 생각을 해야 되고, 그니까 그런 것들을 어떻게 표현하느냐가 쉽지가… 않죠. 그래서… 말 표현 하나하나 하는 것들이 굉장히 조심스러워요.

음… 그래서, 보통은 많은 사람들이 그래요. "원래 무슨 일 하셨던 사람이냐"고, "무슨 일을 했었냐"고, 뭐 "이렇게 말을 잘하냐"고 그래

303
•
3회차

요. 그러면 그걸 제가 뭐 어떻게 설명을 하겠어요. 그래서 나중에는 "원래 잘해요" 그러고 넘어가요, 그냥(웃음). 그렇게 넘어가는데, 사실은 말을 잘한다기보다는, 사실은 그 말을 표현하기까지 저는 그 이야기를 몇 시간 동안 수백 번을 머릿속에서 했거든요, 사실. 이게 어렸을 때부터 갖고 있는 버릇이기도 하고 그래서, 그냥 생각을 하는 게 아니라 항상 생각을 할 때는 이렇게 문장을 만들어서 어디서 뭘 발표한다고 가정을 해놓고 항상 생각을 하면서 머릿속에서 말을 계속하거든요. 근데 그게 밤새 하는 거예요, 밤새. 밤새 그렇게 해가지고 머릿속에 이미 정리가 끝난 거고, 그래서 그걸 얘기하니까 이제 밖에서 볼때는 원고도 하나 안 들고 나왔는데 말을 잘한다고 이렇게 얘기를 하는 거지만, 그렇게 되기까지는 사실은 굉장히 고민을 많이 하는 거예요. 그게 제가 처한 입장과 위치가 있기 때문에 그럴 수밖에 없는 거고, 또 사실은 그런 훈련이 어렸을 때부터 되어 있고, 또 그렇게 버릇이 되어 있어요, 누가 가르친 건 아니고. 마침 그게 맞아떨어진 거기도 하고, 그런 게 있고.

또 하나는 제가 좀 알려지다 보니까 덩달아서 예은이가 알려져요. 그렇죠, 예은이 아빠니까. 그니까 이제 사람들이 예은이를 많이 아는 편이죠. 물론 더 많이 알려진 아이들도 있지만 전체적으로 비교해 보면 상당히 많이 알려진 아이 중에 하나예요. 그게 이제 또 한편으로는 굉장히 부담스럽죠. 예은이 아빠 입장에선 많은 사람들이 예은이를 입에 올리고 예은이를 기억해 주는 게 너무 좋죠. 그럴 때마다 느끼는 건 꼭 예은이가 살아 있는 것처럼 느껴지는 경우들이 있어요…. 그 전에는 전혀 몰랐던, 저 사람들이 다 한결같이 예은이 이름을 알 뿐만 아니라 예은이의 꿈이 무엇이었는지, 예은이가 어떤 아이였는지 이런 것들을 하나하나 이야기할 때마다 나는 기쁘죠, 고맙고. 그런데 그게 가족들 사이에서는 질투의 대상이 될 수 있는 거예요. 예은이가 더 많이 알려진 게 싫은 게 아니고 자기 아이가 그만큼 덜 알려진 게 속상한 거지. 자연스러운 마음이잖아요. 근데 그게 내가 일부러 예은이를 막 알리려고 알린 게 아니라 내가 대외적인 노출 빈도가 많아지고 주목을 받다 보니까 덩달아서 예은이가 그렇게 된 거거든. 그래서⋯ 한동안은 제가 예은이 얘기를 공식적이든, 비공식적이든, 개인적이든 꺼내질 않았어요⋯. 그리고 오히려 다른 많은 아이들의 이야기를 더 많이 하도록, 하게, 많이 하려고 노력을 했고⋯. 또 그 엄, 엄마, 아빠의 활동이, 활동의 빈도수나 정도가 좀 약해서 좀 덜 알려질 수밖에 없는, 이런 아이들을 조금 이렇게 기억을 많이 해달라는 이야기도 많이 했고⋯.

그것도 또 하나의 어려움 중에 하나예요. 그니까 예은이한테는 또 미안하죠. 어떤 엄마, 아빠들은 자기 아이들의 이야기를 너무 편하게, 가는 곳마다 막 하는데, 저도 이제 간담회를 정말 많이 다닌 사람 중에 하나니까 가면은 꼭 물어보거든요, 예은이는 어떤 아이였냐고. 그러면 한동안은 "그건 얘기 안 하겠다"고 한 적도 있어요. "나는 예은이 얘기하러 온 게 아니라 가족협의회의 집행위원장으로서 가족들의 생각을 전하기 위해서 온 거기 때문에, 내 개인적인, 또 예은이에 대한 이야기를 하는 건 맞지 않다" 그래서 양해를 구하고 안 한 적도 굉장히 많고, 한동안, 오랫동안 그렇게 해왔어요. 그러다 보니까 이제 부작용이 생긴 거예요(웃음). 무슨 부작용이 생기냐면, 물론 이제 아주 초기부터도 그런 루머들이 돌긴 했지만…, 내가 유가족이 아닌 걸로 생각을 하는 거야…. 그니까 생각해 보면 '아, 유가족이 맞다' 그러는데 정작 그렇게 너무 공식적인 이야기, 공식적인 자리의 어떤 정제된 이야기, 주장, 정제된 주장, 이런 것들을 항상 앞서서 이야기하는 그런 입장이 되다 보니까… 실제로 오해를 어떻게 하냐면 "저 유경근 집행위원장은 유가족은 아니고 유가족들 돕는 정치하는 사람" 뭐 이런 거 있잖아요. 이렇게 받아들이고 오해하는 사람들이 또 있는 거예요(웃음).

그래서 실제로 그 2016년에 총선이 있었잖아요? 그 2016년 총선하기 전에 2015년, 2016년 초 이때는 무슨 얘기까지 돌았냐면 "이번 총선에 출마한다더라. 민주당에서 무슨 비례대표로 출마를 한다더라. 어디에 출마를 한다더라" 이런 얘기까지 막 도는 거야(웃음). 그니까 나는 이미 정치인이 되어버린 거야. 그리고 유가족이 아니라 정치인으로 보는 거지. 그러니까 이거는 더 환장하겠더라고(웃음). 그게 그냥 밖에서 모르는 사람들이 얘길 하면 모르겠는데 심지어 가족협의회 안에서 가족들도 그 얘기를 하는 거예요. 어떤 사람은 심각하게 와서 "뭐 출마 제안받았다며?", "아니, 이 사람이 미쳤나", (웃음) "아니, 나를, 언제부터 나하고 계속 이렇게 있었으면서 그걸 나한테……"(웃음). 처음에는 그냥 신경도 안 쓰고 그러려니 했는데 아, 갈수록 그런 얘기가 자꾸 나오니까, 그것도 가족협의회 내부에서, 가족들 내에서도 그런 얘기가 나오니까 '이걸 도대체 어떻게 해야 되지? 아니라고, 나는 분명히 아닌, 아니라고 얘기하는데 왜 사람들이 자꾸 이러지?' 이래서 나중에는 뭐라고 얘길 했냐면, (웃음) 내 나름대로의 방법인데, "내가 몇 년 동안 국회의원 그렇게 상대해 봤는데 국회의원 진짜 아무것도 없더라. 내가 겨우 그 국회의원 나부랭이 하려고 이러는 거 같아? 나 대통령 시켜주면 대통령 할 거야. 그 외에는 관심 없어. 그것도 투표 안 하고 그냥 대통령으로 추대해 주면 할 거야. 나는 나가서 선거운동 할 생각도 없어. 그거 아니면 난 아무것도 할 생각 없으니까…, 나 대통령 시켜줄래? 그럼 내가 할게" 이러고 아예 그냥 농반, 농담처럼 해가면서 막 지르고 그렇게 했는데, 어쨌든 총선 지났는데 아무것도 없잖아요. 지방선거 있는데 아무것도 없잖아(웃음). 지금은 뭐 그런 거 얘기하는 사람은 없지만 하여튼 이게 그런 식으로 그렇게 스탠스를 잡고 하다 보니까 그런 오해들도 이제 막 받고 하는 거죠. 그래서 그런 것들이[을] 굉장히 무시하려고 애를 썼지만 개인적으로는 상당히 좀 불쾌하고…, 좀… 화가 많이 났었어요, 화가 좀 많이 났었고. 적어도 가족들은 그런 거에 대해서… 이렇게 이렇게 의심하거나 뭐 그러지 않았으면 이렇게 했는데 마치 그게 진짜인 것처럼 얘기하는 사람들이, 많진 않지만 있다 보니까 상당히 화도 많이 났고…(한숨).

가족들 내부 얘기하다 보니까, 사실은 나뿐만이 아니라 전명선 운영위원장하고 두 사람에게 좀 많이 집중이 됐었는데, 어쨌든 두 사람이 위원장 타이틀을 달고 있고 그다음에 팽목항에서부터 이런 앞에 나서서 하는 활동들을 계속해 왔고, 그것도 중요한 역할들을 계속 맡아왔고, 또 1기 집행부가 그 예기치 않은 사건 때문에 모두 물러나야 [하는] 상황에서도 두 사람은 계속 2기까지 넘어와서 계속 활동을 하고 있고 이러다 보니까 시샘도 많이 받았어요, 시샘도 많이 받고 굉장히…. 어떤 악의적인 경우에는, 좀 악의적으로 '저 두 사람이 가족협의회를 넘어서 이후에 추모 사업과 재단까지 다 먹으려고 한다. 그것까지 자기네들 마음대로 다 하려고 한다' 이런 그 악의적인 루머, 마타도어까지 상당히 내부에서 많이 돌았고… 그랬죠.

그 결과, 이제 전명선 전 운영위원장하고 나하고 서로 합의 본 건 뭐냐면, 어차피 우리는 서로를 잘 아니까, 내가 찬호 아빠를 잘 알고 찬호 아빠가 나를 잘 아니까…, 두, 두 사람의 목적은 똑같아요. '재단이 있건 뭐가 있건 다 관계없이 가족협의회가 아주 튼튼하게, 유가족들이 끝까지 똘똘 뭉쳐서 있을 수 있는 그런 가족협의회를 만드는 게 가장 중요하고 유일한, 우리 임원으로서 우리가 해야 될 유일한 일이다' 이거는 아주 처음부터 우리가 같이 생각을 하고 있었던 거니까. 근데 만일 이런 오해가 가족 내부에서 자꾸, 누군가가 악의적으로 얘기하는 걸 알지만, 그게 누군지도 알지만, 그렇다고 그것을 기다[그것이다], 아니다 또 그거 갖고 싸우기도 그렇고…. 그래서 "그러면 우리가 어느 시점이 되면 빨리 임원 교체를 하자. 그리고 재단에는 어떠한 경우에도 우리가 일절 관여하지 말자. 그걸로 보여주자" 이렇게 얘기를 했죠.

그래서 실제로 재단을 만드는 과정에 찬호 아빠하고 저는 일절 개입을 안 했어요. 실제로 요청들은 있었어요, "좀 도움을 줘야 되는 거 아니냐?" [하고]. 찬호 아빠가 갖고 있는 장점이 있고, 또 제가 가지고 있는 장점들이 있고, 그것들이 어떤 조직을 운영하는 데 상당히 역할들을 많이 했으니까 재단을 만드는 과정에서도 역할을 해야 되는 거 아니냐고 했는데, 그건 우리가 다 거부했죠. "그건 아니다. 또 무슨…. 나머지 가족들 많이 있는데, 또 옆에 돕는 사람들 많이 있는데 그 사람들만 해도 충분하고, 우리가 아무리 좋은 뜻으로 거기에 관여를 해도 그것이 어떤 사람들에겐 매우 불쾌하게 다가갈 수 있으니 우리는 개입 안 하겠다"[라고] 일절 관여를 안 했죠. 다만 찬호 아빠는 가족협의회를 대표하는 법적인, 법적으로 대표하는 운영위원장이기 때문에 본인의 의지와는 관계없이 당연직으로 재단에 가족이사로 들어갈 수밖에 없었고…. 그래서 저는 재단에 가족 출연금도 안 냈어요…. 다른 사람들 다 낼 때까지 안 냈어요, 그것도 먼저 내면 또 뭐라고 그럴까 봐.

그리고 저는 출연금 자체도 500만 원씩 냈는데 적다고 생각했고. 정말 이 재단이 우리 피해자들이 제대로 시민들과 함께 만들어가는 재단이 되려고 하면 나는 개인적으로 더 출연해야 된다는, 개인적인 생각은 갖고 있었지만 그렇다고 그거 뭐 한 번도 얘기한 적 없고, 그렇게 결정 다들 했는데. 또 '그 금액도 먼저 내는 것도 오해 살 수 있다' 그래서 안 냈어요. 그리고 이제 다 걷고 몇 번 얘기 들었죠, 왜 안 내냐고 집행위원장이. 그래서 "아, 나 돈 없어. 지금 돈 못 내" 이래 가면서 계속 미루다가 막판에, 끝나가는 무렵에 그때 가서 이제 냈죠, 제일 거의 끝에 냈을 거예요…. 그렇게, 그렇게 했어요. 이제 그런 것들이 좀 내부적으로, 나뿐만이 아니고 찬호 아빠도 마찬가지 입장이었고, 좀 힘든 측면이 있었죠.

그리고 또 하나가 "임원을 빨리 좀 교체를 하자, 우리 위원장을 빨리 교체를 하자"라고 해서 사실은 2016년에…, 지금 19년이죠? 19년, 17, 2017년, 17년, 18년…. 2017년 1월 달에 하는 총회에서 둘 다 그만두기로 했었어요, 사실. 그리고 "지금 이 시점에 새로운 가족들이 맡아서 또 이끌어가야, 처음에는 조금 힘들 수 있어도 그래도 이게 빨리 그런 식으로 자리를 잡아야 가족협의회가 오래가고 튼튼하게 간다" 그래서 2017년 총회 할 때 둘 다 임원들한테, 가족들한테 "우린 안 나간다. 그니까 새로 사람들을 추천을 하든 입후보를 받든 해서 새로 뽑아라. 우리는 다른 역할로서 돕겠다" 굉장히 강력하게 얘기를 했었 죠. 근데 돌이켜 보면 그때 바꿨어야 했어요. 그때 바꿨어야 했는데, 그때… 모두가 한결같이 만류를 한 거죠. "지금 그럴 때가 아니다, 지 금 할 게 얼마나 많고…" 그때 시점에서는 추모공원 문제도 사실은 막 추진하고 있었지 결정된 게 아무것도 없었고, 그다음에 특조위도 지 금 새로 해야 되는데 그것도 지금 되는, 아무것도 된 거 없고… 아무 것도 된 게 없는 거예요, 배는 아직 인양도 안 됐고.

그러니까 이제 "한 번 더 해야 된다" 이게 이제 너무 심하게 만류 가 들어오고 막 권유가 들어오고 그래서 계속 버티다가 결국엔 찬호 아빠하고 나하고 한 번 더 이어서 하는 걸로 총회를 해서, 이제 더 했 죠. 그래서 2년을 더 하고 이번에, 이번에도 사실은 똑같았어요…. 심 지어는 (웃음) 그때 2017년 총회 할 때 정관까지 바꿨어요, 총회 하면 서. 2017년 총회도 그렇고 이번 총회도 그렇고, 현직 운영위원장과 집 행위원장이었지만 총회를 준비하는 과정도 둘은 일부러 빠졌거든요. 총회를 준비하는 과정에 거기에 한 역할을 담당을 하면 '또 쟤네들 둘 이서 마음대로 임원 구성해 가지고 끌고 가려고 한다'라고 하는 이야 기를 솔직히 듣기 싫어서. 그리고 찬호 아빠나 내가 총회 준비하는 과 정에 빠진다고 그래서 총회가 준비 안 되는 것도 아니고 그래서, 그때 도 그랬고 이번에도 그랬고 둘 다 일절 총회, 정관 개정, 선거 관리하 는 거, 이런 거 일절 개입 안 하고 "이렇게 조직을 개편을 해야 될 거 같은데 좀 의견을 달라"고 그래도 "아, 그냥 알아서 하시라"고 다 미루

예은 아빠 유경근

고 그랬는데, 2017년 총회 할 때 정관을 바꿨더라고(웃음). 그러면서 찬호 아빠랑 내가 2017년부터 2년 동안 하고 나서도 그다음에 또 할 수 있는 근거를 또 만들어놓은 거야, 원래 이전 정관은 그럴 수가 없는 건데…(웃음).

그니까 나도 그 과정을 개입을 안 했으니까 몰랐죠. 끝나고 나니까 안 거야. "야, 이딴 식으로 정관을 개정하는 경우가 어딨냐?" (웃음) 막 그러고 뭐라고 그랬는데…, 근데 이번에는… 나는 "임기가 다 되어서 나는 하고 싶어도 못 하니까 빨리 다른 사람으로 준비를 하라"고 그랬는데 다시 그 정관 들고 와서 "규정, 여기 근거 있다고, 해도 된다"고(웃음). 근데 "그건 아니다" 그래서 이번에는 끝까지 좀 고수했고, 찬호 아빠랑 같이. 그래서 이제 이번에 새롭게 임원이 교체가 되게 됐죠. 그게 이제 그동안 임원 활동을 하면서 겪었던 것들, 이런 것들의 결과일 수도 있어요. 물론 개인적인 사정도 있어요. 근데 가족협의회 활동으로 놓고 보면 그런 어려움들이 좀 있고….

11
나의 활동을 지탱하는 원칙들

예은 아빠　　　결국 그렇게 앞서서, 앞에 나서서 뭘 대변하는 듯한, 대표하는 듯한 그런 발언들을 하고 활동들을 하면서 항상 염두에 뒀던 건…, 내가 갖고 있던 몇 가지 원칙이 있어요. 그래서 첫 번째는…, 이것도 사실은 계속 고민하면서 풀어야 될 과제인데, 이게 원칙은 원칙이지만 뚜렷하게 어떤 기준이 있는 원칙은 아니고, 그때그때마다 내가 고민을 해야 될 원칙인 거예요. '지금 내가 하고 있는 게 예은이를 위한 건가, 나를 위한 건가…, 이걸 끊임없이 판단을 하고 고민을 하자' 이게 첫 번째 갖고 있는 원칙이에요(잠시 침묵). 엄밀히 따져보면 우리가 하는 일 가운데 우리 아이들을 위해서 하는 일이라고는 하지만, 사실은 따져보면 나를 위해서 하는 일인 경우들이 생각보다 많아요…(잠시 침묵).

'이게 예은이를 위한 건가, 나를 위한 건가…', 예를 들면…, 분명히 고쳐야 할 문제이고 또 책임을 물어야 할 문제인 건 맞는데, 예를 들면 저는 이런 거예요. '유가족을 사찰했다. 기무사든 뭐 해수부든 뭐 국정원이든 경찰이든 사찰을 했다' 솔직히 나한테는 그게 별로 크지가 않아요. 기분은 굉장히 나쁜데 별로 크지가 않아. 그리고 그거는 세월호 참사 진상 규명 과제 가운데 [우선순위에서] 저 끝에 있는 거라고 지금은 생각하고 있어요. 근데 한때는 '저거 당장 고발해 가지고 수사해서 다 벌받게 만들어야지, 저 죽일 놈들' 방방 뛴 적도 있었거든. 근데 어느 날 가만히 생각해 보니까 '세월호 참사 진상 규명이라고 하는 거는…, 예은이 아빠인 내가 검찰이나 경찰한테 사찰당하고 통화 기록 막 조회당하고 내가 통화한 내용 막 도청당하고 미행당하고, 그 문제를 밝히는 게 세월호 참사 진상 규명은 아닌데…'라는 생각이 딱 들더라구요….

'그럼, 가만히 있어봐. 그건 내가 당한 거고 내가 억울하니까 내가 지금 방방 뛰고 있는 거 같은데…' 이런 생각이 드는 거죠. 그래서 이제… 과연 내가 지금 하려고 하는 게 예은이를 위한 거냐 나를 위한 거냐, 예은이의 억울함을 풀기 위한 거냐 내 억울함을 풀기 위한 거냐. 이게 사실은 명확하게 경계가 나눠, 완벽하게 딱 나눠지지는 않아요, 모든 일들이. 그렇지만 조금만 생각을 해보면 어느 정도 답은 나오거든요. 그래서 첫 번째, 제가 항상 고민하는 첫 번째 원칙, 기준은 '이게 지금 예은이를 위한 일이냐, 나를 위한 일이냐…. 내가 아무리 억울해도 예은이보다 억울할까. 예은이의 억울함을 먼저 앞세우고 그것을 먼저 해결하는 게 [우선이다]. 나는 억울해도 그건 내가 죗값 치르는 거니까, 내 새끼 내가 구하지 못한 죗값 내가 치르는 거니까 내가 감수해야지. 예은이 억울한 거 먼저 풀자'라는 생각, 그런 생각에서 갖게 된 거고.

또 하나는 이 수많은 가족들이 있잖아요(잠시 침묵). 밖에서 볼 때는 수많은 가족들이 똘똘 뭉쳐서 진상 규명에[을 위해] 싸우는 것처럼 보이고 실제로 그렇게 싸워왔어요. 근데 내부에 들어가서 개인적으로, 개별적으로 쭉 보다 보면 또 차이가 있어요. 또 진상 규명에 대한 의지는 상당히 높고, 아직까지 높다고는 생각을 하고 있지만 근데 개별적으로 들어가다 보면…, 사람이잖아요. 세월호 유가족 엄마, 아빠들이 옛날부터 뭔가 도덕적으로 윤리적으로 대단히 훌륭한 성인군자에다가 이런 사람들 아니잖아요. 그냥 이 안산이라는 그 공단 도시에서 맞벌이 부부 생활하던 그런 평범한 사람들이고, 평범한 사람들일수록 이기적일 수밖에 없잖아요. 내 가족을 위해서만 실제로 살아왔고 많은 가족들이 그렇게 고백하잖아요. "그동안 난 내 새끼만 잘 먹고 잘 살게 하기 위해서, 잘 가르치기 위해서 아등바등하다가 이런 일 벌어지고 나니까 그게 아니었다" 이런 고백들을 많이 하잖아요. 그런 엄마, 아빠들이거든. 그니까 하다 보면 별의별 문제들이 다 생겨요,

밖에다가는 얘기는 안 하지만. 〈비공개〉

가족들한테도, 엄마들한테도 그런 얘기 많이 하고 나도 이제 두 번째 원칙으로 삼고 있는 건 뭐냐면…, 찬호를 예를 들면…, '찬호가 왜 죽었는지를 밝혀내야 예은이가 왜 죽었는지를 밝혀낼 수 있다…, 이거를 기억하자'[예요]. 우리 예은이, 우리 예은이 억울하지. 우리 예은이가 왜 죽었는지 밝혀내야지. [그런데] 이걸 아무리 백날 나 혼자 예은이만 생각하면서 해봐야, 어차피 일은 나 혼자 할 수 있는 건 아니고 모든 가족들이 많으면 많을수록 똘똘 뭉쳐야 될 수 있는 일이니까. 그러면 "아무리 인간적으로, 개인적으로 저 부모가 마음에 안 들거나 좀 짜증 나거나 이런다고 하더라도 '저 아이의 억울함을 풀어줘야 내 아이의 억울함도 풀린다'라는 생각을 우리 합시다"[라는 거죠]. 근데 그러면 어떤 엄마들은 이렇게 얘기를 해요. 좀 짜증 나는 게 뭐냐면 이런 거라는 거예요. 어떤 가족은 정말 열심히 나와서 활동해, 자기 일 다 내팽겨치고. 근데 어떤 분은 보면 활동 전혀 안 하고 직장 다닐 거 다 다니고, 어떤, 어느 날 보면 놀러 가 있어. 해외여행도 가 있고, 어디 뭐 맛있는 거 먹으러 갔다고 그러고 막 그래. 근데 그 시간에 어떤 가족들은 나가서 싸우고 있고…, 동네 들어가 가지고 별 말도 안 되는 소리 다 들어가면서 웃어가면서 그 사람 대접하고 앉았고. 그니까 집에 와서 생각해 보면 이게 좀 짜증 나고 억울한 거지. '아니, 왜 똑같은 유가족이고 똑같이 자식 잃었는데 왜 나만 고생해?' 이런 마음이 들잖아요, 또 그럼 막 꼴 뵈기 싫어지고.

그럴 때 제가 몇 번 얘기한 거예요, 가족들한테. "그렇게 생각하지 맙시다. 그것만 보고 그렇게 생각하지 맙시다. 우리가 항상 하는 거는, 우리 아이들 때문에 한다고 그러잖아요. 그러면 지금 저 하늘 위에 있을 아이들, 아이들이 지금 어떻게 하고 있느냐를 한번 상상을 해봐요. '나는 열심히 죽어라 뛰어다니는데 쟤는, 저 엄마, 아빠는 놀고 있어' 그러면 하늘에서 우리 아이들은 그걸 어떻게 보고 있을까…. 그래, 하늘에서 보고 있는 우리 아이들이 '너네 엄마는 정말 열심히 고생하시는구나, 너네 엄마 멋지다' 이렇게 얘기할 거 같은데 내 생각엔…. '쟤네는 왜 열심히 안 하고 나만 열심히 해?'라고 생각하지 말고 내가 열심히 하니까 저 하늘에서 우리 아이가 다른 친구들에게 '너는 정말 멋진 엄마, 아빠를 뒀구나, 고맙다'라는 인사를 받을 거 아니냐. '너네 엄마, 아빠덕분에 내 억울함도 풀릴 수 있을 거 같애' 이렇게 얘기할 거 아니냐. 어떤 게 더 좋으냐? 우리 아이들만 보고 간다고 얘기했으면 진짜 우리 아이들만 보자…. 그리고 어차피 우리 아이들, 우리 일이라는 게 '내 문제만 해결해야지'라고 해결되는 것도 아니고 '내가 이 아이의 문제를 해결해 줘야 내 아이의 문제도 해결이 된다'는 생각을 가져야만 해결될 문제 아니냐. 그니까 그런 거 억울하다고, 손해 본다고 생각하지 말고, '오히려 내가 손해 보는 것처럼 이렇게 고생을 하는 게 오히려 저 하늘에서 우리 아이가 다른 친구들에게 부러움을 사는 일이다'라고 생각을 해라. 그러고 나는 그렇게 생각하니까 마음이 정말 편하고, 그 엄마, 아빠들이 미워지는 게 아니라 오히려 예은이가 더 좋아할 거 같아서 좋더라" 이렇게 몇 번 좀 얘기를 했었어요. 그니까 "그 생각은 못 했었네요, 그렇게 생각하니까 더 열심히 해야되겠네요" 이렇게 하는 엄마들도 상당히 좀 많고. 그래서 두 번째 내가 생각하는 원칙은 그거였어요. '이건 내가 예은이만을 위해서 하는 게 아니라 이렇게 해야 우리 모든 아이들의 억울함을 같이 푸는 일이고, 내가 예은이만 생각할 게 아니라 찬호를 생각하고 그다음에 준형이를 생각을 하고 그 아이들을 한 번씩 더 쳐다봐야만 그래야만 우리가 이 문제를 해결할 수 있다' 그게 이제 계속 갖고 있는 두 번째. 그 두 가지가 가장, 여태까지 좀⋯ 이렇게 활동을 지탱해 올 수 있었던⋯ 힘? 근거? 그렇게 되죠.

면담자   실제로 가족협의회 대변인으로 활동을 할 때 긴박하게 제기되는 이슈들도 많았고 그때그때 빠르게 대응을 해야 할 일도 많았을 텐데, 그러면서 겪은 어려움들에 대해서도 말씀해 주세요.

예은 아빠   가장 긴박했던 때는 특별법 만들 때가 제일 긴박했죠. 그때는 거의 매일 협상을 해야 되는 거고, 협상에 대해서 판단을 해야 되는 거니까. 물론 그 판단을 제가 당연히 혼자 한 거 아니죠. 어떻게 그걸 내가 혼자 다 판단을 해요? 거기에 같이 협조, 같이 협상을 들어갔던 우리 임원 가족들, 그다음에 그것들 도와주던 변호사들이라든가 이렇게 도와주시는 분들하고 항상 같이 의논을 하는 거죠. 근데 그럴 때 아무리 같이 의논을 하고 논의를 하, 판단을 같이하더라도 제일 중요했던 건 뭐냐면 "우리 가족들이 지켜야 할 중심⋯ 가장 핵심적인 원칙이 뭐냐?" 사실은 이거였어요. 근데 이거를 우리 가족들이 어렵지만 잘 중심을 지켜온 거 같아요. 난 그게 좀 대단하다고 생각해요. 그니까 "구체적으로 무슨 행동을 어떻게 할 거냐?"는 굉장히 논란도 많고 이견도 좀 있었고 또 그것을 하나로 모아가는 과정이 쉽지는 않았지만, 그러나 가장 큰 원칙, 중요한 건 뭐냐, 이것을 끝까지 놓치지 않았던 것.

그것이 뭐냐? 진상 규명이 최우선이다···. 세월호 참사의 책임을 밝히는 것이 무조건 최우선이다···. 그것을 위해서 무엇이 최선이냐? 여기에 대해서는 거의 이견이 없었어요. 그래서 가족들이 결국 그 중심을 정확하게 지키고 있었기 때문에 주변에서 조언을 하거나 도와주는 분들도 그 원칙에 따라서 의견을 제시하고 또 방안들을 같이 논의를 할 수 있었다고···. 그니까 그 긴박하게 대변인이, 이렇게 뭐 구두로 발표하든 서면으로 발표하든, 그 특별법 만들 때는 거의 매일 그런 게 만들어지다시피 했잖아요. 그리고 실제로 그런 작성을 대부분 또 제가 다 했어요, 하기는. 근데 그게 혼자 생각한 게 아니라 그런 분명한 원칙이 있으니까, 그걸 전개해 나가기가, 나가는 방향이 분명하죠. 그리고 그것을 어떻게 실행을 할 것인지에 대해서는 주변에서 같이 돕고 조언을 주고 의논을 같이해 왔었고 그렇게··· 했기 때문에, 당연히 혼자 한 건 아니고···. 가장 중요했던 건 그런 급박한 순간에도 그런 원칙을 무너뜨리지 않기 위해서 중심을 잡았던, 그런 가족들이 그런 뜻을 모아줬기 때문에 자신 있게 얘기할 수 있었던 거죠.

12
근본적 의문들, 그리고 프랑스 '펜박'에서 얻은 교훈

면담자   아버님이 '세상끝의 사랑: 유족이 묻고 유족이 답하다' 라는 팟캐스트를 시작하시면서 사회적 죽음과 관련한 다른 사건의 유가족들을 만나고 하셨는데요. 그렇게 해야겠다고 생각하신 계기라든가 실제로 인상 깊었던 만남, 장면들이 혹시 있으시다면요?

예은 아빠　　아…, 일단 거의 한 5년 가까이… 어떤 대외적인 활동… 또 가족들의 입장을 대변하는 활동, 이런 것들을 위주로 많이 하다 보니까 스스로 깨우친 거죠. 뭘 깨우쳤냐면, 항상 모든, 우리가 우리와 관련된 모든 일을 할 때 항상 어려워요, 힘들고. 사실은 우리 뜻대로 된 것도 거의 없어요. 특히 진상 규명과 관련해서는 더더군다나 그렇고(잠시 침묵). 근데 '그게 왜 그럴까?'가 자꾸 난 궁금했던 거예요, '왜 그럴까?' 왜냐면 세월호 참사 일어난 직후에도 그렇고 굉장히 오랜 시간 동안 모든 사람들이 세월호 참사는 다 해결해야 된다고, 다 똑같이 동의했었거든요. 정치권도 예외가 없었고, 심지어는 박근혜도 초기에는 그랬고. 그니까 한마디로 이 세월호 참사 앞에서 여도 없고 야도 없고, 좌도 없고 우도 없고, 보수도 없고 진보도 없고 모든 국민이 "우리 모든 어른들의 책임이다…" 그랬는데 아무것도 [진상 규명이] 안 됐잖아요….

　　'그러면 다른 참사들 같은 경우에는 어땠을까?' 다른 연대활동을 하면서 다른 참사나 유가족들이나 또 이전에 일어났던 일들, 경험했던 사람들을 많이 만났잖아요. 만나면서 보니까 우리보다 더하면 더했지 참고할 만한 사례가 없는 거예요, 우리가. 나는 처음에 그런 분들을 만나고 다른 사례를 보면서 '우리가 배울 게 뭐가 있을까? 우리가 놓친 게 뭐가 있을까? 그 전에는 어떻게 이 일이 진행이 됐을까? 진상 규명이 된 사례는 있을까? 있다면 어떻게 했을까?' 이걸 보고 싶었던 건데 아무리 만나서 얘기해 보고 자료를 찾아보고 해봐도… 우리보다 더하면 더했지, 우리가 참고할 만한 자료가 없는 거예요, 더 놀란 거죠. '왜 그랬을까? 왜?' (잠시 침묵) 그래서 범위를 좁혔어요.

'세월호 참사는 어쨌건 바다에서 배가 침몰을 하면서부터 생긴 사건이니까, 그럼 이 비슷한 유형의 사건들을 한번 보자' 그래서 쭉 봤죠. 그런데 생각보다 너무 많은 거예요, 비슷한, 비슷한 결과를 가져온 사건들이.

근데 공교롭게 300명 이상의 사람들이 희생이 된 해양 사고가, 공교롭게 20년마다 한 번씩 계속 일어나네? 1940년대부터 해서, 그니까 40년대부터라고 하는 건 기록에 남아 있는 거죠. 일제시대 때부터 기록에 남아 있는 것만 봤을 때, 거의 짧으면 18년, 길면 한 21, 2년. 평균 잡아서 20년마다 300명 이상이 희생당하는 대형 해상 사고가 반복적으로 일어나고 그 중간중간에 뭐 100명 단위, 몇십 명 단위의 사고는 부지기수로 일어나고… 그러는 거예요. 그러니까 또 궁금해진 거야. '어떻게 이런 일이 계속 반복이 되고 있을까?' 그래서 궁금해진 게, 각 그 사건들은 그러면 어떻게 전개가 됐고 이유가 뭐고 이후에 어떻게 수습이 되고 해결이 됐나를 또 찾아봤지. 이것도 참 재밌는 게 거의 모든 대형 해상 사고의 원인이 한 가지인 거예요. 원인 분석이 '왜 이런 사고가 일어났냐?' 조사해 가지고 이게 원인이라고 딱 결론을 내린 게 다 똑같아요. 과적……. 사람을 많이 실었든 아니면 짐을 많이 실었든, 과적. 아이참, 이해가 안 가는 거지. 매번 이유가 다른 사고가 일어났다면 모를까… 똑같은 원인이라고 하는 사고가 20년마다 300명 이상씩 죽는 일이 계속 일어나고, 중간중간에 똑같은 이유로 일어나는 사고로 수십 명에서 100명, 200명 죽은 사고가 훨씬 더 많이 일어나고 사람들이 얘기하기를 "세월호 참사와 같은 일이 다시는 반복되지 않도록 해야 한다"라고 이렇게 얘기를 하고 있는데, 그러면 앞으로 20년 뒤에는 어떻게 될까? 과연 이런 일이, 그때는 300명 이상이 죽는 대형 해상 사고가 안 일어날까? 확신을 할 수가 없는 거지.

왜? 이 사건, 그 20년마다 일어나는 사건을 보면 내가 다 아는 사건들이에요, 다 얘기 들어봤던 거야…. 이것들 그때 어마어마한 사건들이었는데, 세월호 못지않게, 그런데 지금 세월호가 또 일어났단 말이야, 물론 사고의 원인을 나는 과적으로 보진 않고 있지만. 그래서 이제, 이게 이제 그 의문의 출발이었던 거예요, 그 의문의 출발. '왜 이럴까? 이때도 분명히 경찰이 수사를 했고, 누군가를 처벌을 했고, 여기에 대해서 정부에서 안전 대책을 수립을 했고, 처벌을 분명히 강화했는데… 그런데도 이러나?' (잠시 침묵) 그 고민을 하다가 내가 내린 결론이 뭐냐면 (침묵) '이런 사건을 원인을 조사하고 대책을, 원인을 조사, 조사, 수사하고 처벌하고 대책을 수립하는 과정에 피해자들이 배제되었구나…. 그러다 보니 소위 전문가라는 사람들이 들어가서 조사하고 대책을 수립을 했을 텐데, 이 사람들이 조사하고 수립한 건 실제 사고의 원인과 관계없었고 실제 그 사고의 대책이 아니었구나. 정말 그 해당 사건의 진짜 원인을 규명하고 대책을 수립을 하려면 피해자가 직접 참여하는 수밖에 없구나…' (잠시 침묵) 그 생각이 들더라구요.

그래서 우리 거를 다시 봤어요. 특별법을 우리는 만든다고 막 싸우고 단식도 하고 법안도 제출을 하고, 별짓을 다 해봤는데 결국엔 결과물로 가져온 특별법은 우리가 제안한 것과 완전히 동떨어져 있고 이걸 만들고 심의하고 조정하는 과정에 우리가 직접 참여도 못 하게 했고…. 이후에도 다 마찬가지예요. '우리가 싸운다고 싸웠지만 우리

320

예은 아빠 유경근

가 직접 여기에 참여는 못 했구나. 그럼 결과는 똑같겠다, 결과는 똑같겠다…' 그 아까, 그 특조위 위원 구성, 선조위 위원 구성하면서 제가 그런 얘기했잖아요. '지금과 같은 방식으로 특별조사위원회를 만드는 건 앞으로는 해서는 안 되겠다. 각 정당이 나눠 먹기식으로 위원 추천하고 이런 방식으로 특별조사위원회가 조사를 제대로 할 수 있는 가능성은 없다' 이게 지금 같은 이야기거든요.

그래서 이제 그때부터… 고민을 하고 있던 차에 2016년 5월 달에 유럽을 가게 됐어요. 그때 가게 된 건 사실은 2015년 여름부터 저한테 연락이 계속 왔었어요, 교민들이. 1년 전부터 계속 연락이 와서 "우리 동포들이 세월호 유가족들을 직접 모시고 이야기도 듣고 하고 싶은데, 해외에 있다 보니까 국내에 있는 사람들은 그런 간담회 많이 하는데 너무 부럽고 그렇다고 우리가 가, 다 단체로 갈 수도 없고 그러니 한번, 대변인님이 한번 오시면 정말 좋겠다" 이걸 1년 전부터 계속 연락을 받았었는데 갈 수가 없잖아요, 어떻게 이런 상황에서 비울 수도 없고. 그래서 계속 미루고 미루다가 2016년 들어와서… 이제 그… 2016년이니까 5주기, [아니] 2주기, 2주기잖아요. 그거 직전에 해외에서 막 2주기 사업 같은 거 준비하고 연락하고 이런 차, 중에, 다시 한번 아주 제가[저에게] 간곡하게 연락이 온 거예요, "꼭 좀 한번 이번에는 와주시면 좋겠다" 그래서, 1년 동안 거절하고 미뤘는데 (웃음) 도저히 안 되겠다 싶어 가지고 "알겠습니다" 가겠다고 그래 가지고 이제 가족협의회하고 의논을 해서 갔어요.

그래서 이제 프랑스도 가고 독일, 벨기에, 그다음에 이태리, 영국… 이렇게 갔었죠. 그래서 갔었는데 그때는 정말 교민 간담회 하러

간 거예요, 교민 간담회를 하러…. 그런데 가보니까 파리에 있는 교민들이 특별한 순서를 하나 준비를 해놨더라구요. 그게 뭔가 그랬더니, "소개해 줄 단체가 있는데, 이런 이런 성격의 단체인데 여기를 가서 세월호 유가족들이 같이 대화를 하고 소통을 하면 참 좋을 것 같다" 그러는 거예요. 그때 이제 우리가 요구했던 게 뭐냐면 "교민들을 만나서, 간담회가 주 프로그램이긴 하지만 그쪽에선 과연 그 재난이나 참사 같은 경우에도 사회적으로 문제를 어떻게 해결하는지 이런 거에 대한 사례도 내가 좀 보고 싶다, 혹시 그런 사례가 있겠느냐? 전혀 모르니까" 그렇게 얘기를 했고 "혹시 우리한테 도움이 될 만한, 어떤 국제적인 기구나 국제적인 단체나 이런 것들이 혹시 있으면 소개를 좀 시켜주면 좋겠다" 이렇게 부탁을 해놨었거든요.

그랬더니 파리에서 답이 오면서 "여기 펜박[FENVAC, 프랑스 재난 유가족 단체 협의회]이라고 하는 단체가 있는데 여기를 한번 만날 수 있으면 만나면 좋겠다" 그러더라구요. 그래서 나는 정체를 모르니까, 근데 어쨌든 동포들이 그렇게 하니까 "좋습니다" 시간 잡아달라고 했어요. 그러고 나서 이제 펜박이 뭔지를 봤죠. 굉장히 충격을 받았어요(잠시 침묵). 어마어마한 충격을 받았어요. 막연하게 우리 세월호 유가족들이 그리고 있던, 꿈꾸고 있던, 마치 전혀 현실에서는 이루어질 수 없는 이상적인… 우리의 미래가 존재하고 있는 거예요 거긴…, '진짜 이런 게 있어?' [싶더라고요].

그때 우리가 가장 중요하게 생각했던 게 그… 수사권이었잖아요. 그래서 "특조위가 직접 수사권을 갖고 강제수사를 해야만 한다"[라고 주장을 했었는데], 그런데 이걸 할 때마다 국회나 언론이나 모든, 국내

에은 아빠 유경근

에서는 어느 누구도, 어느 누구를 막론하고 우리한테 우호적인, 아무리 우호적이라도 어느 누구를 막론하고, 우리한테 뭐라고 그랬냐면… "특조위가, 특조위에게 수사권을 부여하는 건 있을 수 없는 일이다. 불가능하다…" 이것만 이야기를 한 거예요. 그러면서 "직접 못 가지니 특검을 통해서 간접적인 수사권을 가질 수 있는 방안까지는 어떻게 해보, 해보겠는데, 어차피 상설특검법[특별검사의임명등에관한법률]이 있으니까 그걸 준용해 가지고 이렇게 적용을 할 수는 있지만 [특조위가] 직접 수사권을 갖는 건 이건 말도 안 되는 일이다. 불가능한 일이다" 이렇게 해왔거든.

그런데 이 펜박이라고 하는 단체가 수사권을 가지고 있네? 내가 펜박을, 펜박의 구성원이 누구인가 봤더니 100프로 유가족이에요. 민간단체인데… 이 사람들이 수사권을 갖고 기소를 한다는 거예요. '와, 이거 대단하다' [싶었죠]. 근데 그게 프랑스잖아요. '역시 프랑스야. 우리나라가 프랑스 따라가려면 멀었어' 이렇게만 생각을 했어요. '그래도 어쨌든 참고할 만한 게 있겠다. 배울 만한 게 있겠다' 싶어서 갔죠. 가서 만나고, 가기 전에 그걸 보면서 놀랐던 것보다 훨씬 더 강한 충격을 받았어요. 만난 사람이 펜박의 사무총장을 맡고 있는, 실질적인 대표와 리더를 맡고 있는 사무총장이었는데…, 그 사람이 알고 보니까 말레이시아 쓰나미에서 아들을 잃은 유가족 아빠더라구요….

펜박에 대해서 쭉 설명을 해요. "우리 펜박이라는 단체는 '프랑스 재난 유가족 단체 협의회'라고 표현을 하는데 만일 프랑스인이 단 한 명이라도 포함된 사건이 일어나면 우리는 가장 먼저 전 세계 어디든 출동을 하고 그곳에 가서 그 피해자 또는 유가족, 이 사람들이 제대로 지원을 받게 우리가 조언을 하고 도와주고, 그리고 그 사람들이 그 피해자 단체를 만들 수 있도록 우리가 준비해 주는 역할들을 우리가 한다. 그게 전 세계 어디라든 관계없다. 프랑스인이 단 한 명이라도 희생당했다면 우리는 어디든 간다. 그리고 프랑스 정부 어떠한 기관보다도 우리가 먼저 간다. 그리고 이 일을 프랑스 정부와 함께하고 있다. 파트너로서 정부의 예산을 받아가면서 우리는 이 일을 하고 있고 그리고 만일 그 사건의 진상 조사가 필요할 경우엔 법무부에 수사권을 요청을 하면 법무부에서 우리에게 수사에 참여할 수 있는 권한을 준다. 그래서 펜박은 프랑스 법무부에 그러한 권한을 가진 단체로 등록이 되어 있다" 이렇게 설명을 쭉 하는 거예요.

근데 이거 우리가 생각했던 거잖아…. 국회에서 추천한 전문가가 들어간 특조위가 아니고… 피해자 단체가 직접 수사에 참여… 하고, 그 수사에 참여하고 제대로 된 지원을 받을 수 있는 단체를 아예 처음부터 만들도록 도와주고, 그걸 프랑스 정부가 나서서 하는 거예요. 그러면 "프랑스 정부는 왜 그런 짓을 하냐, 한국은 상상도 못 하는데" (웃음) 그랬더니 프랑스 정부에서 뭐라고 그랬냐면… "당신들은 먼저 가족을 잃고 그런 일을 겪어봤으니 지금 그 일을 겪은 저 가족들한테, 저 가족들의 마음이나 상태를 당신들이 누구보다 잘 알 거 아니냐? 그럼 아무리 뛰어난 공무원이 간들 당신들 못 따라간다. 당신들이 가서 케어해라"라는 게 프랑스 입장이라는 거야, 프랑스 정부의. 꿈과 같은 얘기죠. 우리는 갈라놓기 바쁘고, 세월호 유가족이 어느 다른 참사 현장에 가면 "너네가 뭔데 거기 가?" 이렇게 하기 바쁜데.

그래서 내가 그 얘길 다 설명을 듣고 나서 그랬어요. "너무나 부럽습니다, 너무나 부럽습니다. 우리 현실은 그렇지 않아서 너무나 부럽습니다" 감탄을 했더니, 막 그 설명을 하던, 그 쓰나미로 아들을 잃은 유가족 사무총장 아빠가 정색을 하면서 나를 이렇게 보더라구요. 그러더니 "부럽습니까? 우리[도] 불과 10여 년 전에 예은이 아빠 당신들하고 똑같았어요, 우리도. 똑같은 대접받았고 똑같은 비난받았고 똑같은 처지였습니다. 그런데 불과 10여 년 만에 이렇게 변했어요. 왜 그런 줄 아세요…? [1988년 파리] 리옹[역]에 지하철 사고로 아들을 잃은 아빠가, 한 사람이 [있었어요], 그 당시 정부에서 사고 나자마자 다 청소하고, 진상 조사 안 하고 다 청소하고 정리해 버리고 그리고 배상금 쭉 주면서 그걸로 싹 마무리되는, 한국하고 똑같았어요 우리도, 불과 10여 년 전에" [하더라고요].

근데 그렇게 [배상금을] 받고 집에 들어간 그 아빠가 가만히 생각을 해보니까 '이건 아닌 거 같은데?'라는 생각이 들었다는 거야. '이렇게 끝내서는 안 될 거 같은데?' 그래서 그때부터 그 한 아빠가 전국을 다니면서, 그 리옹 지하철 사고 유가족들을 하나하나 만나서 이야기하고 "이렇게 끝내는 건 아닌 거 같다" 설득하고, 또 다른 참사 사건들의 유가족들을 또 수소문해서 찾아다니면서 "이런 건 아니지 않냐? 이렇게 끝내는 건 아니지 않냐?" 그랬더니 그때 그 아버지가 발견을 한 게, 다들 보상받고 집에 가서 잘 사는 줄 알았던 그 유가족들이 다 폐인이 되어 있었다는 거죠, 후회하면서. 그걸 혼자만 안고, 끌어안고 있었던 거예요, 죽은 자식이나 가족들한테 미안해하면서. 죄인처럼 숨어서 폐인이 되어가고 있더라는 거지.

"우리 이렇게 하지 맙시다" 그래서 그 사람들을 하나하나 끌어서,

끌어 나오, 끌고 나오기 시작을 해서 그래서 그게 시작이 되어가지고 피해자 유가족 단체를 만들고, 그 단체 이름으로 정부를 향해서 싸우기 시작을 하고, 그런 권리를 요구하기 시작을 하고 그것이 반향을 얻어서 더 많은 피해자들이 모이기 시작을 하고, 이미 지나간 사건들이었지만. 그리고 새로 사건이 발생을 하면 정부하고 관계없이 먼저 가서 [희생자 가족들을] 케어하고 연대하고 도와주고 그랬더니, 그쪽[의] 새로 생긴 피해자들은 똑같이 가족을 잃었다는 사람들이 와서 얘기를 하니까 이걸 너무나 쉽게 받아들이고 같이 동화하고 같이 힘이 되고….

그러면서 그 사무총장이 나한테 "부러워하실 필요 없습니다. 지금 예은이가 저 하늘에서 매우 자랑스러워하고 있을 겁니다. 그 리옹 지하철에서 아들을 잃은 그 아빠 한 사람이 10여 년 전에 혼자 그렇게 전국을 다니면서 시작을 한 게 지금의 펜박이 되었듯이, 세월호 유가족 여러분들이 지금 싸우고 있는 이게 시작이 되어서 10년 뒤 한국이 우리처럼 될 겁니다. 그러니 부러워만 하지 마시고 자랑스럽게 생각하십시오" 라고 딱 정색을 하면서 얘기하는 거예요. 저 울었어요, 그거 듣고(침묵).

항상 그런 걸 물어봤거든. '내가 잘하고 있는 걸까? 우리가 정말 잘하고 있는 걸까? 이게 정답인 걸까?' (울먹거림) 왜냐면 결과가 안 나오니까. '혹시 잘못하고 있는 건 아닐까? 그때 타협 봤어야 하는 건 아닐까?' 결과가 안 나오니까 항상 그랬는데 그 얘길 딱 듣고 나니까… '잘하고 있었구나 우리가. 아, 잘하고 있었구나'. 그래서 어쩔 수 없이 갔던 그 유럽에서 그걸 만나고 제가, 제 생각의 지평이 확 넓어졌어요. '결국 일차적인 과제는, 우리 세월호 참사의 진상 규명을 하는 게 일차적인 과제지만 세월호 참사 진상 규명 이후에 우리 유가족들이 이 사회에서 무슨 역할을 해야 될까…. 바로 이거다. 이것이 우리 아이들이 남기고, 남긴 숙제를, 우리가 살아 있는 동안 이 사회에서 실현할 수 있는 거다'라는 답을 얻고 돌아온 거예요.

그래서 그때부터, 그때부터, 특히 국내에 사회적 참사로 인해서 가족들을 잃은 유가족들을 찾아보기 시작을 했고, 어떤 상태에 있는지를 보기 시작했고…. 그런데 그 프랑스의 사례처럼 똑같더라구요…, 다 똑같더라구요. 10년이 지났건 20년이 지났건…. 삼풍[백화점 붕괴 사건]이 1994년[1995년]인가 일어났어요. 그거 벌써 그게 25년, 6년 됐잖아요(잠시 침묵). 다 똑같더라구요. 다 숨어서 얘기도 못 하고, 그 얘기를 꺼내면 미안해서 어쩔 줄 몰라 하고… 그렇게 살고 있더라구요, 다들…. 그래서 이제 그때부터 그런 사람들을 한 명 한 명 연락하고 찾기, 찾고 이야기를 나누기 시작을 했고, 가능하면 또 새로운 사건이 일어나면 좀 가보려고 했고, 다는 못 했지만…. 이제 그러던 차에 '아, 이 숙제를 어떻게 풀어나갈까, 우리 사회에서. 너무나 답답한데…. 이게 뭐 피해자의 권리, 유가족의 권리, 이런 거는 언감생심 말도 못 꺼내고 아직까지도 배상받으면 그걸로 해결됐고 추모비 세우면 그걸로 해결됐다고 생각하는 이런 수준에 있는 사회에서 과연… 거기까지 가려면 도대체 무엇을 어떻게 해야 할까?'가 답이 안 나오는 거죠.

'우리 유가족끼리 모여서 얘기하면 잘 통하는데, 근데 우리끼리 모여서 얘기한다고 한들 이 사회가 안 받아주면 또 싸워야, 사람들을 상대로 또 싸워야 하는데 과연 그 싸움을 감당할 수 있을까? 또 그 싸움에… 이미 10년, 20년 전에 일을 겪었던 가족들이 과연 다시 쉽게 나올 수 있을까? 그걸 감당할 수 있을까?' 그래서 이제 그 얘기를 다니면서 하기 시작한 거예요, 갔다 왔던 이야기, 펜박 이야기. 글로도 쓰고 페북에도 올리고 간담회 가서도 얘기하고…, 특히 언론사에 가서 언론 기자들 친한 사람들 불러다가 이야기하고, "이런 거 한번 취재해 봐라…". 취재해 보라고 요청한 이유는, 알아야지 일단 사람들이, '이런 게 있다. 이렇게 가더라, 프랑스는. 이게 무슨 이유더라. 이게 또 어떤 효과를 가지고 오고 있더라' 그런 걸 알아야지, 모르니까 이런 이야기를 하면 다들 뜬구름 잡는 이야기라고 하는 거예요. 한 번도 본 적이 없으니까 그런 거, 경험해 본 적도 없고, 맨날 그런 거 얘기해 봐야 "선례가 없다" 이런 얘기만 하고 앉았지. 그래서 이제 그런 것들, 여론들을 좀 이렇게, 불러일으키기 위한 작업으로서 언론에다가 취재를 요청을 하기도 하고 했는데… 반응이 없어요, 반응이. "진짜 그런 게 있어요?" 하고 끝이야. 그 이유가 뭐냐면 이해를 못 하는 거죠, 사실은. 본인들도 당사자가 아니다 보니까, 그 기자들도, 그 언론사도 이해를 못 하는 거예요. "프랑스니까 그런 거지"라고 넘어가는 거예요.

그러던 중에, 아주 여러 군데 정말 제가 접촉을 하고 얘기를 해봤는데 다 안 됐는데, 그중에 한두 군데가 연락이 온 거죠, "조금 더 얘기를 들어보고 싶다"[라고]. 그중에 하나가 CBS인 거예요. 그래서 거기에 관련된 얘기를 조금 더 하고, 그랬더니 이제 CBS에서 자체적으로 그거에 대한 어떤 공부? 취재? 이런 것들 추가적으로 더 하면서 그걸 맡고 있던 피디가 제안을 했어요. "그러면 '유가족이 유가족에게 묻다'라는 타이틀로 집행위원장님이 진행을 하고 다른 참사의 유가족들이 나와서 서로 이야기를 하는 프로를 한번 만들어보면 어떨까?"

제안을 하더라구요. 그런데 엄두가 안 나더라구요, '이게 그 사람들이 부른다고 나올까? 부담스러워하는 게 아닐까?' 뭐 이런 생각도 많았고. 근데 하여튼 섭외를 해보겠대.

그래서 일단 한번 진행을 해보시라고 "나도 만일에 그게 된다고 그러면 좀 깊게 이야기를 하면서, 다른 사람들 앞에선 할 수 없는 이야기를 같은 유가족인 나한테는 또 할 수 있을지도 모르니, 한번 좀 진행을 해보고 사람들에게 한번 들려줘 보자"라고 해서 했는데 섭외가 의외로 잘되는 거예요, 섭외가. 100프로는 아니지만, 거의 섭외 요청을 한 사람들이 이제 "누가 진행을 한다. 무슨 취지다" 이런 것들을 설명을 하니까 거의 대부분 하겠다고 나오, 한다는 거지. 그 가운데 삼풍백화점 유가족도 있고… 여러 가지, 그… 근래 한 20년 내에 벌어졌던 주요 참사들의 피해자들이 다 하겠다고 한 거예요. 그래서 그게 팟캐스트가 만들어지기 시작을 했죠.

이제 그걸 하면서… 특히 삼풍백화점 유가족 같은 경우에는 동생을 잃은 오빠였는데, 그분이 20년 만에 처음 얘기를 꺼내는 분인 거예요. "근데 어떻게 나오게 됐냐?" 그랬더니 한, 한 5년 전까지만 해도 정말 잊고 살려고, 그냥 그렇게 살기만 했는데 한 5년 전부터 어느 날 문득 갑자기 '내가 왜 이래야 되지?'라고 하는 생각이, 혼자 그런 생각이 들더라는 거예요. '그건 아니지. 이건 삼풍은 해결된 게 아닌데…. 다 가려버리고 묻어버린 건데, 그냥…. 그리고 뭐가 바뀌었는데?' 심지어는 삼풍백화점 무너졌을 때 세월호 참사 이상으로 사람들이 충격을 받았는데도 불구하고 그 추모비는 지금 어디 있는지도 몰라요. 그 양재시민의숲인가 시민의공원인가 어디 한 귀퉁이에 하나 만들어놓고 그 기일만 되면 고 때 잠깐 모여서 뭐 행사 아주 간단하게 하고, 그리고 평상시엔 사람들은 그 어마어마한 삼풍백화점 붕괴 참사에 추모비가 어디 있는지 아무도 몰라…, 찾아봐도 안 나오고. '이건 아닌 거 같은데?'라는 생각이 들어서 그러고 있던 차에 몇 년 동안 자기도 '뭔가 해야 되겠다. 이대로 있어서는 안 되겠다' 그런 마음을 계속 먹고 있었다는 거지. 그러더니 이 연락을 받고 그래서 한 25년 만에 처음 나와서 자기가 자기 얘기한다고. 그래서 그렇게 한 경우도 있죠.

그렇게 해서 진행이 됐어요. 한 10여 차례… 해서 4주기 직전에, 1월 달부터 해서 4주기 직전까지 해갖고 방송하고 준비를 했었죠. 그게 지금… 최근에 와서 좀 다른 결과로 전환이 되고 있어요. 음… "피해자들끼리 모이자…, 다시 만나자" 그래서 산재 피해자들, 용균이 사건[2018년 태안화력발전소 사망 사건]을 계기로 해서 산재 피해자들끼리, 그래서 그 옛날 원진레이온[이황화탄소 중독 사건] 유가족부터 시작을 해가지고 "모여서 좀 이야기를 하자, 같이 대응을 하자" 이게 시작이 됐고, 연락해서 거기도 같이 참석을 해가지고 같이 이야기를 해봤고, 또 이번에 산재를 제외한 나머지 사회적 참사로 인해서… 유가족이 된 사람들도 "우리도 한번 같이 모이자" 해서 이건 다음 달에 일정도 잡아놨고, 그러면서 지금 이제 시작을 할 수 있을 거 같아요.

근데 물론 이게, 단번에 쉽진 않을 거예요. 그렇게 한다고 뭐가 단체가 만들어지고 이게 아니라, 일단 그런 유가족들이… 제가 겪었던, 제가 생각했던 것도 이야기를 하고, 또 그분들이 왜 모이면 좋겠다는 데에 흔쾌히 응하거나 제안을 했는지에 대해서 이야기를 해보면서, 우리 현실에 맞게 이런 피해자들이, 유가족들이 할 수 있는 역할들을 찾아나가 보려고 그래요. '그것이 결국에는 우리 세월호 참사 진상 규명에도 큰 역할을 할 가능성이 있을 거 같고, 또 이후에 특히 이런 사회적 참사의 재발을 막는, 그런 데 상당히 큰 기여를 할 가능성이 상당히 높다' 이렇게 판단을 하고 이런 역할과 모임이 우리 사회에서 제대로 자리매김하고 역할을 가질 수 있도록 진행을 해보고 싶은 생각이 있어요.

13
삶의 유일한 위안인 꿈속의 예은이

면담자　　1회차 구술하실 때 "참사 이전과 이후가 완전히 달라졌다. 내 삶도 달라졌고 가치관 등도 달라졌다"라고 하셨는데 그게 어떤 의미인지 좀 구체적으로 얘기해 주실 수 있는지요.

예은 아빠　　이후의 삶은 또 달라질 수 있어요. 그니까 이후라고 하는 거는 세월호 참사 진상 규명이 다 된 이후에, 그 이후의 삶은 또 달라지겠죠. 그건 미래니까 얘기할 거 없고, 참사 이전과 이후를 놓고 보면… 그냥 모든 게 달라졌어요. 생각하는 방향도 달라지고 머릿속에 주로 생각하는 것도 완전히 다 뒤바뀌고…. 가장 큰 차이점은… 지금 저는 모든 것으로부터 흥미가 다 사라졌어요(침묵). 그 전에 여행하는 거 좋아하고 사진 찍는 거 좋아하고 영화 보는 거 좋아하고 연극이나 콘서트, 뭐 이런 것도 굉장히 좋아하고……. 그니까 하면 재밌는 게 정말 많잖아요…. 그리고 그때에는 '내가 나이가 오십이 되면 내가

331
•
3회차

산을 하나 가꿔야 되겠다' 이게 내 개인적인, 아빠나 남편이 아니라 개인 유경근의 어떤 마지막, 가야 할 희망, 꿈 이런 거, 이런 게 '나이 오십이나 오십 좀 넘으면 어디 작은 산을 하나 사가지고 산에다가 나무를 키우면서 살아야 되겠다'[였어요]. 그래서 실제로 2013년도부터 공부를 시작을 했어요…. 책도 사고 그런 삶을 이미 살고 있는 사람들의 사례도 보면서 공부하고, '언제 누구 한번 찾아가 봐서 얘기 한번 해봐야 되겠다' 이런 계획도 막 세우고 공부도 하고 산림청 들어가서 막 자료도 다 찾아보고 이런 것도 했었죠….

노래하는 거 좋아하고…(잠시 침묵). 그니까 저는 고등학교 때 하던 중창단, 그 OB 모임 다시 나가서 중창, 합창도 하고…, 또 야구 좋아하니까 40대 들어, 넘어가 가지고 야구 장비 다 준비해서 야구팀 만 들어가지고 야구도 하러 다니고…, 굉장히 재밌는 게 많았죠…. 지금은 그 모든 게 관심이 없어요…. 어떤 것도 흥미가 없고 무엇을 해도 재미가 없고…, 봄에 꽃이 화려하게 펴도 진심으로 그게 이쁘다는 느낌이 하나도 안 들어요…. 아무런 감흥이 없어요. '싫어'가 아니야. '싫어'가 아니고 아무런 느낌이 없고 감흥이 없고 저한테 자극이 없어요…. 그니까 내 몸에 있는 오감이 다 죽은 거예요, 사실. 무엇으로도 나한테 자극을 못 줘요…. 싫은 자극도 없고 아픈 자극도 없고 즐거운 자극도 없고 기쁜 자극도 없어요, 무엇을 해도….

집 안에서도 똑같아요, 집 안에서도. 남아 있는 아이들한테 난 여전히 아빠니까 그 아이들을 제대로 부양하고 키우고 지원해야 될 의무가 남아 있는 거예요…. 그 아이들한텐 미안하지만… 이 아이들을 위해서 내가 무언가를 할 때… 기쁨보다는 그 자리에 예은이가 없는 게 더 커요(잠시 침묵). 데리고 외식을 하러 나가면 솔직히 의무감에 나가요…. 왜? 난 아빠니까, 아이들하고 같이 가족끼리는 외식을 해야 하는 거니까(잠시 침묵). 당연히 이 아이들이 맛있게 먹으면 그걸 보면 마음이 좋아요, 내 자식이니까. 그런데 마음이 좋은 동시에 그걸 갑자기 지워져, 지워버리는 게, 이 자리가 비어 있어. 예은이가 있으면 우리 여섯 식구거든요…. 우린 여섯 식구예요. 어딜 가도 자리가 여섯 개가 있어야 되는 거야…. 그니까 항상 우리는 두 테이블을 앉아요, 세 명씩, 세 명씩…, 어디를 가도. 지금은… 두 테이블을 쓰면 눈치가 보여요, 다섯 명이라(침묵). 이게 그 모든 즐거움을 앗아가 버려요. 아무런 느낌을 못 받게 해버려요….

내가 최신곡에 얼마나 민감했는지 알아요? 나이가 마흔, 40대 중반이 됐어도 항상 노래 듣고 따라 부르는 거 좋아하고……(침묵). [지금은] 어떠한 노래를 들어도 아예 느낌이 없어요, 그냥…. 너무나 조용한 게 싫어서 그냥 소음으로 틀어놓는 거예요, 너무 조용하면 이상해갖고, 자꾸 딴생각 나고 이래 가지고…. 그냥 소음으로 틀어놓는 게 노래예요, 나한테 지금은. 이런 모습을 내가 자각을 할 때마다… '아, 난 좀비구나'라는 생각을 해요…. 이게 시간이 좀 지나면 조금씩 회복이 될 줄 알았거든요? 그런 감각들이 조금씩 올라오기도 하고 살아나기도 하고…. 근데 5년 전이나 지금이나 똑같네, 그게.

그니까 어떤 가족들은 걱정하는 게, 예은이 엄마는 극장을 못 가요, 지금도. 그 깜깜하고 어둡고 이런 데 가는 게 너무 싫대. 근데 나는 싫어서 안 가는 게 아니야, 아무 느낌이 없는 거야, 아무 느낌이. 어두운 게 싫은 것도 아니고 폐쇄된 공간이 싫은 것도 아니에요. 그게 무섭고 두렵고 공포스럽고 이런 느낌 자체가 없어요…. 그냥 아무 느낌이 없어. 봐도 영화가 재밌는 건지 재미없는 건지 이 감각이 없어. [지금은] 드라마 안 보거든요. 드라마 굉장히 좋아하거든요, 옛날에. 그때부터 지금까지 5년 동안 드라마를 안 봐요. 안 보는 것도 '내가 무슨 드라마 볼 팔자야?' 이게 아니구요. 드라마를 보면 사람들은 재밌다고 웃고 슬프다고 울고 하는데 그걸 옆에서 지켜보고 있으면 '저게 왜 슬프지? 하나도 안 슬픈데, 난? 아니, 저 정도가 슬픈 거면 우린 어떻게 되는 거야?' 이런 거…. 끔찍하다고 막 끔찍하다고 이러는데, 이렇게 뭐 살인사건 나고 시신 나오고 피 흘리는 거 보면 [사람들이] "끔찍해", 막 폭력 휘두르고 깨지고 막 같이 보면 "끔찍해" 막 그러는데 '저게 왜 끔찍하지? (잠시 침묵) 우리 애들은 더 끔찍한 모습으로 나왔는데 우리는 어떻게 해야 하는 거지?' 이렇게 사람이 변한 거예요, 지금.

내가 얘기했잖아요, 그 선체 조사[할 때] 인양하고 나서 우리가 뻘 수습하고 미수습[자 수습을] 우리가 하겠다고 그랬는데 거기서 공무원들이 "그런 험한 일을, 그런 끔찍한 일을, 또 얼마나 아프시려고, 하시면 어떡해요?" 이런다고. [그 말을 듣고] 내가 웃었다 그랬잖아요…(잠시 침묵). 거기서 뼛조각이 나오면 [우리는] 막 껴안고 뽀뽀할 거 같거든, 너무나 반가워서. '그게 왜 끔찍해? 내 새끼인데…' (잠시 침묵) 몇 달 동안 물속에 있어 가지고 살갗 다 허물어지고 건드리면 막 형체 없어지는 이런 상태인데 그게 끔찍하다고 안 보여주려고 그래. '미쳤어? 내 새끼인데 그게 왜 끔찍해? 그거 껴안거나, 막 껴안고 뽀뽀하고 막 부빌 수 있을 거 같은데…' (침묵) 또 자꾸 "뭐가, 뭐가 그 전과, 예전과 다르냐?"고 물으면 나는 그 얘기를 할 수밖에 없어요. 가치관이 어쩌고저쩌고, 솔직히 난 지금 가치관 모르겠고, 그냥 온통 생각은 '빨리 진상 규명해야 되는데…' 이거밖에 없는 거예요 그냥, 모든 관심사 하나는…. 이게 가치관인지 뭔진 모르겠어요. 근데 그렇게 거창한 거 붙이기 싫고 그냥 온통 머릿속에 생각은 그거 [진상 규명] 하나밖에 없어요. 근데 그 외에 달라진 거 얘기하라고 그러면 지금 얘기한 이거밖에 얘기할 게 없어요.

면담자　　지난 5년 동안 본인을 가장 힘들게 했던 것이나, 아니면 가장 위안이 됐던 것이 있다면요?

예은 아빠　　위안이 되는 거는 예은이가 꿈에 나오는 거, 딱 하나(침묵). 예은이가 꿈에 나오면, 지금 안 나온 지가 한 6개월 넘었거든요? 지금 2월, 3월 됐으니까 벌써 한 6개월 넘었어요. '지금 답답한데 요새…, 좀 와주지' 하고 그러는데, 어쨌든 보통 한 1년에 서너 번 정도 예은이가 와요. 근데 거의 대부분이 예은이가 상한 모습으로 와요. 다른 엄마, 아빠들한테 물어보면 다 똑같더라고. 온전한 모습으로 나타나는 경우는 많지 않더라구요, 대부분. 예은이도 10번 나오면 한 여덟 번은 상한 모습으로 나와요…. 그리고 꿈에 나와서 나랑 다정하게 대화하는 꿈은 거의 없어요…. 그곳에서, 꿈에서 나오는 예은이는 여전히 침울하고 아파하고… 또는 무표정하거나 무감각하고…. 그니까 꿈을 꾸고 나면 그 내용 자체는 솔직히 그렇게 좋지는 않아요. 근데 그렇게라도 나오면 좋겠어요(긴 침묵). 그렇게 나오면 힘이 돼요(울먹거림). 그렇게라도 나오면… 또 한동안… 그거 갖고 살아요, 또(잠시 침묵) (울먹거림). 그거 외에는 위안되는 거 없어요…. '그냥 꿈에라도 좀 자주 나왔으면 좋겠다' 그거 하나밖에 없고…(긴 침묵). 그냥 빨리… 예은이가 준 숙제 다하고 나서… 예은이한테 가면, 그러면 이제 '아빠, 수고했어' (울먹거림) 그때 위안받을 거 같아요(긴 침묵). (면담자 : 휴지…) 네, 닦을 거, 휴지 있어요(울먹거림) (긴 침묵) (한숨).

면담자　　　마지막 질문을 하나만 더 하고 마치겠습니다. 앞으로 남은 삶의 계획, 목표가 있다면 어떤 걸까요?

예은 아빠　　　포기하지 않는 거(긴 침묵) (울음). 이거는 예은이하고 한 약속 꼭 지키는 거, 그게 내 계획이에요, 내가 하고 싶은 거. 내가 그랬거든, 예은이뿐만 아니라 우리 아이들한테, "너희들은 아빠가 지킨다"고(잠시 침묵). "무슨 일 있어도 너희들은 아빠가 책임지고 아빠가 지킨다"고 그랬거든요(울음). 근데 예은이한테… (울음) 예은이한테 그 약속을 못 지켰어(긴 울음) (긴 침묵). 제가 약속을 못 지켜서… 그것 때문에 포기하면 안 돼. 이번엔 약속 지켜야 돼요, 꼭(침묵). 그거 하나, 그거 하나예요. 그거밖에 없어요(긴 침묵). (한숨) 잘 버텼는데….

면담자　　　너무 아픈 말씀을 하시게 해서 죄송해요. 이제 구술증언을 마치려고 합니다. 오랜 시간 감사드리고요. 아버님, 혹시 빠진 얘기나 아니면 끝으로 하시고 싶은 이야기가 있으면 해주시면 감사하겠습니다.

예은 아빠　　　그렇게 얘기하지 말아요, 솔직히 나 지금 반도 얘기 안 했어요.

면담자　　　네. 워낙 많은 경험을 하셨고, 또 앞으로 하실 일들도 많으시고 하니까, 당연히 하실 말도 많으시리라 생각해요. 더 많은 말씀을 증언으로 남기고 싶지만, 여러 가지 점을 고려해서 예정했던 대로 구술증언은 이것으로 마치도록 하겠습니다. 방송을 포함해서 아버님의 말씀이 우리 사회에 더 넓게 잘 전달되기를 빌겠습니다. 힘드신데 이렇게 구술증언에 응해주셔서 감사합니다.

예은 아빠   네, 고생하셨어요.

면담자   네, 감사드립니다.

4·16구술증언록 단원고 2학년 3반 제12권

그날을 말하다 예은 아빠 유경근

ⓒ 4·16기억저장소, 2020

기획 편집 4·16기억저장소 ┃ **지원 협조** (사)4·16세월호참사가족협의회
펴낸이 김종수 ┃ **펴낸곳** 한울엠플러스(주)
초판 1쇄 인쇄 2020년 4월 1일 ┃ **초판 1쇄 발행** 2020년 4월 16일
주소 10881 경기도 파주시 광인사길 153 한울시소빌딩 3층
전화 031-955-0655 ┃ **팩스** 031-955-0656 ┃ **홈페이지** www.hanulmplus.kr
등록번호 제406-2015-000143호

Printed in Korea.
ISBN 978-89-460-6751-6 04300
       978-89-460-6801-8 (세트)
* 책값은 겉표지에 표시되어 있습니다.